名 家 散 文 典 藏

彩插版

祝勇散文精选

祝勇　著

长江出版传媒　长江文艺出版社

图书在版编目（CIP）数据

祝勇散文精选 / 祝勇著. -- 武汉 : 长江文艺出版社, 2022.9
（名家散文典藏 : 彩插版）
ISBN 978-7-5702-2600-9

Ⅰ. ①祝… Ⅱ. ①祝… Ⅲ. ①散文集－中国－当代
Ⅳ. ①I267

中国版本图书馆 CIP 数据核字（2022）第 049571 号

祝勇散文精选
ZHUYONG SANWEN JINGXUAN

责任编辑：周　聪　　　　　　　　　　责任校对：毛季慧
封面设计：龙　梅　　　　　　　　　　责任印制：邱　莉　王光兴

出版：长江出版传媒 ｜ 长江文艺出版社
地址：武汉市雄楚大街 268 号　　　　邮编：430070
发行：长江文艺出版社
http://www.cjlap.com
印刷：湖北新华印务有限公司

开本：640 毫米×970 毫米　　　1/16　　印张：18　　　　插页：9 页
版次：2022 年 9 月第 1 版　　　　2022 年 9 月第 1 次印刷
字数：228 千字

定价：39.80 元

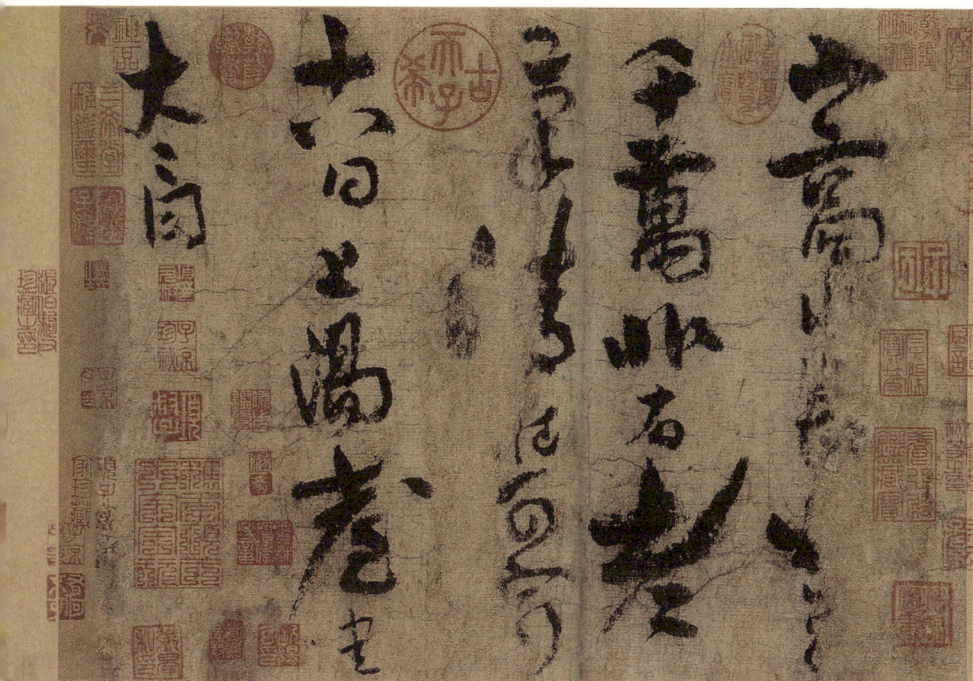

唐　李白　《上阳台帖》局部

政和壬辰上元之次夕忽有祥雲拂鬱
低映端門眾皆仰而視之倏有群鶴
飛鳴於空中倏有二鶴對止於鴟尾
之端頗甚閑適餘皆翔翔如應奏節
往來都民無不稽首瞻望歎異久之
經時不散迤邐歸飛西北隅散感茲
祥瑞故作詩以紀其實

清曉瓢搖祥彩霓仙禽告瑞忽來儀飄飄
元是三山侶兩兩還呈千歲姿似擬碧鸞
棲寶閣豈同赤鴈集天池徘徊嘹唳當丹
闕故使憧憧庶俗知

御製御畫并書

宋　赵佶　《瑞鹤图》

吾家梅景書屋所藏第一名迹潘静淑記

大癡畫卷予兩見善本攜李項氏家藏沙磧圖長不及三尺委江王氏
江一萬里圖可盈丈筆墨頹尘不似真跡此卷規摹董巨天真爛
熳後惟精能辰之得三大許應接不暇是予生平寂得庶華悞致
長安每相泰之陳徵逐周曇幕请此卷一觀知詣寶而磨注實歸
身謂一日清福心肝俱暢頃奉使三湘取道注里友人華中翰為予和會
孫賄此圖藏之書樓室中與庾話雪江共相暎發秀師乎吾師乎
一立五岳都具是夫 丙申十月七日書于龍華浦舟中 董其昌

元　黄公望　《富春山居图》（剩山图卷）

北宋范中
立谿山行旅
阎

宋　范宽　《溪山行旅图》

元 趙孟頫 《疏林秀石圖》

大德三年七月廿六日為

楊安甫作 子昂

浮玉擲前放舟古山鳥鳴煙隔大
樹碧瀾堂上憶王孫白石藏筐帶
秋雨

陳琳

碧浪湖頭雲色蓉溪晚
岫烟蘿一逕疎林秀石
水精官裏婆娑

丹丘柯九思題

江山千里望
無根元氣淋
漓運以神北
宋院誠鮮二
本三唐浩繇
韓多絵可驚
當世王和趙
己評一堂君
吾臣蜀不自
思作人者乐
時補罪作何
人
丙午新正月
御題

宋　王希孟　《千里江山图》局部

五代　顾闳中　《韩熙载夜宴图》局部

洪武八年孟秋將既心裝褙而褙者以喬東進見題名曰趙千里江山
畫於是舒卷著意於方幅之間用神微潜於筆鋒岩壑空濛幽邃
之際見趙千里之意趣深有秀馬為觀斯之畫比誠潜山者不過融
胃之勞耳故言景趣堂下上於真山者那其中峯陽特狀非此一端水
山高則有重巒疊嶂水則百端流瀉蟠溪樹生偃蹇若生水之蒼龍
連峯隱見摧嵾錯於天邊迤峯峻挨霞掩僧寺之樓臺碧巘巖萬
似臨急水以无雲槎木昂霄為棧道以通人以有車戴驢馳人肩
舟棹天目擔者負薪牧者逐牛士行策杖者幼有相將觀斯畫景則
有前合後仰為靜驅醞桓蓋為既秋之景萬氣常紅葉黃花牡
千里之美景其而畫師者為趙千里密得而易那

洪武八年秋文華堂題

宋　赵伯驹　《江山秋色图》局部

五代　董源　《潇湘图》局部

序

刘心武

祝勇要出三卷本的随笔选，让我作序。我本不是作序的合适人选，因为：一、我比他大二十几岁，俨然已有一代之隔，纵使我读过他一些文章，很难说我已跨过代间樊篱（或竟还有沟壑），成其知音之一；二、他的生活道路，平顺通达得令我辈艳羡，反右之类的事情对他来说，是生命肇始前的历史，就是"文革"，也往往仅有模糊的记忆罢了，改革开放的局面我认为是来之不易，于他而言却不过是坦然享之的日常生活，他从小学中学一路读到大学，古典文献是他们这一代大学生的必修之课，掌握一门以上的外语是他们的学养常态，他们这一辈的知识结构、人生体验，与我相异处多多；三、祝勇不是单摆浮搁的一个，我发现他近几年很编了几套书，打出了"新文人"的旗号，竟是生猛鲜活的一伙，以我的能力，单论他一个已觉吃力，遑论把他当作一伙的代表阐释！

但我还是来做了这篇序。也许，恰恰是由于自认为不适合，为了努力达到适合的及格线，所以格外认真地观察、思考，竟真有所发现。

"新文人"，以祝勇为例，什么文？什么人？

文人的概念，严格而论，虽包含在知识分子这一大概念中，却不是一般的有知识、能作文、能写书的意思，也不能与作家的概念等同。

比如我，算是作家吧，却并不能说已跻身于文人行列，因为文人除了能创作，是作家而外，还必须是受过正规的系统的高等教育的学者，通今博古，掌握外语，琴棋书画，样样来得，而且不能各方面都仅是"票友"，需得在至少一个方面，超越"业余爱好者"的水平，达到一定的专业境界；这样的文人，在五四运动以降，曾大量出现，比如鲁迅、胡适、郭沫若、茅盾、郑振铎、丰子恺……他们不仅能写小说、剧本、散文、杂文，亦能研究中国古典文献，或撰史，或考据，又都有译著，并能编杂志、报纸副刊，能为书刊搞装帧设计，能作画，有的还能作曲，能登台演出；当然，更重要的是，文人不仅以文显现自己，更以其人格，体现出其在民族诸社群中的异彩。

我看出，祝勇以及他的同代人中的同道者，是很自觉地想成为新时代的新文人，他自称，他们已经出的书（往往是成套推出），已构成了"新文人现象"。我想他们的新，一是年龄轻，属新人范畴；二是他们与以上的几辈，形成了一个断裂，比如我好不容易在六十年代初上了个师专，到了我下面一茬，那就连我能学到的某些知识，也无缘在课堂上获取了；祝勇他们当然已不是这种封闭状态下的"知青"，而是国门大开、东西方文化大碰撞的时代里，新的教育格局下的受益者；三——这是最主要的，是他们虽然意在接续上五四时期的文人传统，却也不是述旧一派，和时下的"新国粹"或"后国学"等派不同，他们精研中国古典却并不沉迷于"古色古香"；当然他们也不是崇洋一族，他们通洋文，能读乃至能译洋书，文章中既能拈来古典亦能糅入洋典，大体上是立足于运用人类共享文明，中西合璧，融会贯通；他们守书斋而不遁世，直面市场而不随俗，关注社会进步民间疾苦却不主张金刚怒目横扫暴跳，心平气和陶冶性灵却绝不淡化良知消解正义，他们清醒地知道自己难以做到什么，从而更执著精心地去做自己能做到的善事美事；确确实实，他们的文章以及他们的生存方式，已然构成了一种现象，以"新文人现象"概括，恰如其分，而祝勇其文其人，也足可成为一个鲜明的例证。

在时下中国社会波诡云谲的转型期中，文化人因为个人生命体验不同，受教育状况不同，切入社会参与文化活动的角度不同，尤其是，在具体处境中的利益分割与人际关系不同，再加上性格因素的催化，其站位，也就是所选择的角色，以及对角色的理解认同程度，都会大不相同，形成了所谓文化多元的局面。这是一个自五四以来难得一现的大好局面。"新文人"们，以及他们为文为人所构成的"新文人现象"，显然已成了多元格局中色泽亮丽的一景。祝愿他们这一元，祝愿祝勇本人，能有健康长足的发展。当然，绝不能认为这就是最好的一元，尤其不能自诩为完美的一元。怀着孤愤之心恨不能吞噬他元的细胞，是癌细胞。依我想来，自赏所在元，发展所在元，却又能宽容乃至从旁借鉴某些异己元，并且，在与有的相厌异己元的碰撞中，以相激相荡锤炼自己，遵守游戏规则而不越矩诛异，甚至能化龃龉为幽默，留余地以植善，才是推进整个民族文明的正道。新文人，新文人现象，已体现着这一正道。面对他们，我一则以羡，一则以喜，是为序。

一九九八年七月一日　绿叶居

目　录

第一辑　人物

纸上的李白 …………………………………… 003

月下的李白 …………………………………… 035

待重头收拾旧山河 …………………………… 063

一个军阀的早年爱情 ………………………… 109

第二辑　古物

雨过天青 ……………………………………… 133

空山 …………………………………………… 142

家在云水间 …………………………………… 167

一座书城 ……………………………………… 194

第三辑　风物

等待月亮 …………………………………… 223

走进深巷 …………………………………… 225

九溪梦寻 …………………………………… 227

听雨 ………………………………………… 229

未名湖 ……………………………………… 231

荷花淀一夜 ………………………………… 233

荆轲塔下 …………………………………… 234

长城过客 …………………………………… 236

乡村体验 …………………………………… 238

山水雄文 …………………………………… 242

西安小吃 …………………………………… 245

高原纵目 …………………………………… 247

独立荒垣 …………………………………… 249

红石峡 ……………………………………… 251

桨拨千年月 ………………………………… 253

秦俑 ………………………………………… 255

厚土 ………………………………………… 258

老宅 ………………………………………… 261

逝者如斯 …………………………………… 266

你和我 ……………………………………… 271

流水七章 …………………………………… 277

第一辑　人物

纸上的李白

> 写诗的理由完全消失
> 这时我写诗
>
> ——顾城

一

很多年中，我都想写李白，写他唯一存世的书法真迹《上阳台帖》。

我去了西安，没有遇见李白，也没有看见长安。

长安与我，隔着岁月的荒凉。

岁月篡改了大地上的事物。

我无法确认，他曾经存在。

二

在中国，没有一个诗人像李白的诗句那样，成为每个人生命记忆的一部分。"举头望明月，低头思故乡""长安一片月，万户捣衣声""黄河之水天上来，奔流到海不复回""两岸猿声啼不住，轻舟已过万重山"。中国人只要会说话，就会念他的诗，尽管念诗者，未必懂得他埋藏在诗句里的深意。

李白是"全民诗人"，是真正意义上的"人民艺术家"，忧国忧民的杜甫反而得不到这个待遇，善走群众路线的白居易也不是，他们是属于文学界、属于知识分子的，唯有李白，他的粉丝旷古绝今。

李白是唯一，其他都是之一。

他和他以后的时代里，没有报纸杂志，没有电视网络，他的诗，却在每个中国人的耳头心头长驱直入，全凭声音和血肉之躯传递，像传递我们民族的精神密码。中国人与其他东亚人种外观很像，精神世界却有天壤之别，一个重要的边界，是他们的心里没有住着李白。当我们念出李白的诗句时，他们没有反应；他们搞不明白，为什么中国人抬头看见月亮，低头就会想到自己的家乡。所以我同意历史学家许倬云先生的话："（古代的）'中国'并不是没有边界，只是边界不在地理，而在文化。"[1] 李白的诗，是中国人的精神护照，是中国人天生自带的身份证明。

李白，是我们的遗传基因、血液细胞。

李白的诗，是明月，也是故乡。

没有李白的中国，还能叫中国吗？

---

① 许倬云：《说中国——一个不断变化的复杂共同体》，广西师范大学出版社 2015 年版，第 54 页。

三

然而李白，毕竟已经走远，他是作为诗句，而不是作为肉体存在的。他的诗句越是真切，他的肉体就越是模糊。他的存在，表面具象，实际上抽象。即使我站在他的脚印之上，对他，我仍然看不见，摸不着。

谁能证实这个人真的存在过？

不错，新旧唐书，都有李白的传记；南宋梁楷，画过《李白行吟图》——或许因为画家自己天性狂放，常饮酒自乐，人送外号"梁风子"，所以他勾画出的是一个洒脱放达的诗仙形象，把李白疏放不羁的个性、边吟边行的姿态描绘得入木三分。但《旧唐书》是五代后晋刘昫等撰，《新唐书》是北宋欧阳修等撰，梁楷更比李白晚了近五个世纪，相比于今人，他们距李白更近；但与我一样，他们都没见过李白，仅凭这一点，就把他们的时间优势化为无形。

只有那幅字是例外。那幅纸本草书的书法作品《上阳台帖》，上面的每一个字，都是李白写上去的。① 它的笔画回转，通过一管毛笔，与李白的身体相连，透过笔势的流转、墨迹的浓淡，我们几乎看得见他的手腕的抖动，听得见他呼吸的节奏。

---

① 关于《上阳台帖》真伪，历来聚讼不一。徐邦达先生认为，此帖时代不早于五代，比较接近北宋，前隔水上瘦金书"唐李太白上阳台"标题·行，为赵佶即位（二十岁）以前所作。参见徐邦达：《古书画伪讹考辨》，见《徐邦达集》第 10 册，故宫出版社 2015 年版，第 126 页。曾收藏此帖的张伯驹先生则断为李白真迹，而宋徽宗题字为伪。张伯驹先生说："余曾见太白摩崖字，与是帖笔势同。以时代论墨色笔法，非宋人所能拟。《墨缘汇观》断为真迹，或亦有据。按绛帖有太白书，一望而知为伪迹，不如是卷之笔意高古。"参见张伯驹：《烟云过眼》，中华书局 2014 年版，第 73 页。

四

这张纸，只因李白在上面写过字，就不再是一张普通的纸。尽管没有这张纸，就没有李白的字，但没有李白的字，它就是一片垃圾，像大地上的一片枯叶，结局只能是腐烂和消失。那些字，让它的每一寸、每一厘，都变得异常珍贵，先后被宋徽宗、贾似道、乾隆、张伯驹、毛泽东收留、抚摸、注视，最后被毛泽东转给北京故宫博物院永久收藏。

从这个意义上说，李白的书法，是法术，可以点纸成金。

李白的字，到宋代还能找出几张。北宋《墨庄漫录》载，润州苏氏家，就藏有李白《天马歌》真迹，宋徽宗也收藏有李白的两幅行书作品《太华峰》和《乘兴帖》，还有三幅草书作品《岁时文》《咏酒诗》《醉中帖》，对此，《宣和书谱》里有载。到南宋，《乘兴帖》也漂流到贾似道手里。

只是到了如今，李白存世的墨稿，除了《上阳台帖》，全世界找不出第二张。问它值多少钱，那是对它的羞辱，再多的人民币，在它面前也是一堆废纸，丑陋不堪。李白墨迹之少，与他诗歌的传播之广，反差到了极致。但幸亏有这幅字，让我们穿过那些灿烂的诗句，找到了作家本人。好像有了这张纸，李白的存在就有了依据，我们不仅可以与他对视，甚至可以与他交谈。

一张纸，承担起我们对于李白的所有向往。

我不知该谴责时光吝啬，还是该感谢它的慷慨。

终有一张纸，带我们跨过时间的深渊，看见李白。

所以，站在它面前的那一瞬间，我外表镇定，内心狂舞，顷刻间与它坠入爱河。我想，九百年前，当宋徽宗赵佶成为它的拥有者，他心里的感受应该就是我此刻的感受，他附在帖后的跋文可以证明。《上阳台帖》卷后，宋徽宗用他著名的瘦金体写下这样的文字：

太白尝作行书，乘兴踏月，西入酒家，不觉人物两忘，身在世外，一帖，字画飘逸，豪气雄健，乃知白不特以诗鸣也。

根据宋徽宗的说法，李白的字，"字画飘逸，豪气雄健"，与他的诗歌一样，"身在世外"，随意中出天趣，气象不输任何一位书法大家，黄庭坚也说"今其行草殊不减古人"①，只不过他诗名太盛，掩盖了他的书法知名度，所以宋徽宗见了这张帖，才发现了自己的无知，原来李白的名声，并不仅仅从诗歌中取得。

五

那字迹，一看就属于大唐李白。

它有法度，那法度是属于大唐的，庄严、敦厚，饱满、圆健，让我想起唐代佛教造像的浑厚与雍容，唐代碑刻的力度与从容。这当然来源于秦碑、汉简积淀下来的中原美学。唐代的律诗、楷书，都有它的法度在，不能乱来，它是大唐艺术的基座，是不能背弃的原则。

然而，在这样的法度中，大唐的艺术，却不失自由与浩荡，不像隋代艺术，那么的拘谨收压，而是在规矩中见活泼，收束中见辽阔。

这与北魏这些朝代做的铺垫关系极大。年少时学历史，最不愿关

① ［宋］黄庭坚：《山谷题跋》，见《山谷题跋校注》，上海远东出版社2011年版。

注的就是那些小朝代，比如隋唐之前的魏晋南北朝，两宋之前的五代十国，像一团麻，迷乱纷呈，永远也理不清。自西晋至隋唐的近三百年空隙里，中国就没有被统一过，一直存在着两个以上的政权，多的时候，甚至有十来个政权。但是在中华文明的链条上，这些小朝代却完成了关键性的过渡，就像两种不同的色块之间，有着过渡色衔接，色调的变化，就有了逻辑性。在粗朴凝重的汉朝之后，之所以形成缛丽灿烂、开朗放达的大唐美学，正是因为它在三百年的离乱中，融入了草原文明的活泼和力量。

我们喜欢的花木兰，其实是北魏人，也就是鲜卑人，是少数民族。她的故事，出自北魏的民谣《木兰诗》。这首民谣，是以公元391年北魏征调大军出征柔然的史实为背景而作的。其中提到的"可汗"，指的是北魏道武帝拓跋珪。"万里赴戎机，关山度若飞。朔气传金柝，寒光照铁衣。"这首诗里硬朗的线条感、明亮的视觉感、悦耳的音律感，都是属于北方的，但在我们的记忆里，从来不曾把木兰当作"外族"，这就表明我们并没有把鲜卑人当成外人。

这支有花木兰参加的鲜卑军队，通过连绵的战争，先后消灭了北方的割据政权，统一了黄河流域，占据了中原，与南朝的宋、齐、梁政权南北对峙，成为代表北方政权的"北朝"。从西晋灭亡，到鲜卑建立北魏之前的这段乱世，被历史学家们称为"五胡乱华"。

"五胡"的概念是《晋书》中最早提出的，指匈奴、鲜卑、羯、羌、氐等在东汉末到晋朝时期迁徙到中国的五个少数民族。历史学家普遍认为，"五胡乱华"是大汉民族的一场灾难，几近亡种灭族。但从艺术史的角度上看，"五胡乱华"则促成了文明史上一次罕见的大合唱，在黄河、长江文明中的精致绮丽、细润绵密中，吹进了"天苍苍，野茫茫，风吹草低见牛羊"的旷野之风，李白的诗里，也有无数的乐府、民歌。蒋勋说："这一长达三百多年的'五胡乱华'，意外地，却为中国美术带来了新的震撼与兴奋。"①

到了唐代，曾经的悲惨和痛苦，都由负面价值神奇地转化成了正面价值，成为锻造大唐文化性格的大熔炉。就像每个人一样，他的成长历程中，都会经历痛苦，而所有的痛苦，不仅不会将他摧毁，而且最终都将使他走向生命的成熟与开阔。

北魏不仅在音韵歌谣上，为唐诗的浩大明亮预留了空间，书法上也做足了准备，北魏书法刚硬明朗、灿烂昂扬的气质，至今留在当年的碑刻上，形成了自秦代以后中国书法史上的第二次刻石书法的高峰。我们今天所说的"魏碑"，就是指北魏碑刻。

在故宫，收藏着许多魏碑拓片，其中大部分是明拓，著名的，有《张猛龙碑》。此碑是魏碑中的上乘，整体方劲，章法天成。康有为也喜欢它，说它"结构精绝，变化无端""为正体变态之宗"。也就是说，正体字（楷书）的端庄，已拘不住它奔跑的脚步。从这些连筋带肉、筋骨强健、血肉饱满的字迹中，唐代书法已经呼之欲出了。难怪康有为说："南北朝之碑，无体不备，唐人名家，皆从此出……"②

假若没有北方草原文明的介入，中华文明就不会完成如此重要的聚变，大唐文明就不会迸射出如此亮丽的光焰，中华文明也不会按照后来的样子发展到后来，一点点地发酵成李白的《上阳台帖》。

或许因为大唐皇室本身就具有鲜卑血统，唐朝没有像秦汉那样，用一条长城与"北方蛮族"划清界限，而是包容四海、共存共荣，于是，唐朝人的心理空间，一下子放开了，也淡定了，曾经的黑色记忆，

---

① 蒋勋：《美的沉思》，湖南美术出版社2014年版，第118页。
② 康有为：《广艺舟双楫（外一种）》，中国人民大学出版社2010年版，第13页。

变成簪花仕女香浓美艳，变成佛陀的慈悲笑容。于是，唐诗里，有了"前不见古人，后不见来者"的苍茫视野，有了《春江花月夜》那样的浩大宁静。

唐诗给我们带来的最大震撼，就是它的时空超越感。

这样的时空超越感，在此前的艺术中也不是没有出现过，比如曹操面对大海时的心理独白，比如王羲之在兰亭畅饮、融天地于一体的那份通透感，但在魏晋之际，他们只是个别的存在，不像大唐，潮流汹涌，一下子把一个朝代的诗人全部裹携进去。魏晋固然出了很多英雄豪杰、很多名士怪才，但总的来讲，他们的内心是幽咽曲折的，唯有唐朝，呈现出空前浩大的时代气象，似乎每一个人，都有勇气独自面对无穷的时空。

有的时候，是人大于时代，魏晋就是这样，到了大唐，人和时代，彼此成就。

六

李白的出生地，我没有去过，却很想去。吉尔吉斯斯坦北部城市托克马克，我想，这座雪水滋养、风物宜人的优美小城里，大唐帝国的绝代风华想必已风流云散，如今一定变成一座中亚与俄罗斯风格混搭的城市。但是，早在汉武帝时期，这里就已纳入汉朝的版图，公元七世纪，它的名字变成了碎叶，与龟兹、疏勒、于阗并称大唐王朝的安西四镇，在西部流沙中彼此勾连呼应。那块神异之地，不仅有吴钩霜雪、银鞍照马，还有星辰入梦。那星，是长庚星，也叫太白金星，今天叫启明星，是天空中最亮的星星，亮度足以抵得上十五颗天狼星，这颗星，古希腊人和古罗马人分别用爱与美的女神阿弗洛狄忒和维纳斯的名字来命名；梦，是李白母亲的梦。《新唐书》说"白之生，母梦长庚星，因以命之"①，就是说，李白的名字，得之于他的母亲在生他时梦见太白星。因此，当李白一入长安，贺知章在长安紫极宫一见到这位文学青年，立刻惊为天人，叫道："子，谪仙人也!"②原来李白正是太白星下凡。

李白在武则天统治的大唐帝国里长到五岁。五岁那一年，武则天去世，唐中宗复位，李白随父从碎叶到蜀中，二十年后离家，独自仗剑远行，一步步走成我们熟悉的那个李白，那时的唐朝，已经进入了唐玄宗时代。在那个交通不发达的年代，仅李白的行程，就是值得惊叹的。由此我们可以理解李白诗歌里的纵深感。他会写"明月出天山，苍茫云海间"，也会写"兰陵美酒郁金香，玉碗盛来琥珀光"。假如他是导演，很难有一个摄影师，能跟上他焦距的变化。那种渗透在视觉与知觉里的辽阔，我曾经从俄罗斯文学中——从托尔斯泰、屠格涅夫、陀思妥耶夫斯基的作品里领略过，所以别尔嘉耶夫声称，"俄罗斯是神选的"③。但他们都扎堆于十九世纪，而至少在一千多年前，这种浩大的心理空间就在中国的文学中存在了。

我记得那一次去楼兰，从巴音布鲁克向南，一路穿越塔克拉玛干沙漠时，我发现自己变得那么微小，在天地间，微不足道，我的视线，也从来不曾像这样辽远。想起一位朋友说过："你就感到世界多么广大深微，风中有无数秘密的、神奇的消息在暗自流传，在人与物与天之间，什么事是曾经发生的？什么事是我们知道的或不知道的？"④

---

① ② ［宋］欧阳修、宋祁撰：《新唐书》，中华书局 2000 年版，第 4411 页。

③ ［俄］别尔嘉耶夫：《俄罗斯的命运》，云南人民出版社 1999 年版，第 1 页。

④ 李敬泽：《小春秋》，新星出版社 2010 年版，第 132 页。

虽然杜甫也是一生漂泊，但李白就是从千里霜雪、万里长风中脱胎出来的，所以他的生命里，有龟兹舞、西凉乐的奔放，也有关山月、阳关雪的苍茫。他不会因"茅屋为秋风所破"而感到忧伤，不是他的生命中没有困顿，而是对他来说，这事太小了。

他不像杜甫那样，执著于一时一事，李白有浪漫，有顽皮，时代捉弄他，他却可以对时代使个鬼脸。毕竟，那些时、那些事，在他来说都太小，不足以挂在心上、写进诗里。

所以，明代江盈科《雪涛诗评》里说："李青莲是快活人，当其得意，无一语一字不是高华气象。……杜少陵是固穷之士，平生无大得意事，中间兵戈乱离，饥寒老病，皆其实历，而所阅苦楚，都于诗中写出，故读少陵诗，即当得少陵年谱看。"[①]

李白也有倒霉的时候，饭都吃不上了，于是写下"余亦不火食，游梁同在陈"。骆驼死了架子不倒，都沦落到这步田地了，他还依然嘴硬，把自己当成在陈蔡绝粮、七天吃不上饭的孔子，与圣人平起平坐。

他人生的最低谷，应该是流放夜郎了，但他的诗里找不见类似"茅屋为秋风所破"这样的郁闷，他的《早发白帝城》，我们从小就会背，却很少有人知道，这首诗就是在他流放夜郎的途中写的，那一年，李白已经五十八岁。

白帝彩云、江陵千里，给他带来的仿佛不是流放边疆的困厄，而是顺风扬帆、瞬息千里的畅快。当然，这与他遇赦有关，但总的来说，三峡七百里，路程惊心动魄，让人放松不下来。不信，我们可以看看郦道元在《水经注》里的描述：

---

① ［明］江盈科：《雪涛诗评》，转引自《丛说二百二十则》，见［清］王琦注：《李太白全集》下册，中华书局 2011 年版，第 1316 页。

自三峡七百里中，两岸连山，略无阙处。……有时朝发白帝，暮到江陵，其间千二百里，虽乘奔御风，不以疾也。……每至晴初霜旦，林寒涧肃，常有高猿长啸，属引凄异，空谷传响，哀转久绝。故渔者歌曰："巴东三峡巫峡长，猿鸣三声泪沾裳！"①

郦道元的三峡，阴森险怪，一旦遭遇李白，就立刻像舞台上的布景，被所有的灯光照亮，连恐怖的猿鸣声，都是如音乐般，悦耳清澈。这首诗，也被学界视为唐诗七绝的压卷之作。

七

李白并不是没心没肺，那个繁花似锦的朝代背后的困顿、饥饿、愤怒、寒冷，在李白的诗里都找得到，比如《蜀道难》和《行路难》，他写怨妇，首首都写他自己：

箫声咽，
秦娥梦断秦楼月，
秦楼月，
年年柳色，
灞陵伤别。

乐游原上清秋节，

---

① [北魏] 郦道元：《水经注》，见朱东润主编：《中国历代文学作品选》，上编，第二册，上海古籍出版社1979年版，第463页。

咸阳古道音尘绝。

音尘绝，

西风残照，

汉家陵阙。

李白的诗，我最偏爱这一首《忆秦娥》。那么的凄清悲怆，那么的深沉幽远。全诗的魂，在一个"咽"字。当代词人毛泽东是爱李白的，而毛泽东的词中，我最喜欢的，是《忆秦娥·娄山关》：

西风烈，

长空雁叫霜晨月。

霜晨月，

马蹄声碎，

喇叭声咽。

雄关漫道真如铁，

而今迈步从头越。

从头越，

苍山如海，

残阳如血。

毛泽东的《忆秦娥》，看得见李白《忆秦娥》的影子。词中同样出现一个"咽"字，也是该词最传神的一个字，不知是巧合，还是毛泽东在向他心仪的诗人李白致敬。

只是李白不会被这样的伤感吞没，他目光沉静，道路远长，像

《上阳台帖》里所写"山高水长，物象千万"，一时一事，困不住他。

他内心的尺度，是以千里、万年为单位的。

他写风，不是"八月秋高风怒号，卷我屋上三重茅"。小小的"三重茅"，不入他的法眼，他写风，也是"长风万里送秋雁，对此可以酣高楼"，是"黄河捧土尚可塞，北风雨雪恨难裁"。

杜甫的精神，只有一个层次，那就是忧国忧民，是意志坚定的儒家信徒。李白的精神是混杂的、不纯的，里面有儒家、道家、墨家、纵横家，等等。什么都有，像《上阳台帖》所写，"物象千万"。

我曾在《永和九年的那场醉》里写过，儒家学说有一个最薄弱、最柔软的地方，就是它过于关注处理现实社会问题，发展成为一整套严谨的社会政治学，却缺少提供对于存在问题的深刻解答。然而，道家学说早已填补了儒学的这一缺失，把精神引向自然宇宙，形成一套当时儒家还没有充分发展的人格—心灵哲学，让人"从种种具体的、繁杂的、现实的从而是有限的、局部的'末'事中超脱出来，以达到和把握那整体的、无限的、抽象的本体"[1]。

儒与道，一现实一高远，彼此映衬、补充，让我们的文明生生不息，左右逢源。但儒道互补，出现在一个人身上，就不多见了。李白就是这样的浓缩精品。

所以，当官场试图封堵他的生存空间，他一转身，就进入了一个更大的空间。

---

[1] 李泽厚：《中国古代思想史论》，生活·读书·新知三联书店 2008 年版，第 203 页。

八

河南人杜甫，思维注定属于中原，终究脱不开农耕伦理。《三吏》《三别》，他关注家、田园、社稷、苍生，也深沉，也伟大；但李白是从欧亚大陆的腹地走过来的，他的视野里永远是"明月出天山，苍茫云海间"，是"山随平野尽，江入大荒流"，明净、高远。他有家——诗、酒、马背，就是他的家。所以他的诗句，充满了意外——他就像一个浪迹天涯的牧民，生命中总有无数的意外，等待着与他相逢。

他的个性里，掺杂着游牧民族歌舞的华丽、酣畅、任性。

找得见五胡、北魏。

而卓越的艺术，无不产生于这种任性。

李白精神世界里的纷杂，更接近唐朝的本质，把许多元素、许多成色搅拌在一起，绽放成明媚而灿烂的唐三彩。

这个朝代，有玄奘万里独行，写成《大唐西域记》；有段成式，生当残阳如血的晚唐，行万里路，将所有的仙佛人鬼、怪闻异事汇集成一册奇书——《酉阳杂俎》。

在李白身边，活跃着大画家吴道子、大书法家颜真卿、大雕塑家杨惠之。

而李白，又是大唐世界里最不安分的一个。

也只有唐代，能够成全李白。

假若身处明代，杜甫会死，而且死得很难看，而李白会疯。

张炜说："'李白'和'唐朝'可以互为标签——唐朝的李白，李白的唐朝；而杜甫似乎可以属于任何时代。"[1]

---

① 张炜：《也说李白与杜甫》，中华书局 2014 年版，第 193 页。

我说，把杜甫放进理学兴盛的宋明，更加合适。

他会成为官场的"清流"，或者干脆成为东林党。

杜甫的忧伤是具体的、也是可以被解决的——假如遇上一个重视文化的领导，前往草堂送温暖，杜甫的生活困境就会迎刃而解。

李白的忧伤却是形而上的，是哲学性的，是关乎人的本体存在的，是"人如何才能不被外在环境、条件、制度、观念等等所决定、所控制、所支配、所影响，即人的'自由'问题"①，是无法被具体的政策、措施解决的。

他努力舍弃人的社会性，来保持人的自然性，"与宇宙同构才能是真正的人"②。

这个过程，也必有煎熬和痛苦，还有孤独如影随形。在一个比曹操《观沧海》、比王羲之《兰亭序》更加深远宏大的时空体系内，一个人空对日月、醉月迷花，内心怎能不升起一种无着无落的孤独？

李白的忧伤，来自"花间一壶酒，独酌无相亲。举杯邀明月，对影成三人"。

李白的孤独，是大孤独；他的悲伤，也是大悲伤，是"大道如青天，我独不得出"，是"白发三千丈，缘愁似个长"，是"高堂明镜悲白发，朝如青丝暮成雪"。

那悲，是没有眼泪的。

---

① 李泽厚：《中国古代思想史论》，生活·读书·新知三联书店 2008 年版，第 191 页。

② 李泽厚：《华夏美学·美学四讲》，生活·读书·新知三联书店 2008 年版，第 85 页。

九

李白的名声，许多来自他第二次去长安时，皇帝降辇步迎，以七宝床赐食，御手调羹，此后"置于金銮殿，出入翰林中"① 这段非凡的履历。这记载来自唐代李阳冰的《草堂集序》。李阳冰是李白的族叔，也是唐朝著名的文学家和书法家，有同时代见证者在，我想李阳冰也不敢太忽悠吧。

李白的天性是喜欢吹牛的，或者说，那不叫吹牛，而叫狂。吹牛是夸大，而至少在李白看来，不是他自己虚张声势，而是他确实身手了得。比如在那篇写给韩朝宗的"求职信"《与韩荆州书》里，他就声言自己："十五好剑术，遍干诸侯。三十成文章，历抵卿相。虽长不满七尺，而心雄万夫。"假如韩朝宗不信，他欢迎考查，口气依旧是大的："请日试万言，倚马可待。"②

李白的朋友，也曾帮助李白吹嘘，人们常说的"天子呼来不上船，自称臣是酒中仙"，就是杜甫《饮中八仙歌》中的句子，至于"天子呼来不上船"这事是否真的发生过，已经没有人追问了。

但杜甫的忽悠产生了非同寻常的历史影响，明代画家万邦治绘有《醉饮图》卷（广东省博物馆藏），完全根据杜甫《饮中八仙歌》诗意而作，画出八位饮者坐在流泉旁、林荫下畅饮之态，是万邦治的传世佳本。

---

① ［唐］李阳冰：《草堂集序》，见［清］王琦注：《李太白全集》下册，中华书局 2011 年版，第 1231 页。

② ［唐］李白：《与韩荆州书》，见［清］王琦注：《李太白全集》下册，中华书局 2011 年版，第 1055—1056 页。

其实，当皇帝的旨意到来时，李白有点找不着北，他写："仰天大笑出门去，我辈岂是蓬蒿人。"等于告诫人们，不要狗眼看人低，拿窝头不当干粮。

李白的到来，确是给唐玄宗带来过兴奋的。这两位艺术造诣深厚的唐代美男子，的确容易一拍即合，彼此激赏。唐玄宗看见李白"神气高朗，轩轩若霞举"①，一时间看傻了眼。李白写《出师诏》，醉得不成样子，却一挥而就，思逸神飞，浑然天成，无须修改，唐玄宗都想必在内心里叫好。所以，当兴庆宫里、沉香亭畔，牡丹花盛开，唐玄宗与杨贵妃在深夜里赏花，这良辰美景，独少了几曲新歌，唐玄宗幽幽叹道："赏名花，对妃子，焉用旧乐辞焉！"② 于是让李龟年拿着金花笺，急召李白进园，即兴填写新辞。那时的李白，照例是宿醉未解，却挥洒笔墨，文不加点，一蹴而就，文学史上于是有了著名的《清平调》：

> 云想衣裳花想容，
> 春风拂槛露华浓。
> 若非群玉山头见，
> 会向瑶台月下逢。
>
> 一枝红艳露凝香，
> 云雨巫山枉断肠。

---

① ［唐］段成式：《酉阳杂俎》，转引自《李太白年谱》，见［清］王琦注：《李太白全集》下册，中华书局 2011 年版，第 1360 页。

② ［宋］乐史：《李翰林别集序》，见［清］王琦注：《李太白全集》下册，中华书局 2011 年版，第 1240 页。

借问汉宫谁得似，

可怜飞燕倚新妆。

名花倾国两相欢，

长得君王带笑看。

解释春风无限恨，

沉香亭北倚阑杆。①

李白说自己"日试万言，倚马可待"，看来不是吹牛。没有在韩朝宗面前证明自己，却在唐玄宗面前证明了。

园林的最深处，贵妃微醉，翩然起舞，玄宗吹笛伴奏，那新歌，又是出自李白的手笔。这样的豪华阵容，中国历史上再也排不出来了吧。

这三人或许都不会想到，后来安史乱起、生灵涂炭，此情此景，终将成为"绝唱"。

曲终人散，李白被赶走了，唐玄宗逃跑了，杨贵妃死了。

说到底，唐玄宗无论多么欣赏李白，也只是将他当作文艺人才看待的。假如唐朝有文联，有作协，唐玄宗一定会让李白做主席，但他丝毫没有让李白做宰相的打算。李白那副醉生梦死的架势，在唐玄宗李隆基眼里，也是烂泥扶不上墙，给他一个供奉翰林的虚衔，已经算是照顾他了。对于这样的照顾，李白却一点也不买账。李白不想当作协主席，不想获诺贝尔文学奖，连出版文集的打算也没有。他的诗，都是任性而为，写了就扔，连保留都不想保留，所以，在安徽当涂，

---

① ［唐］李白：《清平调词三首》，见［清］王琦注：《李太白全集》上册，中华书局 2011 年版，第 266—268 页。

李白咽气前，李阳冰从李白的手里接过他交付的手稿时，大发感慨道："当时著述，十丧其九，今所存者，皆得之他人焉。"① 也就是说，我们今天读到的李白诗篇，只是他一生创作的十分之一。

李白的理想，是学范蠡、张良，去匡扶天下，完成他"安社稷、济苍生"的平生功业，然后功成身退，如他诗中所写"事了拂衣去，深藏身与名"，但这充其量只是唐传奇里虬髯客式的江湖侠客，而不是真正的儒家士人。

更重要的，是他自视太高，不肯放下身段，在官场逶迤周旋，不甘心"摧眉折腰事权贵，使我不得开心颜"，对官场的险恶也没有丝毫的认识和准备。他从来不按规则出牌，所谓"贵妃研墨，力士脱靴"，固然体现出李白放纵不羁的个性，但在官场里，却正是他的缺点。所以，唐玄宗对他的评价是："此人固穷相。"

以这样的心性投奔政治，纵然怀有"天生我材必有用"的自信，有"乘风破浪会有时"的豪情，下场也只能是惨不忍睹。

"慷慨自负、不拘常调"② 的李白，怎会想到有人在背后捅刀子？而且下黑手的，都不是一般人。一个是张垍，是旧丞相张说的儿子、唐玄宗的驸马，曾在翰林院做中书舍人，后来投降了安禄山。此人嫉贤妒能，李白风流俊雅，才不可挡，让他看着别扭，于是不断给李白下绊；还有一位，就是著名的高力士了，李白让高力士为他脱靴，高力士可没有那么幽默，他一点也不觉得这事好玩，于是记在心里，等机会报复。李白《清平调》一写，他就觉得机会来了，对杨贵妃说，

① ［唐］李阳冰：《草堂集序》，见［清］王琦注：《李太白全集》下册，中华书局 2011 年版，第 1232 页。

② ［唐］范传正：《唐左拾遗翰林学士李公新墓碑》，见［清］王琦注：《李太白全集》下册，中华书局 2011 年版，第 1247 页。

李白这小子，把你当成赵飞燕，这不是骂你吗？杨贵妃本来很喜欢李白，一听高力士这么说，恍然大悟，觉得还是高士力向着自己。唐玄宗三次想为李白加官晋爵，都被杨贵妃阻止了。

李林甫、杨国忠、高力士这班当朝人马的"政治智商"，李白一个也对付不了。假若李白参演《权力的游戏》，恐怕他第一集就死翘翘了。他没有现实运作能力，这一点，他是不自知的。他生命中的困局，早已打成死结。这一点，后人看得清楚，可惜无法告诉他。

李白的政治智商是零，甚至是负数。一有机会，他还要从政，但他做得越多，就败得越惨。安史之乱中，他投奔唐玄宗的第十六个儿子、永王李璘，目的是抗击安禄山，没想到唐玄宗的第三子、已经在灵武登基的唐肃宗李亨担心弟弟李璘坐大，一举歼灭了李璘的部队，杀掉了李璘，李白因卷入皇族之间的权力斗争，再度成了倒霉蛋儿，落得流放夜郎的下场。

政治是残酷的，政治思维与艺术思维，别如天壤。

好在除了政治化的天下，他还有一个更加自然俊秀、广大深微的天下在等待着他。所幸，在唐代，艺术和政治，还基本上是两条战线，宋以后，这两条战线才合二为一，士人们既要在精密规矩的官僚体系内找到铁饭碗，又有本事在艺术的疆域上纵横驰骋，涌现出范仲淹、晏殊、晏几道、欧阳修、苏洵、苏轼、苏辙、司马光、张载、王安石、沈括、程颢、程颐、黄庭坚等一大批公务员身份的文学艺术大家。

所以，当李白不想面对皇帝李隆基，他可以不面对，他只要面对自己就可以了。

终究，李白是一个活在自我里的人。

他的自我，不是自私。他的自我里，有大宇宙。

李白是从天上来的，所以，他的对话者，是太阳、月亮、大漠、江河。级别低了，对不上话。他有时也写生活中的困顿，特别是在凄凉的暮年，他以宝剑换酒，写下"欲邀击筑悲歌饮，正值倾家无酒钱"，依然不失潇洒，而毫无世俗烟火气。

他的世界，永远是广大无边的。

只不过，在这世界里，他飞得太高、太远，必然是形单影只。

十

这样写下去，有点像《回忆我的朋友李白》了，所以还是要收敛目光，让它回到这张纸上。然而，《上阳台帖》所说阳台在哪里，我始终不得而知。如今的商品房，阳台到处都是，我却找不到李白上过的阳台。至于李白是在什么时候、什么状态下上的阳台，更是一无所知。所有与这幅字相关的环境都消失了，像一部电影，失去了所有的镜头，只留下一排字幕，孤独却尖锐地闪亮。

查《李白全集编年笺注》，却发现《上阳台帖》（书中叫《题上阳台》）没有编年，只能打入另册，放入《未编年集》。《李白年谱简编》里也查不到，似乎它不属于任何一个年份，没有户口，来路不明，像一只永远无法降落的鸟，孤悬在历史的天际，飘忽不定。

没有空间坐标，我就无法确定时间坐标，推断李白书写这份手稿的处境与心境。我体会到艺术史研究之难，获得任何一个线索都不是件简单的事，在历经了长久的迁徙流转之后，有那么一类的作品，隐匿了它的创作地点、年代、背景，甚至对它的作者都守口如瓶。它们的纸页或许扛得过岁月的磨损，它们的来路，却早已漫漶不清。

很久以后一个雨天，我坐在书房里，读唐代张彦远《历代名画记》，书中突然惊现一个词语：阳台观，让我眼前一亮，豁然开朗。

就在那一瞬间，我内心的迷雾似乎被大唐的阳光骤然驱散。

根据张彦远的记载，开元十五年（727年），奉唐玄宗的谕旨，一个名叫司马承祯的著名道士上王屋山，建造阳台观。司马承祯是唐朝有名的道士，当年睿宗李旦决定把皇位传给李隆基之前，就曾经召见了司马承祯，向他请教道术。睿宗之所以传位，显然与道家清静无为的思想有关。

司马承祯是李白的朋友，李白在司马承祯上山的三年前（724年）与他相遇，并成为忘年之交，为此，李白写了《大鹏遇希有鸟赋》（中年时改名《大鹏赋》），开篇即写"余昔于江陵见天台司马子微，谓余有仙风道骨，可与神游八极之表"①，司马子微，就是李白的哥们儿司马承祯。

《海录碎事》里记载，司马承祯与李白、陈子昂、宋之问、孟浩然、王维、贺知章、卢藏用、王適、毕构，并称"仙宗十友"②。

《上阳台帖》里的阳台，肯定是司马承祯在王屋山上建造的阳台观。

唐代，是王屋山道教的兴盛时期，有一大批道士居此修道。笃爱道教的李白，一定与王屋山有着千丝万缕的联系。李白曾在《寄王屋山人孟大融》里写："愿随夫子天坛上，闲与仙人扫落花。"

可能是应司马承祯的邀请，天宝三载（744年）冬天，李白同杜甫一起渡过黄河，去王屋山。他们本想寻访道士华盖君，但没有遇到。这时他们见到了一个叫孟大融的人，志趣相投，所以李白挥笔给他写下了这首诗。

① ［清］王琦注：《李太白全集》上册，中华书局2011年版，第1页。
② ［宋］叶廷珪撰：《海录碎事》，转引自《外记一百九十四则》，见［清］王琦注：《李太白全集》上册，中华书局2011年版，第1387页。

那时，他刚刚鼻青脸肿地逃出长安。但《上阳台帖》的文字里，却不见一丝一毫的狼狈。仿佛一出长安，镜头就迅速拉开，空间形态迅猛变化，天高地广，所有的痛苦和忧伤，都在炫目的阳光下，烟消云散。

因此，在历史中的某一天，在白云缭绕的王屋山上，李白抖笔，写下这样的文字：

> 山高水长，物象千万，非有老笔，清壮可穷。
>
> 十八日，上阳台书，太白。

那份旷达，那份无忧，与后来的《早发白帝城》如出一辙。

长安不远，但此刻，它已在九霄云外。

十一

只是，在当时，很少有人真懂李白。

尽管李白一生，并不缺少朋友。

最典型的，是那个名叫魏万（后改名魏颢）的铁粉。为了能见到李白，他从汴州到鲁南、再到江浙，一路狂奔三千多里，找到永嘉的深山古村，没想到李白又回天台山了，后来追到广陵①，才终于找到了李白。

李白说他："东浮汴河水，访我三千里。"②

---

① 今江苏省扬州市广陵区。

② ［唐］李白：《送王屋山人魏万还王屋》，《李太白全集》，中华书局 2011年版。

那时没有飞机，没有高铁，三千里地，想必是一段艰难的奔波。

出现在李白面前的魏万，"眸子炯然，哆如饿虎；或时束带，风流酝籍"①，李白一看就喜欢，两人从此成为莫逆。李白把自己的所有诗文交给他，还说将来魏万成名，不要忘了李白和他的儿子明月奴。上元中，魏万中进士，编成《李翰林集》，这是李白的第一部个人作品集，可惜没有留存到今天。

魏万尝居王屋山，号王屋山人，李白到王屋山，上阳台观，不知是否与魏万有关系。

还有汪伦，他与李白的友谊，因那首《赠汪伦》而为天下闻。其实，李白写《赠汪伦》之前，二人并不认识，只因汪伦从安徽泾县县令职位上卸任后，听说李白寄居在当涂李阳冰家里，相距不远，因慕李白诗名，贸然给李白写了封信，邀请他来一聚。信上写"此处有十里桃花""此处有万家酒店"，他知道，李白见信，必来无疑。

李白果然中招，去了泾县，发现那里既没有十里桃花，也没有那么多的酒店，他是被汪伦忽悠了。汪伦却很淡定，告诉李白，所谓十里桃花，是指这里有十里桃花潭，所谓万家酒店，是指有一家酒店，店主姓万，李白听后，开怀大笑，被汪伦的盛情所感动。几天后，李白要乘舟前往万村，从那里登旱路去庐山，在东园古渡登舟时，汪伦在岸边设宴为李白饯行，并拍手踏脚，唱歌相送，此时恰逢春风桃李花开日，满目飞红，远山青黛，潭水深碧，美酒香醇，一首《赠汪伦》，在李白心里应运而生：

李白乘舟将欲行，

---

① 魏颢：《李翰林集序》，《李翰林集》，线装书局 2001 年版。

忽闻岸上踏歌声。

桃花潭水深千尺，

不及汪伦送我情。

这段故事，记录在清人袁枚《随园诗话》里。文字里，让我们看见了他们性情的丰盈与润泽，也看见了彼此间的期许与珍惜。

那份情谊，千古动心。

最值一提的，还是李白与杜甫的友谊。杜甫对李白，一日不见，如隔三秋，一段日子不见，他就写诗。

春天到了，他想念李白，写《春日忆李白》：

白也诗无敌，

飘然思不群。

清新庾开府，

俊逸鲍参军。

渭北春天树，

江东日暮云。

何时一樽酒，

重与细论文。①

天凉了，他想念李白，写《天末怀李白》：

凉风起天末，

---

① ［唐］杜甫：《杜甫诗选注》，人民文学出版社 2017 年版，第 16 页。

君子意如何？

鸿雁几时到，

江湖秋水多。

文章憎命达，

魑魅喜人过。

应共冤魂语，

投诗吊汨罗。①

冬天到了，他想念李白，写《冬日有怀李白》：

寂寞书斋里，

终朝独尔思。

更寻嘉树传，

不忘角弓诗。

短褐风霜入，

还丹日月迟。

未因乘兴去，

空有鹿门期。②

不只白天想，晚上还会梦见李白：

死别已吞声，

生别常恻恻。

---

① ② ［唐］杜甫：《杜甫诗选注》，人民文学出版社 2017 年版，第 137 页。

江南瘴疠地，

逐客无消息。

故人入我梦，

明我长相忆。

君今在罗网，

何以有羽翼。

恐非平生魂，

路远不可测。

魂来枫林青，

魂返关塞黑。

落月满屋梁，

犹疑照颜色。

水深波浪阔，

无使蛟龙得。①

杜甫一生中为李白写过许多诗，而李白为杜甫写的诗，却是少之又少，只有《鲁郡东石门送杜二甫》《沙丘城下寄杜甫》，在他为数众多的赠友诗里，实在不算起眼。

不是李白薄情，相反，他十分重视友情。

年轻时，李白与友人吴指南一起仗剑游走，吴指南死在洞庭，李白扶尸痛哭，让过路的人都深为感动。他守着尸体，不肯离去，甚至老虎来了，他都不躲一下。很久以后，他还借了钱，回到埋葬吴指南的地方，把他重新安葬。

---

① ［唐］杜甫：《杜甫诗选注》，人民文学出版社 2017 年版，第 134 页。

李长之先生在《李白传》中说："我们不能因此就断言李白比杜甫薄情，这是因为他们的精神形式实在不同故，在杜甫，深而广，所以能包容一切；在李白，浓而烈，所以能超越所有。"[1]

李白的精神世界，是在另外一个维度里的。

李白是生在宇宙里的，浓浓的友情，抹不去李白巨大的孤独感。

这种孤独感与生俱来，在他诗中时隐时现，比如那首《独坐敬亭山》："众鸟高飞尽，孤云独去闲。相看两不厌，只有敬亭山。"

一片青山中，坐着一个渺小的人影。

那人，就是李白。

李白的内心世界越是广大，孤独就越是深入骨髓。

他的路上，没有同行者。

十二

反过来说，一个真正的诗人，并不惧怕痛苦和孤独，而是会依存于、甚至陶醉于这份孤独。就像一个流浪歌手，越是孤独，他走得越远，他的世界，也越发浩大。

年少时迷恋齐秦，自己也在他的歌里一路走向目光都无法企及的天边。齐秦的歌词，我至今不忘：

想问天问大地，或者是迷信问问宿命，放弃所有，抛下所有，让我漂流在安静的夜夜空里……

---

[1] 李长之：《李白传》，东方出版社 2010 年版，第 22 页。

那时我不懂李白,只会背诵他几句朗朗上口的诗句。那时我心里只装着齐秦那忧郁孤独的歌声。这不同时代的歌者,固然没有可比性,但是他们在各自的音符里,藏着某种相通的路径。

只有在绝对的孤独里,才找得见绝对的自我。

就像佛教徒的闭关面壁,孤独也是一种修行。

最伟大的艺术,无不在最大的孤独里,实现了自我完成。

李白喜醉,不过是在喧嚣中逃向孤独的一种方式而已。

他要在那一缕香醇里,寻找到内心的慰藉。

所以,李白的诗、李白的字,与王羲之自有不同。王羲之《兰亭序》,是喜极而泣、悲从中来,在风花雪月的背后,看到了生命的虚无与荒凉,那是因为,美到了极致,就是绝望;李白则恰好相反,他是悲着悲着,就大笑起来,放纵起来,像《行路难》,在"欲渡黄河冰塞川,将登太行雪满山"的茫然和惆怅后面,竟然是"长风破浪会有时,直挂云帆济沧海"的万丈豪情。王羲之是从宇宙的无限,看到了人生的有限,李白却从人生的有限,看到宇宙的无限。李白不是无知者无畏,他是知道了,所以不在乎。

从某种意义上说,李白的孤独里,透着某种自负。

这样的自负,从他的字里,看得出来。

元代张晏形容《上阳台帖》:"观其飘飘然有凌云之态,高出尘寰得物外之妙。"

他把这段话写进他的跋文,庄重地裱在《上阳台帖》的后面。

十三

有人说,李白是醉游采石江,入水捉月而死的。

这死法，有美感。

不像杜甫，可怜到没有饭吃，被一顿饱饭撑死。①

死都死得很现实主义。

五代王定保《唐摭言》、宋代洪迈《容斋五笔》、元代辛文房《唐才子传》里，都写成李白为捉月而死。

明代谢时臣，画有《谪仙玩月图》，画出李白乘舟、举杯邀月的形象，此画现存北京故宫。

金陵采石矶，至今有捉月亭，纪念李白因捉月而死。

但洪迈在讲述这段传奇时，加上"世俗言"三个字，意思是，坊间传说的，不当真。

《演繁露》说："谓（李）白以捉月自投于江，则传者误也。"②

其实，李白的晚境，比杜甫好不了多少。

李白走投无路之际，在当涂当县令的族叔李阳冰收留了他。

或许，李白是最普通的死法——死在病床上。

时间为宝应元年（762 年），那一年，他六十二岁。

虽才华锦绣，却终是血肉之躯。

但李白的传奇，到此并没有结束。

它的尾声，比正文还长。

一代代的后人，都声称他们曾经与李白相遇。

公元九世纪（唐宪宗元和年间），有人自北海来，见到李白与一位道士，在高山上谈笑。良久，那道士在碧雾中跨上赤虹而去，李白

---

① 这种说法在唐中叶以后流传甚广，但并无确凿证据证明。根据冯至《杜甫传》的说法，杜甫于唐代宗大历五年（770 年）冬天，死于湘江舟中。

② ［宋］程大昌：《演繁露》，转引自《附录六·外记一百九十四则》，见［清］王琦注：《李太白全集》上册，中华书局 2011 年版，第 1408 页。

耸身，健步追上去，与道士骑在同一只赤虬上，向东而去。这段记载，出自唐代传奇《龙城录》。①

还有一种说法，说白居易的后人白龟年，有一天来到嵩山，遥望东岩古木，郁郁葱葱，正要前行，突然有一个人挡在面前，说，李翰林想见你。白龟年跟在他身后缓缓行走，不久就看见一个人，褒衣博带，秀发风姿，那人说："我就是李白，死在水里，如今已羽化成仙了，上帝让我掌管笺奏，在这里已经一百年了……"这段记载，出自《广列仙传》。②

苏东坡也讲过一个故事，说他曾在汴京遇见一人，手里拿着一张纸，上面是颜真卿的字，居然墨迹未干，像是刚刚写上去的，上面写着一首诗，有"朝披梦泽云，笠钓青茫茫"之句，说是李白亲自写的，苏东坡把诗读了一遍，说："此诗非太白不能道也。"③

在后世的文字里，李白从未停止玩"穿越"。从唐宋传奇，到明清话本，李白的身影到处可见。

仿佛每个人都会在自己的路上遭遇李白。这是他们的"白日梦"，也是一种心理补偿——没有李白的时代，会是多么乏味。

李白，则在这样的"穿越"里，得到了他一生渴望的放纵和自由。

"人生在世不称意，明朝散发弄扁舟"，李白的意思是说："你们等着，我来了。"

---

① 《龙城录》，转引自《附录六·外记一百九十四则》，见［清］王琦注：《李太白全集》上册，中华书局 2011 年版，第 1410 页。

② 《广列仙传》，转引自《附录六·外记一百九十四则》，见［清］王琦注：《李太白全集》上册，中华书局 2011 年版，第 1410 页。

③ 《御选唐宋诗醇》，卷八，见［清］王琦注：《李太白全集》上册，中华书局 2011 年版，第 1226 页。

他会散开自己的长发，放出一叶扁舟，无拘无束地，奔向物象千万，山高水长。

此际，那一卷《上阳台帖》，正夹带着所有往事风声，在我面前徐徐展开。

静默中，我在等候写下它的那个人。

二〇一五年六月二十九日至七月十二日写

七月二十一日一改

七月二十四日至二十五日二改

八月十三日三改

二〇一八年六月十九日四改

月下的李白

山水是他尘世的故乡，
明月就是他远方的故乡。

——题记

一

唐诗流传最广的一首，应当是《静夜思》："床前明月光，疑是地上霜，举头望明月，低头思故乡。"这诗，似乎不需教，中国人天生会背，连黄口小儿都能背诵如流，好像是先天的遗传。记忆不能遗传，但在我看来，有些文化记忆是可以遗传的。它是，甚至是先验的，它是我们生存的背景与前提，这个前提中，就包括李白的《静夜思》。

在唐朝的某一个晚上，李白将睡未睡之际，看见了床前的月光，一片洁白，犹如天寒之际，落了满地清霜。在月光的提示下，他禁不住抬起头，寻找那光感的来源。在深蓝的夜空中，他看见一轮明月，在兀自发光。蓦起，他想到了远方，想到了远方的人，想到了他遥远的故乡。

月亮跟故乡有什么关系？要在二者之间建立起关系，恐怕要写一篇长长的论文，涉及文化学、心理学、民俗学、历史学等复杂的学科。但对于中国人来说，这样繁琐的论证过程完全不需要，完全可以省略掉，因为二者之间的关系是不言而喻的，是自然而然的。大地无边，人各一方，在遥远的古代，没有电脑，没有手机，只有月亮可以成为共同的媒介。在漆黑而冗长的夜晚，对于不同空间里的人们来说，月亮是他们唯一的焦点，也是他们视线的唯一落点。因此，对于中国人来说，月亮不只是一个布满环形山的荒寂星球，而是亲人们相遇的地方。一看见月亮，中国人的心里就会涌起某种复杂的情感，既庄重又亲切，既喜悦又忧伤。在每一个夜晚，当你遥望着月亮，想念着故乡，以及故乡的亲人，亲人也在望着月亮，想念着你。

这首诗之所以深植在中国人的记忆里，是因为它看上去平淡无奇，实际上触动着人们最深的感情。中华文明是农业文明，而农业文明是建立在血缘基础上的，所以没有哪个民族像我们民族一样重视一个人与另一个人之间的感情。这感情可能是亲情、友情，也可能是爱情；是最普通，又最深沉的情。

"静夜思"，实际上是"静夜相思"。

很多年后，苏东坡在密州，想到自己多舛的命途，愈发想念自己的弟弟子由，写下"但愿人长久，千里共婵娟"的著名词句。"婵娟"，就是月亮；"千里共婵娟"，是说他们虽然相隔千里，却仰望着一个相同的月亮，共享着一片相同的月光。月光洒满大地，成为天下人共处的空间。因为有了这样的一个"公共空间"，所有的分离就都不存在了，大家都被容纳在同一片月辉之下、一个相同的空间里。

在月光下，一个人与他生长的土地联系起来。无论一个人身在何方，他都不再是孤独的，所有人将相互照耀与映衬。有月光的日子，就是亲人团圆的节日，就是重返故乡的日子。

苏东坡这首《水调歌头》，可能受到了李白《静夜思》的影响，也可能，那本身就是中国人的本能。

二

《静夜思》只有二十个字，却两次出现明月（当然第一个"明"是动词，第二个"明"是形容词）。二十个字中，有四个字是重复的，重复率高达五分之一。在唐诗中，这很少见，但李白不在乎。他的心里，从来没有那么多的条条框框，羁羁绊绊，只要他想写，他就敢写。所以李白是李白。所以不是李白的成不了李白。

所以清代学者沈德潜在《唐诗别裁集》里评说他的诗："大江无风，波浪自涌；白云从空，随风变灭。此殆天授，非人可及。"①

他写诗，潇洒而任性，落拓而不拘，这是他的天性，是老天给他的，别人学不来。

查中华书局《李太白全集》，发现这首诗的版本竟与我记忆里的不同。

诗是这样写的："床前看月光，疑是地上霜。举头望山月，低头思故乡。"②

不是"明月光"而是"看月光"，不是"望明月"，而是"望山月"。

中华书局《李太白全集》依据的是清代王琦注本，而我们自小背诵的版本（"明月光"版），出自明代李攀龙《李诗选》及清代蘅塘退

---

① ［清］沈德潜：《唐诗别裁集》，上海古籍出版社 2013 版。
② ［唐］李白：《静夜思》，见《李太白全集》上册，中华书局 2011 年版。

士《唐诗三百首》，应当是这首诗在口口相传的过程中被流传者"修改"过，形成的"约定俗成"的版本。这"约定俗成"里，透露出阅读者的"集体无意识"。

这"集体无意识"是什么？

是节奏感。在古代中国，诗不是用来发表的，而是口口相传的，这就要求诗歌有节奏感。而这节奏感，恰恰来自适当的重复。比如我在前文里提到的《木兰诗》，就巧妙地运用了重复："将军百战死，壮士十年归。归来见天子，天子坐明堂"，诗中的"归""天子"，都是重复的。不是因词语枯竭，而完全自出蓄意。重复让诗句有了一种铿锵感，像草原上的马蹄声，简洁，明朗，有力。

更主要的原因，我以为是"看"与"望"，强调了人，而忽视了月。在这首诗中，月才是主角，人是配角，是为了引出并凸显月的存在。人看或不看，月都在那里，一直在那里"明"着，亘古如斯。月光是强大的，人是渺小的；月光是永恒的，人生是短暂的。一个"明"字，把读者的目光自然引向了诗的主体——月亮，旗帜鲜明。看到了月亮，中国人就能够超越暂时的孤苦与疼痛，而遁入一种宗教般的静默与永恒。

李白的原诗就这样被修改了。文艺评论家经常说，一个好的作品是由作者和读者共同完成的。历史中的李白不是单打独斗的，在李白背后，潜伏着一个激情无限的巨大群体，由无数热爱李白的无名者组成。他们共同塑造了李白，也造就了李白诗里的月光。

三

其实唐诗一开场，就遭遇了一片浩大的月光，明亮、迷离、恍惚。

有点像电影中的黑落黑起，之前是一片黑暗——汉魏六朝，长达三百多年的战争，整个中国陷入一段伸手不见五指的黑暗时代，然后，历史有了一点光感，像蜡烛的光晕，那光亮再一点点放大，画面越来越明亮，越来越清晰，我们看到一大片清澈的江水，悠缓无声地流动着，看到淡淡的山影，驳杂的花树，听到了鸟鸣，还有人影晃动，人声嘈杂。一个万籁霜天、生机勃勃的世界，终于回归了它原初的样子。

一首名为《春江花月夜》的鸿篇巨制，为唐诗的盛大演出开了场。尽管写这诗时，张若虚不知道还有王维、李白、高适、杜甫、白居易、李贺、李商隐、杜牧一干人等将接续出场。张若虚很虚——他的身前是一片虚空，身后也是一片虚空，只不过那虚空，很快被接踵而至的诗人们填实了。他们如群星闪耀，照亮"历史的天空"——他们才是真正的"明星"，今天的演员怎么也能叫"明星"？所有的星中，李白是最亮的那颗星——太白星，也称作长庚星，人们更熟悉的名字，是启明星，天亮前最亮的一颗星。李白出生时，他母亲就梦到了长庚星，所以用太白星的名字给他起了名字。这很像传说，像小道消息，但它确确实实地写进了《新唐书》。李白后来由四川进入长安，贺知章仰慕李白之名，到客舍去看他，见他外表清奇，又请他作诗，李白一挥而就，写了那首名垂文学史的《蜀道难》，贺知章读诗，还没读完，就惊叹不已，称李白是"天上谪仙人"（就是天上的仙人下凡到了人间），还解下自己身上佩戴的金龟，为李白换酒吃，这事记在唐朝人孟启的《本事诗》里。贺知章去世时，李白痛哭流涕，写下："四明有狂客，风流贺季真。长安一相见，呼我谪仙人。昔好杯中物，今为松下尘。金龟换酒处，却忆泪沾巾。"[1] 所以贺知章不仅

---

[1] ［唐］李白：《对酒忆贺监二首》，见《李太白全集》下册，中华书局2011年版。

"知"文"章"，还"知"李白。

李白是星，是明星，因此，对月亮，他自然不会陌生。他（它）是同一维度上的事物，所以对月亮格外有认同感，他（它）们的对话，也自然而然。

所以李白写："花间一壶酒，独酌无相亲。举杯邀明月，对影成三人。"[①] 他跟月亮从来就没见外过，把自己当作月亮的朋友，可以一起喝酒。我想起汉字的"朋"字，不就是两个月亮吗？所以，月亮就是他的哥们儿，而且，比哥们儿还哥们儿。李白本身就是宇宙空间中的物体，是"来自星星的你"。

他还写过一首《把酒问月》，"青天有月来几时？我今停杯一问之"，意思大致相同，也是和月亮一起喝酒。苏东坡后来写"明月几时有？把酒问青天"[②]，不知是否从李白老师那里偷了灵感。当然，文学创作，大家都是相互启发的，李白《把酒问月》里写"今人不见古时月，今月曾经照古人"，这样的追问，也隐隐可见张若虚"江畔何人初见月？江月何年初照人"[③] 的影子。

四

说李白是仙人下凡，我觉得不算夸张。李白出生在碎叶，就是今天吉尔吉斯斯坦首都比什凯克以东、楚河（Chu River）流域的托克马

---

① ［唐］李白：《月下独酌》，见《李太白全集》下册，中华书局 2011 年版，第 904 页。

② ［唐］李白：《把酒问月》，见《李太白全集》下册，中华书局 2011 年版，第 802 页。

③ ［唐］张若虚：《春江花月夜》，见《唐诗选》上册，中华书局 1978 年版，第 49 页。

克城。有人说李白是"华侨","从小生长在国外"[1]，这种说法我不赞同。李白居住的碎叶，当时在大唐王朝的版图之内，是唐代"安西四镇"（龟兹、疏勒、于阗、碎叶）之一，也是中国历代王朝在西部地区设防最远的一座边陲城市，李白是地地道道的唐朝"公民"，却是不可置疑的。碎叶城地处"丝绸之路"两条干线的交会处，中西商人汇集于此，东西使者的必经之路，考古学家还在这里发掘出铸有"开元通宝"和"大历通宝"字样的钱币。也就是说，李白是在帝国的边疆出生的，五岁时跟着父亲，沿着天山进入中原。他是从天山来的，在我眼里，那就是从天上来的。

去天山以前，天山对我来说只是一个地理名词。中国不知有多少名山，天山不过是其中之一吧。只有到过天山，才对天山有发言权，才知道那里的天多么高，地多么远。人和大地，和天空，是那么的不成比例。从来不曾有一座山，像天山那样，给我带来如此巨大的空间感。天山山脉横亘于欧亚大陆腹地，是一座连接中国与中亚的国际山脉，连接着中国、哈萨克斯坦、吉尔吉斯斯坦和乌兹别克斯坦四国，全长约两千五百公里，是世界七大山系之一。在天山，像"漫长""巨大"这些概念都要被刷新。我们在天山脚下拍摄，剧组从一个地方向另一个地方转场，有时好几天都不见一个人影。我们开着越野车，在大漠上奔走，只有天山在视线的远处连绵起伏，对我们不离不弃。后来读《王蒙自传》，读到这样的话："到了新疆以后，空间与时间的观念会有所变化，二十世纪六十年代，从自治区首府乌鲁木齐到伊犁，走三天。到喀什，走六天。到和田，走九天。"[2] 我会心一笑。王蒙先

① 李长之：《道教徒的诗人李白及其痛苦》，生活·读书·新知三联书店2013年版，第13页。
② 王蒙：《王蒙自传》，第一部，人民文学出版社2000年版，第262页。

生计算路程，是以乌鲁木齐为中心的，而我们，有时在新疆西部拍摄完成后（比如拍摄完巴楚县秋天的胡杨林），在乌鲁木齐过路不停，直接赶到东部（比如哈密）拍摄。不知道有多少天，我们的视野里出现的，除了公路，还是公路。我想，在唐代，一个人在丝绸之路上行走，就像掉进了大海，他的眼里是一片空茫，只有天山，自天边蔓延过来，可以成为他唯一的参照物。那时的丝绸之路其实不是一条路，而是一片路，天山以北的广阔草原，天山以南的辽阔大漠，那里根本没有路，但又都是路。在旷野上，大漠中，你就撒欢儿走吧。但所有的路，都必须有一个参照物，横亘在大地上的天山，就是最天然、最便捷的参照物，所有人都要循着天山走才不会在大地上迷失。二〇一四年，由中国、哈萨克斯坦与吉尔吉斯斯坦三国联合申报的丝绸之路"长安—天山廊道路网"，被正式列入世界文化遗产名录。所以"丝绸之路"离不开天山，所有在这条路上经过的人，都不可能对天山视而不见。

我应国务院新闻办公室和中央电视台之邀，担任纪录片《天山脚下》总导演。这是我十年来参与创作的唯一一部与故宫无关的纪录片，我之所以答应下来，是因为我对天山怀有巨大的好奇心。事后我才发现，我认识天山的开始，也是我认识李白的开始、我认识故宫博物院收藏的那件《上阳台帖》的开始。没有目睹过天山，就不可能真正走进李白的世界。李白是沿着天山从西域走向中原的，那时他还不是一位大诗人，而只是祖国的花朵，但天山巨大的投影，还是映射进他后来的诗里。弗洛伊德说，一个人的性格，百分之九十是由他五岁以前的经历决定的，而李白与天山相遇，刚好不到五岁。天山为李白后来的诗歌创作提供了一个巨大的空间坐标，也使李白的诗里呈现出中国文学中前所未有的空间感。天山的宁静与浩大，使他的心里注定装不下蝇营狗苟。他的眼神是干净的，崔宗之说他"双眸光照人"①，他的心，更一尘不染。当他在俗世红尘里现身，他真的像一个仙人，自雪山来到凡间。

成年以后，他再也不曾回过天山，但天山的巨大影像并未从他的心头抹去。很多年后，他在《塞下曲六首》中这样描述天山："五月天山雪，无花只有寒。笛中闻折柳，春色未曾看。"

那次行旅给李白留下的最深刻的印象，应该就是天山月了。天山为月亮提供了一个无与伦比的巨型舞台，月出天山，该是多么的庄严和盛大。所以他在《关山月》里写："明月出天山，苍茫云海间。长风几万里，吹度玉门关。"② 那月，是以天山为布景，以云海为参照的，那风，是以万里为单位的，连遥远的玉门关，都被裹携在这长风里。

五

我在《纸上的李白》中强调了李白诗歌的游牧文化背景，他与中原人杜甫，思维方式注定不同。在唐朝，经历了三百多年的战乱与民族融合，加之唐朝实行与少数民族"和亲"政策，使得"华""夷"之别已经淡化，各民族之间的关系越来越紧密。李白诗里不是写了吗：

> 五陵午少金市东，
> 银鞍白马度春风。

---

① ［唐］崔宗之：《赠李十二》，见《全唐诗》，中华书局 2018 年版。
② ［唐］李白：《关山月》，见《李太白全集》上册，中华书局 2011 年版，第 193 页。

落花踏尽游何处，

笑入胡姬酒肆中。①

　　李白出生在西域，通晓西域文字，因此才有机会替唐玄宗起草
《答蕃书》，使他"干戈不动远人服，一纸贤于百万师"。王瑶先生说：
"西北一带民族杂处，风俗习惯已在互相影响了。"② 而他后来旅居的
长安城，更是各民族兄弟甚至各国人民共同居住的国际化大都市，他
们带来了各自的宗教和文化。

　　自从李白在天山见到明月，他与月的情分就注定了。他只有一个
妹妹，名字叫月圆；他的一个儿子，名叫明月奴，这显然不是汉族人
的名字，而且无独有偶，这两个名字都与月亮有关（"明月奴"在胡
语中是"月光"的意思）。月，无疑在他心底打上了深刻的印记，也
在后来的日子里成为他诗歌中最闪亮的徽章。此后几十年，他的创作
几乎都被那一片月光所笼罩，月亮几乎成为李白诗歌中"永恒的主
题"，成了他诗歌乃至生活里的家常便饭，李白不嫌烦，他的诗歌读
者，一千数百年也没烦过，因为他没有自我重复过。他的月，在文字
间生长，在岁月里辗转，从那个天文学的月亮里，变成文学的月亮，
就像传说中法力无边的月光宝盒，让人惊叹和痴迷。

　　李白的月亮，既超越了时间（"今人不见古时月，今月曾经照古
人。古人今人若流水，共看明月皆如此"③），又超越了空间（"举头
望明月，低头思故乡"）。假如说天山是连接中国与中亚的地理纽带，

---

① ［唐］李白：《少年行》，见《李太白全集》上册，中华书局 2011 年版。
② 王瑶：《李白》，生活·读书·新知三联书店 2013 年版，第 16 页。
③ ［唐］张若虚：《春江花月夜》，见《唐诗选》上册，中华书局 1978 年
版，第 49 页。

难道李白的诗，不是连接了不同文明的精神纽带吗？

六

李白不是最早写月的诗人，但李白或应是写月最多的诗人。

我没有统计过李白现存的诗中，有多少写到过月。我可以去统计，但我没有那样做，我觉得那样的统计没有什么意义。文学不是数学，数字有时不那么重要，重要的是我们的直觉。诗歌的影响力不在它的数量，而要看它有多少能抵达我们的心头。乾隆作诗四万首，一人可敌《全唐诗》，但那些诗，从传播的角度上看，基本上是没有意义的。李白不是这样，李白的诗歌，十不存一，但它们那么强烈地存在着。在那些诗里，月光在每一次诵读中被擦亮，一千多年中，它的光芒没有丝毫折损。那个时代的其他诗人也写过月亮，最著名的，是王昌龄的"秦时明月汉时关"，但不知为什么，月亮成了李白的标识，李白的月亮，在我们心里占的位置很重。

李白写道："小时不识月，呼作白玉盘。又疑瑶台镜，飞在青云端。"①

这说明他从很小就对月亮发生兴趣。我想起当代天才诗人顾城的一首诗：

树枝想去撕裂天空

但却只戳了几个微小的窟窿

它透出了天外的光亮

---

① ［唐］李白：《古朗月行》，见《李太白全集》上册，中华书局2011年版，第193页。

人们把它叫作月亮和星星

这首诗的名字，叫《星月的由来》。顾城写这首诗时，只有十二岁。

这应该是顾城的诗歌处女作了吧，有意思的是，它的内容，同样跟月亮有关。

似乎没有什么事物，比月亮更能启发一个孩子的想象力。

有多少诗人，创作生涯都是从夜晚、从月亮开始。

李白五岁到四川，二十岁开始在四川漫游，亚热带中国奇诡的山水植物，培养了他对诗歌的热情。岷江—长江流域奇异的自然景象，落在他的纸页上，变成这样的诗句："犬吠水声中，桃花带雨浓。"① "暮雨向三峡，春江绕双流。"② 但在他留下最深印记的，却是峨眉之月：

> 峨眉山月半轮秋，
>
> 影入平羌江水流。
>
> 夜发清溪向三峡，
>
> 思君不见下渝州。③

我们今天已然漠视月亮，原因是我们已经习惯了在夜里闭门不出，

---

① ［唐］李白：《访戴天山道士不遇》，见《李太白全集》，上册：中华书局 2011 年版。

② ［唐］李白：《登锦城散花楼》，见《李太白全集》上册，中华书局 2011 年版。

③ ［唐］李白：《古朗月行》，见《李太白全集》上册，中华书局 2011 年版。

即使出门，也是去酒吧、餐馆、影院，去热闹的商业中心。我们走在人工的街景里，关闭了与自然相通的孔道，假如不是上元中秋，谁会注意到天上的月亮呢？但古人不是这样，古人不是离自然很近，而是他们就生活在自然当中，他们的举手、投足都与自然息息相关，就连他们的爱恨情仇，都要借助自然来表达，像杜甫所说的"感时花溅泪，恨别鸟惊心"①，花与鸟，牵动着他们的泪、他们的心。

古人日出而作、日落而息，但他们同样没有疏离夜晚。古人的"夜生活"是丰富的，只不过古人的"夜生活"，是与自然在一起的。比如，古人有时是在夜晚行船的，所以他们能接触到夜晚最神秘、最有魅力的那一部分。"月落乌啼霜满天，江枫渔火对愁眠"②，这首《枫桥夜泊》，写的就是夜晚，以及夜晚的行船。因为有行，才有泊。有了泊，才得以感受到夜晚的万类霜天。开元十二年（724年），二十四岁的李白，就在这样的夜里，舟行在平羌江（即青衣江）上，一路都有月亮相随，尤其夜深时分，月上中天，月影映在江面上，四周是紧凑的山影，它们带来的那种剧场感，在嘈杂纷扰的白天是没有的。因此我们可以理解，当李白夜宿清溪，在第二天早上出发，向三峡行进时，不再有月亮相随（即诗中所说的"思君不见"），他的心里感到的是无尽的怅然。

峨眉是李白漫游世界的开始，也是他认识世界的开始。峨眉山月，犹如天山之月，给李白的心理造成的冲击是强烈的，只不过天山之月是阳刚的，而峨眉山月自带一点阴柔。这正是月的魅力所在，在不同时间、空间里，不同心境下，它的样貌是不同的，正像李白一样，冰

---

① ［唐］杜甫：《春望》，见《杜甫诗选注》，人民文学出版社2017年版，第76页。

② 喻守真编注：《唐诗三百首详析》，中华书局1957年版，第298页。

炭同炉。也正因如此，李白这语言的魔法师，只凭二十几个汉字，就可以变幻出百般心情、万种风流。

到了晚年，峨眉山的月色仍然在他的心底反刍。上元元年（760年），李白作《峨眉山月歌送蜀僧晏入中京》，诗中写：

> 我在巴东三峡时，
> 西看明月忆峨眉。
> 月出峨眉照沧海，
> 与人万里长相随。①

那一年，李白已经六十岁，依旧在困顿中疲于奔命。他的命，只剩下最后两年。他又想到了峨眉山的月亮，想到了江船上那个初识世界、年轻潇洒的自己。唯有月亮，能够跨越空间，又穿越时间，把这"两个"李白，重叠在一起。

七

西域文化的影响，在李白的心中，或有，或无，但我相信，李白的精神世界，像月光一样，有着含纳万物的包容力，所以我们把那月亮称为"万川之月"。但作为诗人，李白热衷于月亮的最重要的原因，应是月光给诗人带来的梦幻感。

白日的世界是写实的、绚烂的、热烈的，这很符合唐代艺术的风格。你看唐代绘画、彩塑、歌舞、书法，哪一种不是五彩绚烂，让人

---

① ［唐］李白：《峨眉山月歌送蜀僧晏入中京》，见《李太白全集》上册，中华书局 2011 年版。

目眩神迷？杜甫说"白日放歌须纵酒"，白天就是用来放歌纵酒的，不用说五陵少年，纵然是贵族女性，也不甘心藏在深宫无人识，而是像唐代画家张萱《虢国夫人游春图》卷（辽宁省博物馆藏）里所画的，被满目春光所迷惑，忍不住要骑马游春，出门嘚瑟嘚瑟。李白骨子里是奔放的，他的诗歌，像《行路难》《将进酒》，就是慷慨飞扬的，很适合濮存昕这样的演员朗诵，他的书法，像《上阳台帖》，也是飞起来的，那样的纵放自如，那样的快健流畅，那样的蓬勃多姿，那样的意兴阑珊，都是属于白天的。只有白天，才看得见"山高水长"，体会得到"物象千万"。

但飞扬与奔放，那只是李白的一面，甚至只是他的表面，《上阳台帖》，让我想到的是李白的另一面——安静的、优雅的、禅意的，甚至是悲伤的一面。李白不只属于白天，他不只在白日里放歌纵酒，仰天大笑，他更属于夜晚。就像一张负片，把所有的绚丽，都收束在沉郁的黑暗里了。所以，黑是世界上最丰富的色彩，它容纳了所有的色彩。那时的李白，或许才是最真实的李白。所以李白写"手舞石上月，膝横花间琴"①；写"长川泻落月，洲渚晓寒凝"②；写"箫声咽，秦娥梦断秦楼月"③……

与白日相比，夜晚的世界是沉静的、梦幻的、沉思的，既真实，又不真实。当年我出版散文集，讲到了张继的《枫桥夜泊》，出版社编辑把"月落乌啼"改成了"月落鸟啼"，我一看就笑了，深更半夜，鸟儿不早就去睡觉了吗？会在夜里啼叫的鸟，恐怕只有猫头鹰了，但

---

① ［唐］李白：《独酌》，见《李太白全集》上册，中华书局2011年版。
② ［唐］李白：《秋夜板桥浦泛月独酌怀谢朓》，见《李太白全集》上册，中华书局2011年版。
③ ［唐］李白：《忆秦娥》，见《李太白全集》上册，中华书局2011年版。

"夜猫子进宅，无事不来"，夜猫子就是猫头鹰，中国民间把它视为凶兆，放到《枫桥夜泊》里，有点驴唇不对马嘴吧。也许有人会反驳我，谁说夜里没有鸟鸣呢？王维诗里不是写了吗，"月出惊山鸟，时鸣春涧中"。我想说的是，鸟鸣涧，是因为月亮出现，把山鸟惊醒了，这正说明鸟儿原本是睡着的。夜晚是宁静的，在唐诗里，那静，经常要由某种声籁来反衬，来凸显。鸟鸣也好，乌啼（鸟不能叫"啼"）也罢，不仅没有打破这种宁静，反而加深了这份静寂（"夜半钟声"也是一样）。

在夜晚，月亮是重要的，因为它是夜色中唯一的光源。它改变了世界的形象，让它褪去了白日的喧哗、热烈、一览无余，使它变得朴素、淡雅、神秘莫测。我想，夜晚的世界，不是变得更单调，而是变得更丰富。就像宋代山水画，在舍弃了色彩之后，反而显得更立体，也更显示出洁净高华的气质。

我们说李白是伟大的浪漫主义诗人，白日里纵酒放歌的李白是浪漫的，夜色里静观沉思的李白更加浪漫，因为在月光的照耀下，李白笔下的世界呈现出某种特异的、超现实的气质。李白入长安，出现在他面前的长安城是当时世界上最大的都市，但李白写长安，不是写它的红尘滚滚、车水马龙，而是写"长安一片月，万户捣衣声"①。他首先让我们看到的不是长安城的壮丽全景（像宋代绘画长卷《清明上河图》那样），而只是城市里的一片月光。月光下的城市，广大而深微。我们看不清它的全貌，只有城市里的捣衣之声，此起彼落，层层叠叠。从张萱的另一件绘画名作《捣练图》卷（美国波士顿美术馆藏）里，我们可以看到唐代女性在砧石上捣衣的场面。但在李白的诗里，她们

---

① ［唐］李白：《子夜吴歌四首》，见《李太白全集》上册，中华书局 2011年版。

的情态不是看到，而是听到的，好像是《捣练图》的配音版。月色模糊了我们的视线，却突出了我们的听觉，他让我们在这月色、声音里展开对长安城的想象：长安城终归是一座浩大而永恒之城，长安人的岁月（安史之乱以前）是那么的平实而安妥，美好而充盈，像今天人们经常引用的一句话："现实安稳，岁月静好。"从此起彼落的捣衣之声里，我们听到了它最活跃、沉实，也最持久的心跳。《子夜吴歌》开场，只用十个字，就制造出胜过千言的效果。

我想起我的朋友冷冰川，发明了一种与众不同的绘画形式：用刀在涂满墨色的卡纸上刻画，刻出的线条是白色的，在黑色的背景下更显触目。过去有人把他的作品归入版画，其实这不是版画，版画是可以反复拓印的，而冷冰川的每一幅"黑白画"都是唯一的，一刀下去，无法修改，是名副其实的落刀无悔。后来评论家李陀为它起了一个名字：墨刻。

冷冰川的"墨刻"，别有一种浪漫的气质，我想这与它是在黑纸上作画有关。纸是黑的，刻出的线条是白的，使得所有的图案都是"颠倒黑白"，就像是照相的底片，更像是夜晚的梦境，因为人们常说，梦是反的。我尤其注意到，冷冰川的许多作品，都画（其实是刻）着一轮弯月，比如《扑蝶》《晚妆之二》《霜夜里的惊醒》《浓睡觉来莺乱语》，有些作品，不仅画中有月，而且直接以月命名，像《满月》《月背》《秋风落月》（均见冷冰川出版的画集《荡上心》）。这无疑是在突出他绘画的梦幻性质，正如李白笔下的城市、山川与人，都具有某种迷幻的、忧郁的、哲思的气质。尤其那幅《箫声断处》，让我立刻想起李白的那首《忆秦娥》："箫声咽，秦娥梦断秦楼月……"

八

李白是从天山，从一个宏远的时空体系中走来的，走向长安，走向朝廷的政治中心。但政治的空间太狭小，容不下李白，长安城只容得下李林甫、杨国忠、高力士，他们政治野心大，房产面积与他们的政治野心成正比。《旧唐书》说："林甫京城邸第、田园水硙，利尽上腴。城东有薛王别墅，林亭幽邃，甲于都邑，特以赐之，及女乐二部，天下珍玩，前后赐与，不可胜纪。"① 自我膨胀的他们，把长安城塞得满满的，没有给李白这样的人留下空间。

但李白的心更大，相比之下，长安城又显得太小。李白的心里，装着万里长风、白云沧海，小小长安城，岂入他的法眼？对于朝廷的排挤，李白只能一笑而过。套用时下小品里的话说，就是："讨厌我的人多了，你算老几？"

李白的世界很大，几乎大到无限，朝廷里的蝇营狗苟、阴谋算计，不过是那广大世界里的几粒尘埃而已，在李白的世界里，无足轻重。李白是太白星，是"谪仙人"，他来到人间的路程，是以光年为单位的。

他一生旅程的起点，是遥远的碎叶，之后，他过天山（《关山月》），入蜀地（《别匡山》），上峨眉（《峨眉山月歌》），宿巫山（《宿巫山下》），渡荆门（《渡荆门送别》），望庐山（《望庐山瀑布》），下金陵（《夜下征虏亭》），览姑苏（《苏台览古》），居安陆（《静夜思》），去襄阳（《襄阳歌》），到太原（《太原早秋》），游

---

① ［后晋］刘昫等撰：《旧唐书》，中华书局 2000 年版，第 2195 页。

齐鲁（《游泰山》），入长安（《清平调》），往洛阳（《赠崔侍郎》），别济南（《奉饯高尊师如贵道士传道箓毕归北海》），访扬州（《留别广陵诸公》），玩金陵（《登金陵凤凰台》），赴幽州（《北风行》），返洛阳（《古风》其四十六），至宣城（《独坐敬亭山》），会泾县（《赠汪伦》），登华山（《古风》其十九），隐庐山（《赠王判官时余归隐庐山屏风叠》），败丹阳（《南奔书怀》），囚寻阳（《在寻阳非所寄内》），流夜郎（《南流夜郎寄内》），走江陵（《早发白帝城》），观洞庭（《与夏十二登岳阳楼》），还江夏（《峨眉山月歌送蜀僧晏入中京》），归南昌（《豫章行》），最终客死当涂（《献从叔当涂宰阳冰》）。

他一生的行旅，横贯了天山东西，跨越了长江流域与黄河流域，北抵燕山（"燕山雪花大如席，片片吹落轩辕台"[1]），南达夜郎。大唐帝国的版图，他来来回回，用脚丈量好几遍。把他的行路旅程加起来，恐怕不一定输给玄奘吧。

关于路程，他说："何处是归程？长亭更短亭。"[2]

十里一长亭，五里一短亭，不知凡几，永无止境。

唐朝的版图有多大，他就能走多远。

九

"举头望明月，低头思故乡"，俯仰之间，李白看见了远方，也想起了故乡。

细究起来，李白并没有真正的故乡。远在天边的碎叶，后来迁居

---

① [唐] 李白：《北风行》，见《李太白全集》上册，中华书局 2011 年版。
② [唐] 李白：《菩萨蛮》，见《李太白全集》上册，中华书局 2011 年版。

的四川江油，以及他娶妻安家的安陆，其实都不是他的故乡。

《李太白诗集》的集注者、清人王琦说，李白自出蜀之后绝无思亲之句。

不是李白无情，在他的心里，故乡从来都不是地图上的某一个具体的地名，不是风帘翠幕的安乐窝。对于四海为家家万里的李白，流浪，就是他的故乡。李白走到哪里，哪里就是他的故乡。他的故乡很大，大到了跟唐朝的版图一样大，跟天下一样大，跟宇宙一样大。

因此，李白真正的故乡，是那些已经到达和未曾到达的远方。故乡和远方，在他心里成了两个相等的概念。"举头望明月，低头思故乡"，他是从一个远方走向另一个远方，从一个故乡走向另一个故乡。

假如找一个物质上的标志，那就只有一个事物能够同时代表远方和故乡，那就是天上的一轮明月。

明月是真正的远方，比李白到达的所有地方都远；更是他的故乡，他心灵的寄托，他精神上的乌托邦。

是物质，更是精神。

李白诗里的明月，纯净、圆润、皎洁，在漆黑的夜里，它是万物中最明亮者，辉映千山，也照亮人心，让人心因宇宙自然的奇幻与伟大而变得明亮和通透。

归根结底，月是他的理想国，无论现实多么困厄，那枚理想之月永远悬在他的头上，抬头可见。也只有在那一片月光里，他才能得到真正的自由，就像一个人，在他自己的故乡一样。

他在诗里写：

> 对酒不觉暝，
> 落花盈我衣。

醉起步溪月，

鸟还人亦稀。①

他又写：

我歌月徘徊，

我舞影凌乱。

醒时相交欢，

醉后各分散。②

他歌，他舞，他醉，他醒，他徘徊，他撒娇。他与月亮，配合得
那么默契，那么相得益彰。

"望明月"，本身就是"思故乡"——那是他的来处，也终将成为
他的归宿。

他这一生，始终在跟着月亮走，月亮也跟着他走，彼此间不离
不弃。

像他诗里写的："暮从碧山下，山月随人归。"③

他与月亮，永远步调一致。

①　[唐]李白：《自遣》，见《李太白全集》上册，中华书局 2011 年版。

②　[唐]李白：《月下独酌四首》，见《李太白全集》上册，中华书局 2011
年版。

③　[唐]李白：《下终南山过斛斯山人宿置酒》，见《李太白全集》上册，
中华书局 2011 年版。

十

李白并非不识人间烟火，他的诗，也有描述人间的："络纬秋啼金井阑，微霜凄凄簟色寒。孤灯不明思欲绝，卷帷望月空长叹。"[①] 他也有自己的痛苦，但他知道："大圣犹不遇，小儒安足悲！"[②] 像孔子那样的圣人都难以施展抱负，何况他这个平头小百姓了。但天地之大，让他随时可以调整焦距，去面向一个更寥廓深远的穹宇。

这不是李白的消极处，而恰恰是他的积极处。他能够在天地苍穹的背景下，去重新确立自我的价值，完成自我的人格。

唐代是中国诗歌的鼎盛期，这鼎盛，除了我在《纸上的李白》中所说，得自隋唐以前那战乱的三百年中南北文化的大交流以外，还有一个很强大的文化背景，就是佛教在那三百年中传入了中国，在佛教兴盛的压力下，道教文化又在竞争中崛起。这两种宗教话语，都先后超越了生活的具体形骸，而进入了一个形而上的世界，进入了"对宇宙的本原与人生的依据的形而上的思索"[③]。佛教文化在唐代走向兴盛，如杜牧所说"南朝四百八十寺，多少楼台烟雨中"[④]，道教文化在唐代也受到从皇室到民间的广泛尊崇，包括李白，还有李白的朋友司马承祯，都是道教的狂热拥趸，他们也因此受到皇室的关注。正是这样的文化背景，撑开了唐诗的表达空间，使它能够超越人生具体的悲欢苦乐，进入宇宙的寂寥浩大。

---

① ［唐］李白：《长相思》，见《李太白全集》上册，中华书局2011年版。
② ［唐］李白：《书怀赠南陵常赞府》，见《李太白全集》上册，中华书局2011年版。
③ 葛兆光：《中国思想史》第一卷，复旦大学出版社，第369页。
④ ［唐］杜牧：《江南春》，见《杜牧选集》，上海古籍出版社2016年版。

比较典型的例子，是杜甫的《绝句》：

> 两个黄鹂鸣翠柳，
> 一行白鹭上青天。
> 窗含西岭千秋雪，
> 门泊东吴万里船。①

镜头从特写（黄鹂、翠柳）开始，一下转向了白鹭、青天，继而又转向千秋雪、万里船，延伸向浩渺无穷的时空。

这样的镜头移动，在李白的诗里也屡见不鲜。你看：

> 故人西辞黄鹤楼，
> 烟花三月下扬州。
> 孤帆远影碧空尽，
> 唯见长江天际流。②

他的视线，由具体的人、帆，转向更宽广的长江和更高远的天空。

所有的伤感，都将消融在这无尽的江天之中。

唐诗之美，美在"境"。

这"境"，就是天地之心。

就是《独坐敬亭山》中，独对远山苍穹的那一份专注。

---

① ［唐］杜甫：《绝句四首》，见《杜甫诗选注》，人民文学出版社 2017 年版，第 229 页。

② ［唐］李白：《黄鹤楼送孟浩然之广陵》，见《李太白全集》上册，中华书局 2011 年版。

就是"浮四海，横八荒，出宇宙之寥廓，登云天之渺茫"①。

读到过一段话，写得好，我觉得可以用来形容李白：

 在古时，人是那么小，静悄悄的，在山水中。人也是虚的，无我，只剩下几根虚虚的线条。很小、很虚的人，道通天地，就立即变大了，参天地之化育。一个一个，顶天立地，头角峥嵘。虚虚的线条，都变成了铮铮铁骨。②

这天地之心，在唐代绘画里很难找出对应的图像。唐代绘画，大多聚焦在具体的人与事，画面色彩浓艳，人影晃动，像《宫乐图》卷、《游骑图》卷、《虢国夫人游春图》卷，固然明媚炫目，然而看久了，不免有拥塞胀腻之感。到宋代，山水画大兴，色彩开始褪淡，画面才开始透气起来，李白、王维诗里的这份高旷清逸之"境"，也才在宋代山水画里得以延续，使宋代绘画有了宇宙的广度、哲学的深度，有了超越命运束缚的内在力量。虽然宋画并不直接描绘月亮，但诚如画家韦羲所说："宋文明的气质如月亮，山水画在月光下进入它最神秘伟大的时期，力与美，悲伤与超然凝为一体。汉文明向内的一面又走到前来，要在一切事物里寻找永恒的意味。永恒是冷的。永恒的月光照耀山水，再亮，也还是黑白的、沉思的。"③

芦汀密雪，万壑松风，宋代山水画，让我们领略了自然的伟岸，

---

① ［唐］李白：《代寿山答孟少府移文书》，见《李太白全集》上册，中华书局 2011 年版。

② 文河：《小满》，见庞培、赵荔红主编：《书写中国：二十四节气》，上海文艺出版社 2018 年版，第 126 页。

③ 韦羲：《照夜白——山水、折叠、循环、拼贴、时空的诗学》，台海出版社 2017 年版，第 346 页。

更让我们从这伟岸中汲取无尽的生机与活力，青春与血气，犹如万物蓬勃，永不衰老。

唐代诗人，与宋代画家，形成了有趣的对话关系。

我把宋画，当作唐诗的隔世回音。

十一

唐代宗广德元年（763年）春天，宣城的杜鹃花开了，远在宣州（宣城）当涂县的李白，真的想家了。

他写下《宣城见杜鹃花》：

> 蜀国曾闻子规鸟，
> 宣城还见杜鹃花。
> 一叫一回肠一断，
> 三春三月忆三巴。①

子规鸟、杜鹃花，原本都是四川的标志，却在安徽宣城与它们不期而遇，怎不让他思乡断肠？

这一次，故乡真的远了，远到了他已无法抵达。

冬天来临的时候，在病榻上辗转的李白，写下了他生命中最后一首诗，是关于飞翔的。

诗的名字，叫《临路歌》（一说为《临终歌》）：

---

① ［唐］李白：《宣城见杜鹃花》，见《李太白全集》上册，中华书局2011年版。

大鹏飞兮振八裔，

中天摧兮力不济。

余风激兮万世，

游扶桑兮挂石袂。

后人得之传此，

仲尼亡兮谁为出涕？①

"大鹏飞兮"，让我想到《李太白全集》的第一首诗，就是《大鹏赋》。他赋里的大鹏，曾经抟扶摇直上，雄风万里，如今那大鹏已然死去。从今以后，是否有人像孔子当年痛哭麒麟那样，为大鹏之死而黯然流泪？

如今，在将死之际，李白又想起了大鹏。

《庄子·逍遥游》说："北冥有鱼，其名为鲲。鲲之大，不知其几千里也；化而为鸟，其名为鹏。鹏之背，不知其几千里也。"②

以大鹏自喻的李白，终于可以逍遥了。

《临路歌》，是李白对人世的最后告白。

他的道路，至此戛然而止。

在我看来，当涂，其实就是"当途"。

李白死得太窘迫，不仅客死他乡，而且寄人篱下。

在很多人看来，他的死，不能没有诗，没有酒，没有月，那样不合逻辑——不合李白的逻辑，也不合李白拥趸的逻辑，于是，有人杜撰了他醉游江中、入水捉月而死的传说，让他的死，像他的生一样（"白之生，母梦长庚星"），变成一个传奇。

---

① ［唐］李白：《临路歌》，见《李太白全集》上册，中华书局 2011 年版。
② 陈鼓应注译：《庄子今注今译》，中华书局 2009 年第 2 版。

王瑶先生说：水中捉月而死的传说，"从唐末五代就盛行起来了"。这个传说"富于浪漫气息，因为月亮在李白的诗中是一种高尚皎洁的象征，这传说本身就表示了他对于一种高洁理想的追求，也表示了他在后人心目中的印象"①。

十二

曾有一个月夜，李白和他的朋友、"饮中八仙"之一的崔宗之溯流过白璧山，在月色中饮酒赏月。那一天，李白身穿宫锦袍坐在船里，"顾瞻笑傲，旁若无人"②，引来许多吃瓜群众好奇围观，但李白心无旁骛。他的心里，只有月色：

> 沧江溯流归，
> 白璧见秋月。
> 秋月照白璧，
> 皓如山阴雪。③

月光之美，照耀着人之美。

崔宗之也是美的，"玉树临风"这个成语就因他而产生，杜甫曾称他为"潇洒美少年"，在《饮中八仙歌》中写他："举觞白眼望青

---

① 王瑶：《李白》，生活·读书·新知三联书店 2013 年版，第 120 页。
② ［后晋］刘昫等撰：《旧唐书》，中华书局 2000 年版，第 3439 页。
③ ［唐］李白：《自金陵溯流过白璧山，玩月达天门，寄句容王主簿》，见《李太白全集》上册，中华书局 2011 年版。

天，皎如玉树临风前"①。

其实杜甫自己也是帅哥，他名字里的"甫"字，就是对男子的美称，何况，杜甫的字，是子美。

他们的美，不只在外表，更在精神。

那一班人，全都符合"五讲四美"。

不美之人，会玷污这样的月色。

李白是月的信徒，月就是他的宗教。甚至连他自己，都要变成明月。他自天上来，终归要回到天上去，就像后世苏东坡所说的那样，"我欲乘风归去"，用李白自己的话说，是"欲上青天揽明月"②。

李白研究专家李长之先生说："在李白看，白云明月固然像自己一样是天地间有生命的东西了，但是他自己也何尝不像天地间的一朵白云一样？一轮明月一样？所以他是自己宇宙化，宇宙又自己化了。"③

李白的生命中容纳了太多的痛苦，但他的幸福也来得简单，一袭月色，就能将他心中的阴霾一扫而光。

他在人间经历的所有困顿与伤痛，都在月光中得到了补偿。

二〇一八年四月二十五日至二〇一九年十二月五日

① ［唐］杜甫《八仙歌》，见《杜甫诗选注》，人民文学出版社 2017 年版，第 14 页。

② ［唐］李白：《宣州谢朓楼饯别校书叔云》，见《李太白全集》上册，中华书局 2011 年版。

③ 李长之：《道教徒的诗人李白及其痛苦》，生活·读书·新知三联书店 2013 年版，第 58 页。

待重头收拾旧山河

一

南宋绍兴七年（1137年）秋，长江的一条船上，坐着三十五岁的岳飞。七年前（1130年），岳家军经过浴血奋战，从金军手里夺回了长江下游重镇、六朝时的古都——建康府①，三年前（1134年），岳家军又收复了襄汉六郡，从而使南宋王朝取得了对长江流域的控制权，稳定了宋高宗赵构在临安②的统治。南宋政权虽然建立已有十年，但"到绍兴五年（1135年）的秋后，南宋政权的统治局势才算逐渐出现了一个比较稳定的状态"③。

此时，长江又恢复了它的平静，像一幅风景画，横亘在岳飞的眼前。除了流水的声音，以及岸边苇丛里偶尔传来的野鸭的叫声，四周安静得什么声音都听不见。岳飞这些年南征北战，已经习惯了惨烈的厮杀声、叫喊声、兵戈相撞声、擂鼓助威声，岳飞的世界里充满了声音，对于眼下的寂静，却感到几分陌生。

---

① 今江苏省南京市。
② 今浙江省杭州市。
③ 邓广铭：《岳飞传》，生活·读书·新知三联书店2017年版，第182页。

但岳飞的内心并不安静，在他心里，"靖康耻，犹未雪"，十年前被金国俘虏的徽、钦二帝，还在北国的冰天雪地间痛苦挣扎，苟延残喘。那时岳飞或许并不知道，宋徽宗已于两年前死在了五国城，他"迎回二圣"，洗雪靖康之耻的梦想，正离他越来越远。那时的岳飞，还在思忖着一件"大事"。他对赶到九江与他会合的随军转运薛弼说："我这次到朝廷上，还将奏陈一桩有关国本的大计。"

于是，船上的岳飞，写了一份奏章。他笔锋沉静，抗拒着船体的摇晃，优美的小楷字体，无声地落在纸页上。

薛弼看见岳飞写下的文字，脸上陡然变色，说："身为大将，似不应干预此事。"

岳飞说："臣子一体，也不当顾虑形迹。"

这些对话，都被记录下来，所以我们今天依然能够知晓。唯一不知的，是这份奏章的内容，这份奏章没有保留下来，我们无法再看到它的原初的样子。

薛弼认为岳飞不应干预的，是什么事呢？

岳飞正在写的，竟是一份请求将建国公赵伯琮正式立为皇太子的奏章。

那一年，宋高宗赵构才三十岁，除了性功能有些障碍，其他什么毛病都没有。急急切切地要求立太子，岳飞你这是什么意思呢？

岳飞所做，当然是为了社稷国家。但这的确超出了一员武将的职权范围。

所以，当岳飞带着他的奏章，在建康府的宫殿上朝见高宗的时候，他的内心突然犹疑起来，不像他在船上写奏章时那样自信满满，以至于他宣读奏章的声音都有些颤抖，几乎读不成句。文献记载，那时恰好有一阵风吹过来，吹得岳飞手里的奏章起伏不定，看上去好像他的手在发抖。他的声音在抖，手也在抖，他的手随着声音在抖，声音也随着手在抖，让整个觐见过程变得颇为难堪，对双方来说，都成了一场煎熬。

终于，他耳边传来了皇帝的声音：

"卿言虽忠，然握重兵于外，这类事体并不是你所应当参与的。"

听到皇帝的话，岳飞立刻面如死灰。

他脸色的变化，连宋高宗都看得清清楚楚。

薛弼登殿时，宋高宗对他说：

"岳飞听了我的话，似乎很不高兴……"

第二天，宋高宗见宰相赵鼎，又提到昨天的事："岳飞昨日奏乞立建国公为皇子，这事情不是他所应当参与的。"

赵鼎答曰："想不到岳飞竟这样不守本分！"

退朝后，赵鼎又把薛弼找来，对他说："岳飞是大将，现时正领兵在外，岂可干预朝廷上的大事？怎么竟不知道避免嫌疑？"①

从宰相的口气听得出来，岳飞这件事，挺出格的。

岳飞在觐见皇帝后，就灰溜溜地赶回江州军营，但他的心里，却蒙上一层阴影，爽快不起来。他意识到了自己的"多嘴"，他一定想尽快忘记这件事。他或许不会想到，这次建康之行，将成为他一生命运的拐点。

---

① 以上对话皆引自［宋］张戒：《默记》，见［宋］岳珂编、王曾瑜校注：《鄂国金佗稡编续编校注》，中华书局1989年版，第1130页。关于岳飞建议立储事件的真伪，《宋史》《中兴四朝国史》《建炎以来系年要录》等史料持否定说法，《建炎以来朝野杂记》持肯定说法。目前学术界基本采信此事为真。

二

立太子这件在岳飞看来完全正当的请求，为什么被赵构、赵鼎定义为"不守本分""干预朝廷"？

朝廷为什么不愿意被岳飞"干预"？

宋高宗到底怕什么呢？

一切似乎还应从王朝初建时说起。

我们都知道，宋太祖原本是后周的节度使，奉旨抗击契丹和北汉联军时，在开封东北二十公里的陈桥驿①，被手下将一件事先备好的黄袍披在假装醉酒刚醒的赵匡胤身上（其实是赵匡胤的弟弟赵匡义②和一些亲信提前做了准备），"糊里糊涂"地当上了皇帝，于公元 960 年建立大宋王朝，史称"北宋"，从此南征北战，于公元 975 年平定南唐李煜政权，一年后，赵匡胤在"斧声烛影"的历史谜团中神秘驾崩，又过三年，宋太宗平定北汉刘继元政权，基本上一统了天下③，使北宋成为中国历史上继夏、商、周、秦、汉、西晋、隋、唐之后，第九个统一中国的王朝。

这九个大一统王朝中，唯有宋朝是以兵不血刃的方式"夺权"建立的，这得益于赵匡胤的军事实力。军队强而朝廷弱的格局，成就了赵匡胤。

自赵匡胤建立大宋的那一天起，就对武将就怀有一种深度的不信

---

① 今河南封丘东南陈桥镇。

② 后改名光义，即宋太宗赵炅。

③ 北宋并没有完全统一古代中国，二次讨伐辽国失败，幽云十六州和辽西、辽东还在契丹手中。党项李继迁及其后代后来控制了夏州、灵州、河西走廊，建立了西夏。

任。因为他的位置已经转换——从前他是武将，以军事实力推翻了皇帝，而今他是皇帝，要提防被武将推翻。

因此，立国之初，削弱武将对朝廷政治的控制就成为宋太祖改革的重要目标。他最大手笔，就是"杯酒释兵权"了。

"杯酒释兵权"的过程如下：建隆二年（961年）七月初九日，晚朝时分，宋太祖把石守信等禁军高级将领留下喝酒，酒正酣，兴正浓，宋太祖突然屏退侍从，叹了一口气，说："我若不是靠你们出力，是到不了这个地位的，为此我一直念及你们的功德。但是，当天子太难，还不如做节度使快乐，我整个夜晚都不敢安枕而卧啊！"

领导讲话，重点要听"但是"，这弦外之音，石守信自然听得出来，惊问其故，宋太祖说："我这个皇帝位，天下人谁不想要呢？"

石守信等人似有所悟，叩头说："陛下何出此言，现在天命已定，谁还敢有异心呢？"

宋太祖说："你们虽无异心，但谁知道你们的部下怎么样呢？如果他们想要富贵，把黄袍加在你的身上，你即使不想当皇帝，到时候恐怕也是身不由己了。"

一席话让大家失色，他们惊恐地哭了起来，恳请宋太祖给他们指明一条生路。

宋太祖早已准备好了"预案"，对他们说："人生如白驹过隙，要得到富贵的人，不过是想多聚金钱，使子孙免于穷困。你们不如放弃兵权，到地方去，多置良田美宅，为子孙立长远产业；同时多买些歌姬，日夜饮酒相欢，以终天年；朕同你们再结为婚姻，君臣之间，两无猜疑，上下相安，这样不是很好吗？"①

---

① ［清］毕沅撰：《续资治通鉴》卷二，《中华书局》2016年版。

"大哥"发了话，兄弟们就应该"懂事"。第二天，石守信一干人等就纷纷上表，称病辞官，要求解除兵权。宋太祖欣然同意，令罢去其禁军职务，到地方任节度使，废除了殿前都点检和侍卫亲军马步军都指挥司。

禁军就是"中央军"，是直辖于皇帝，担任护卫帝王或皇宫、首都警备任务的军队，《水浒传》里的"豹子头"林冲，就是八十万禁军教头。改革后的禁军，分别由殿前都指挥司、侍卫马军都指挥司和侍卫步军都指挥司，即所谓"三衙"统领。

这是一次伟大的饭局、一次双赢的饭局、一次载入史册的饭局，各个王朝费出吃奶的劲儿都摆不平的军权分配问题，赵匡胤在谈笑间，轻松解决了。

这是宋代第一次大规模地削减兵权。两百多年后，到了南宋时代，皇帝赵构削减兵权，也是宋朝历史上第二次削减兵权，就不像第一次削兵权那样，以"请客吃饭"的方式进行。它不再"那样文质彬彬，那样温良恭俭让"，而是毫不掩饰地露出了权力的犬齿，岳飞，则刚好"撞"到了这个枪口上，不幸沦为他"开刀祭旗"的牺牲品。

三

赵匡胤是从五代的乱局中走出来的，自己又是以节度使的身份得天下的，所以对军人势力，他心有余悸，他说："五代方镇（即藩镇）残虐，民受其祸，朕令选儒臣干事者百余，分治大藩，纵皆贪浊，亦未及武臣一人也。"[①] 一语道出了对藩镇的提防之心，派文官治理藩

---

① ［清］李焘撰：《续资治通鉴长编》，卷一三，中华书局2004年版。

镇，即使他们贪腐，造成的损失也比不上武将一个人的危害。

赵匡胤曾与宰相赵普谈论后晋的贪财宰相桑维翰，说："措大眼也小，赐与十万贯，则塞破屋子矣！"①

在他看来，文官贪财，反倒容易控制，就像一头猪，喂饱了就无欲无求了，武将则是猛虎，桀骜不驯，尾大不掉，说不定什么时候就会咬人，使天下大乱，使天地翻覆。

"杯酒释兵权"以后，那些功高爵显的大员们，被宋太祖好言相劝，打发到地方上当节度使去了，但节度使同样不让皇帝省心。节度使是唐代开始设立的地方军政长官，唐朝"安史之乱"，就是由身兼范阳、平卢、河东三镇节度使的安禄山发动的，叛军一度攻入唐都长安，几乎灭亡了大唐，赵匡胤自己，也是以节度使的身份夺权的，因此，对于节度使这个职位，他格外敏感。

赵匡胤对付节度使的方针有二：

一是将节度使手下最勇猛的士兵调至禁军，同时指派文臣担任转运使，从而剥夺了节度使的军权与财权。

二是任命朝臣到各州担任"通判"，作为州级行政事务的监督者，在通判的制衡下，刺史不能独断专行。苏东坡曾在熙宁四年（1071年）到杭州担任通判，欧阳修的另一位弟子曾巩则被贬至越州担任通判。

赵匡胤驾崩后，赵光义在"斧声烛影"的悬疑中当上了大宋王朝第二任皇帝，是为宋太宗。二〇一二年，我与中央电视台导演余乐合作，拍摄八集历史纪录片《案藏玄机》（二〇一四年中央电视台播出），专门讲到"斧声烛影"。"斧声烛影"这一谜案，玄机很大，以

---

① ［宋］杨亿：《杨文公谈苑·倦游杂录》，"用其长护其短"条，上海古籍出版社 1993 年版。

至于一千多年后，我们都看不清赵光义的皇位是怎么取得的。由于赵光义的权力来路可疑，他始终处于权力正当性的焦虑中，对于掌握军权的人，就更不放心。于是他继承赵匡胤的遗志，继续削减节度使的兵权，在他即位的第一年，就免去了七位节度使的职位，除了"生活待遇"不变，其他一切都变。显然，这是一次小规模的"杯酒释兵权"。宋太宗还向各地派遣"知州"，以大幅削减武人刺史的权力。

宋人开创了"文官典兵"的制度。文官典兵，从根本上扼制住了武将的权力。这样的一种制度，现代很多文明国家仍在使用。加之宋代帝王对于文化事业、科举人才的推崇，这就使得北宋发展到了宋真宗、宋仁宗时期，社会风气崇文抑武。①

一切好像又回到了大唐王朝"十八学士登瀛洲"的时代。大宋王朝政权的合法性，不再只依赖赤裸裸的武力来维持，而更依靠文化的力量，知识、思想与信仰成为崇拜的对象。仅在十一世纪一百年内，就"突然"出现了一大批政治家、思想家、文学家、艺术家，把儒家文化推向一个新的高峰，对中国后一千年的文明走向产生至为深远的影响。

宋太祖谆谆教导他的武臣："今之武臣欲尽令读书，贵知为治之道。"② 逼迫武人刻苦学习文化知识，提高文化修养。即使是宋代的武举考试，前来赶考的武考生，也要考核文化成绩。武将从文，一方面是考试选拔人才社会大环境所逼迫，而另一方面，也是为了自己日后的升迁考虑——一个目不识丁的武将，在宋代官僚体制中，将永远被人轻视，若要升迁，难度很大。于是，那些五大三粗的武人，纷纷开

---

① 参见吴启雷：《岳飞书法真伪谈》，原载《看历史》，2018 年第 8 期。
② ［清］李焘撰：《续资治通鉴长编》卷七，中华书局 2004 年版。

始努力学习文化知识。至于写一手好字，这当然也是必须的。①

淳化三年（992年），宋太宗召集禁军的高级将领到秘阁饮宴观书，教导"武将知文儒之盛也"②。在这种时代风气下，连武将都要附庸风雅，表示自己的"与时俱进"。《青箱杂记》里记录过这样一件事：有一次，宋太宗在宫中宴请群臣，却只要求文臣赋诗庆贺，武将曹翰有点不服，说，我也是幼年学诗啊。宋太宗笑曰，卿是武人，就以刀字为韵吧。曹翰于是挥笔写道：

> 三十年前学六韬，
> 英名常得预时髦。
> 曾因国难披金甲，
> 不为家贫卖宝刀。
> 臂健尚嫌弓力软，
> 眼明犹识阵云高。
> 庭前昨夜秋风起，
> 羞睹盘花旧战袍。③

诗中说，自己学习兵法三十年，当年披甲从军，不是因为家贫卖刀，而是保家卫国，如今自己臂力尚可拉开硬弓，眼力尚可辨识阵云，却什么事都做不了，只能站在秋风扫过的庭前回想旧日的荣光，没脸再去面对自己昨日的战袍了。

宋人对书法艺术怀有深深的崇拜，宋太宗曾于淳化三年（992年）

---

① 吴启雷：《岳飞书法真伪谈》，原载《看历史》，2018年第8期。
② ［清］李焘撰：《续资治通鉴长编》卷二二，中华书局2004年版。
③ ［宋］吴处厚：《青箱杂记》，中华书局1985年版，第63页。

敕刻《淳化阁帖》，将古代著名书法家的墨迹经双钩描摹后，刻在石板或木板上，再拓印装订成帖。

《淳化阁帖》是中国最早的一部汇集各家书法墨迹的法帖，总共十卷，收录了中国先秦至隋唐一千多年的书法墨迹，被称为"法帖之祖"。其中王羲之、王献之父子二人就占了五卷。故宫博物院出版大八开套装十八卷的《王羲之王献之全集》，很大程度上仰仗着《淳化阁帖》。

《淳化阁帖》摹刻后，全国各地很快掀起了传刻的热潮，让这部"法帖之祖"生出了许多孩子，形成了以《淳化阁帖》为"祖帖"的刻本系统。只是这些"孩子"出生以后，一代一代地繁衍，支系众多，祖本却在北宋就已损佚，至今未见可信的祖本传世。故宫博物院藏《淳化阁帖》多达六十三种，其中十卷全者达五十种，清朝时大多存于懋勤殿，最著名的，是懋勤殿藏宋拓《淳化阁帖》十卷（文物号：故字四千六百七十八号），纸墨皆为宋代，底、面包天华锦，封面有驼色皮纸题签，每卷末皆有"淳化三年壬辰岁十一月六日奉旨摹勒上石"篆书刻款，为《淳化阁帖》罕见珍品，二十世纪七十年代被定为国家一级文物。二〇二〇年，故宫博物院举办"故宫博物院藏淳化阁帖版本展"虚拟展览，让《淳化阁帖》的子子孙孙有了一次跨越朝代的聚会。

四

如此我们就可以理解，为什么"起于白屋""擢自布衣"①，又出

入沙场的岳飞，为什么兼资文武，能诗善词，还写一手漂亮的书法，文采风流，丝毫不让文人雅士，几乎是全能冠军了。

读岳飞的孙子岳珂《宝真斋法书赞》，书中讲岳飞的书法"先王（指岳飞）笔法源于苏"，还说岳飞"景仰苏氏，笔法纵逸"。从岳珂记载里我们知道，岳飞写字，是以苏东坡为楷模的。苏东坡的字，是公认的"蛤蟆体"，扁而斜，他的学生黄庭坚开玩笑说，像"石压蛤蟆"。

二〇一三年，我在上海图书馆看"一纸飞鸿——上海图书馆藏尺牍文献精品展"，终于在南宋《凤墅帖》里，看到了岳飞亲笔书写的三通尺牍，称"岳飞三札"。

在宋代，除了皇家法帖，许多私人藏家也纷纷刻帖。他们有财力，可以收藏名人手迹，但他们都很大公无私，不愿专美于己，而要天下共美，所以在宋代，收藏家刻帖成风，甚至形成了一门独特的学问——帖学。米芾晚年就曾将他收藏的晋人墨迹两次刻帖。《凤墅帖》是南宋曾宏父所刻，共四十四卷。只不过这部刻帖的全帙早已失传，现在我们能够见到的，是它的宋拓本残卷，全世界只有这么一帙，它的珍贵，就无须多言了。

《凤墅帖》是南宋人集刻的宋朝人的墨迹，被称为"中国首部断代帖"。它让我们领教了宋代艺术的那个璀璨而强大的"当代"。那是中国艺术史上绝无仅有的"当代"，我在《在故宫寻找苏东坡》一书里称之为中国的文艺复兴。宋朝的"当代"那么的富有，就连这一私家刻帖的《凤墅帖》里，都汇集了晏殊、范仲淹、黄庭坚、辛弃疾、苏舜钦、范成大等近百位"大咖"的书法手迹。其中的大多数帖子，都是曾宏父根据自己家藏和借来的真迹原本石刻出来的，刻工十分细精，所以比起那些经过了反复翻刻的刻帖，它的可信度要高出许多。

"岳飞三札"，收录在《凤墅帖》"续帖卷第四"里，这三札分别是《致通判学士帖》《已至洪井帖》和《平虏亭记帖》，是由岳飞书法真迹的摹刻的。①

　　假若我们把"岳飞三札"与苏东坡的书法作品放在一起比照，我们很容易发现岳飞的书法，就是苏东坡书法这个"妈"生下的"亲儿子"，由此可以看到苏东坡书法"遗传"基因的强大，尤其在宋代，他和他的学生黄庭坚，在书法领域完全形成了一种垄断性的统治力。

　　黄裳先生说："在北宋末，苏轼的书风是怎样地风靡了一世。岳飞也曾写得一笔好苏字，也是受了这风气的影响。岳飞的孙子岳珂就曾对此做过说明，可证今传岳飞书帖确是真迹无疑。"② 故宫博物院前辈学者徐森玉先生曾说："当看到《凤墅帖》中岳飞的笔迹是道地的苏东坡体后，我们就能断定像'还我河山'之类的墨迹是不可靠了。"③

　　感谢《凤墅帖》的辑刻者曾宏父，感谢《凤墅帖》在后世的所有收藏者（包括清代梁蕉林、叶志诜、姚觐元，民国张伯英等），感谢天，感谢地，感谢岁月未曾吝啬地收回它的所有遗物，我们才在八个多世纪的世道巨变、风雨沧桑之后，依旧保留着重睹岳飞真实墨迹的

---

　　① 故宫博物院徐邦达先生认为，《凤墅帖》里收录的岳飞三札是可靠书迹，可以作为岳飞书法的标准，"印证传世种种伪本岳书墨迹之非"，见徐邦达：《古书画鉴定概论》，徐学毅、余凯凯认为："《凤墅帖》三札是地道的苏体，更接近岳珂的记载"，"《凤墅帖》三札的帖文均不提及岳飞请人代笔，说明《凤墅帖》三札并非代笔的可能性较大"，"从以上两点来看，《凤墅帖》三札定为岳飞亲笔书更显合理"。见徐学毅、余凯凯：《岳飞名下〈奉使郎中帖〉考》，原载《中国书法》，2018 年第 10 期。
　　② 黄裳：《读怀素〈食鱼帖〉》，见李陀、北岛选编：《给孩子的散文》，中信出版集团 2015 年版，第 99 页。
　　③ 徐森玉：《〈郁孤台帖〉和〈凤墅帖〉》，原载《文物》，1961 年第 8 期。

可能，哪怕那不是岳飞书法的原件，而只是一帙刻印本，我们也可以心满意足。

五

大宋的皇权传到宋高宗赵构手里，防范武人依旧是王朝政治的主旋律。"宋人家法造成了文臣优越的地位与心理，赋予文臣猜忌武臣的权力。"[①] 只不过因为宋金的战争，暂缓了皇帝削弱武将兵权的行动，一旦风平浪静，和议达成，武人的地位必岌岌可危。在这样的大历史背景下（至少放在唐宋政治延续性的大框架下），而不只是在"抗战派"与"投降派"的二元对立中看待岳飞的命运，才可能看得更加清楚。

中国历史发展到宋代，大唐气象早已是明日黄花。用许倬云先生话说，宋朝时的东亚世界已是一个"列国共存的国际社会"[②]。大宋不再像唐朝那样，以唐太宗成为"天可汗"为标志，建立了一个跨民族、跨文化的共同体，也就是许倬云先生所说的"普世帝国"。在宋代，这一理想秩序已然崩溃。"宋代的中国本部已不再有普世帝国的格局，中国其他部分的辽、金、元，都是由部族国家进入中国。"[③]

看南宋地图我们可以知道，南宋王朝丢失了黄河中下游，版图被压缩到淮河以南，面积只有金国的一半左右。在它的北方，是金；西

① 虞云国：《南渡君臣——宋高宗及其时代》，上海人民出版社 2019 年版，第 141 页。
② 许倬云：《万古江河——中国历史文化的转折与开展》，湖南人民出版社 2017 年版，第 250 页。
③ 许倬云：《万古江河——中国历史文化的转折与开展》，湖南人民出版社 2017 年版，第 251 页。

北有蒙古、西夏，西有西辽、吐蕃，西南有大理国。群强环伺中，这个江南王朝面临着空前的生存压力。

更重要的是，北宋"澶渊之盟"、南宋"绍兴和议"，宋朝两次与北方的金国缔结和约，以土地换和平，而且宋要向金称臣纳贡，使中原王朝与边疆草原帝国的君臣关系发生了倒置，加之金国第八位皇帝宣宗完颜珣于一二一四年迁都南京（今河南开封），真正实现了问鼎中原，成为"黄河边的中国"，使宋朝（尤其是南宋）作为传统"中国"的正统地位受到了空前的挑战。

绍兴八年（1138 年），宋金商谈和约，金国使节抵达南宋，按规定，宋高宗赵构必须在大金使节面前下跪，奉表称臣。赵构也认怂，表示为了百姓安生，自己的脸面可以暂时不要了。但天下百姓不干，满朝文武不干，因为这脸面不是他赵构的，而是大宋王朝的，是天下百姓的，官员、百姓并没有授权他去丢这个脸。临安街上甚至贴出了"秦相公（指秦桧）是细作"①的标语，李纲、岳飞、韩世忠等文臣武将也纷纷给皇帝上疏，强烈反对这种苟且的做法，枢密院编修官胡铨甚至上疏指责皇帝"忘国大仇而不报"，表示与秦桧不共戴天，要杀秦桧以谢天下。

僵持之际，有大臣"急中生智"，提出一个颇具精神胜利效果的解决办法，就是在赵构下跪时，把列祖列宗的"御容"（画像）都陈列出来，把金人的"诏书"放在祖宗画像中间，这样就可以对外讲，皇上是在跪拜祖宗画像，"面子上庶几可以过得去"②。

这场大戏最终以一个变通的方式收了场，赵构借口正在为宋徽宗

---

① ［宋］朱熹：《朱子语类》，第一三一卷，中华书局 2010 年版。
② 徐梦莘撰：《三朝北盟会编》，卷一八九，"金人退还河南地"条，上海古籍出版社 2019 年版。

守丧（宋徽宗于绍兴五年去世，此时未满三年），由宰相秦桧代他下跪，接受大金的诏书与议和条件，即宋室南渡后的第一次宋金和约，史称"戊午和议"。

这是一份充满了傲慢与偏见的"诏书"，它不再把南宋视为对等的国家，而是把南宋当作藩属，对南宋皇帝赵构也是直呼其名。南宋赵甡之在《中兴遗史》中对此忿忿不平地写道："其辞不逊，上皆容忍之！"

岳飞写下壮怀激烈的《满江红》①，词中写：

靖康耻，

犹未雪；

臣子恨，

何时灭？

在岳飞看来，"戊午和议"不仅没有雪靖康之耻，而且，这耻还在继续。

---

① 关于《满江红》一词是否岳飞所写，以及此词写作时间，史学界观点不一。邓广铭、周汝昌等先生认为《满江红》一词作者确为岳飞无疑。关于写作时间，邓广铭先生认为应写在绍兴二年（1132 年）至绍兴五年（1135 年）这一时间内，也有人认为它作于绍兴四年（1134 年）岳飞克复襄汉，荣升节度使之后。参见邓广铭：《岳飞的〈满江红〉不是伪作》，原载《文史知识》，1981 年第 3 期；《再论岳飞的〈满江红〉词不是伪作》，原载《文史哲》，1982 年第 1 期；周汝昌：《千秋一寸心——周汝昌讲唐诗宋词》，中华书局 2006 年版，第 11—13 页；王曾瑜：《岳飞〈满江红〉词真伪之争辨及其系年》，原载《文史知识》，2007 年第 1 期；等等。

六

按说，南宋王朝能在杭州落脚，岳飞功莫大焉。

靖康之变之际，作为赵宋皇室唯一的漏网之鱼，赵构充分展现了自己逃跑的功力。靖康二年（1127年）初，身为河北兵马大元帅的赵构身在汴京北边不远的相州①，手中掌握着劲旅，汴京告急时，他接到宋钦宗赵桓的蜡丸密诏，却不敢按照皇帝的旨意，星夜赶往汴京增援，而是先到大名府与诸路人马会合，只让宗泽带领军队奔赴开德府（即澶州）②救援，自己一路逃到东平府③。汴京城破，赵构又逃往济州。④ 直到四月里，金军带着他们的战利品北返，他才惊魂未定地奔向大宋王朝的南京——应天府⑤，在那里登上了帝位，改元建炎，成为宋高宗。

大宋政权被重建了，但他并没打算就此结束他逃亡的旅程。在应天，他无数次被噩梦惊醒，在深夜的风中他仿佛能够随时听见金人的马蹄声。老将宗泽再三上疏请求还都汴京，以鼓舞全国军民抗战的斗志，那岂不是要他的命？对宗泽的呼吁，他置之不理。此时他的人生理想只有一个，那就是他继续跑，离金人越远越好。敌人的紧追不舍，大大地激发了赵构在长跑方面的潜质。他用事实向敌人证明，自己在逃跑方面是具有天赋的，而且，有着坚不可摧的意志，只要金军不放弃对他的追击，他就一定要把逃跑进行到底。

---

① 今山东省巨野县。
② 今河南省濮阳县。
③ 今山东省东平县州城镇。
④ 今山东省巨野县。
⑤ 今河南省商丘市。

十月里，赵构一行急不可耐地抵达了灯火繁华的扬州城，作为前往建康府的中转站，把河北、河东的土地与人民慷慨地丢给了金军，果然诱使金军再一次南下，围攻三十三天之后，攻下澶州城，杀光了城中百姓，连婴儿也不放过。接着又攻陷濮州，吞噬了中原的大片土地。

"十年一觉扬州梦"，赵构温暖、性感的梦只维持了一年多，建炎三年（1129 年）正月里，金军在取得泗州①之后，金戈直指赵构的安乐窝——扬州。

"人生只合扬州死"，但赵构还不想死，于是急忙奔赴了新的旅程。在逃跑方面，赵构绝对是身先士卒的，这让我想起一句笑言：我军以迅雷不及掩耳之势逃离，敌军连追赶都来不及了。但由于慌乱，他登船的样子极为难看，本已封装妥当的几十条船只，竟然深陷泥淖而不能行进，上面装载的朝廷文书档案，以及金银宝物，一部分没来得及驶离河岸就化为了灰烬，其余全部成为金军的战利品。

在赵构的身后，扬州这座"淮左名都"陷入一片混乱。我从《建炎淮扬遗录》里看到了那座被皇帝放弃的城，人潮如一条黏稠的河流向江边奔涌。人们知道，皇帝走了，朝廷离开了，他们都将沦为刀俎上的鱼肉。为了避免鱼肉的命运，他们拼命在跑。他们跟在皇帝、大臣，甚至军人们的身后，向着他们奔跑的方向跑。皇帝的奔跑，为他们指明了方向。生的希望就在前方，慢一步就意味着死亡。只是他们没有皇帝跑得快，还是皇帝身手敏捷，皇帝有马，有轿辇，还有运输大队，但他们没有。他们挈妇将雏，带着不忍抛弃的家产，在狭窄的巷子里纷纷夺路，彼此拥挤践踏，许多亲人被冲散，母亲找不到自己

---

① 今安徽省泗县。

的孩子在哪里，孩子也找不到母亲在哪里，更有许多人被活活踩死。跑才能生，但正因为跑，他们才死。史书这样记载当时的悲惨景象：街上躺满了被践踏而死的尸体，到处的墙壁和树木上贴满了找人的帖子。拥挤在大江北岸，争欲南渡而找不到船只的，还有十多万人口。因奔进踩践而死，以及争渡坠江而死的，成千累万。①

情急之下，赵构连前往建康的计划也放弃了，而是去了镇江，又从镇江沿运河逃到常州，由常州逃向苏州，二月十三日，抵达杭州。

建炎三年（1129 年）七月，赵构升杭州为临安府，但即使在"山外青山楼外楼"的临安，赵构依然"安"不下来，哪怕临时安顿一下都成了奢望。南下的金军突破了长江防线，逼得赵构还得跑。那时的赵构，心里一定会涌起李白一句诗："何处是归程？长亭更短亭。"问苍茫大地，哪里是这场超级马拉松的终点呢？他的命，似乎就是"永远在路上"。宰相吕颐浩提议："金人既渡江，必分遣轻骑追袭，今若车驾海舟以避敌，既登海舟之后，敌骑必不能袭我。江、浙地热，敌亦不能久留。俟其退去，复还二浙。彼入我出，彼出我入，此正后家之奇也。"② 看来这陆地上没有安全的地方了，只有大海是安全的，金军铁骑再强悍，也没有办法在大海上驰骋吧。

这真是一个好主意，赵构如醍醐灌顶，突然感到他的生活充满阳光。方针已定，就时不我待，他立即经越州③转往明州④，命人紧急募

---

① 佚名：《建炎淮扬遗录》，《学津讨原》本。佚名：《维扬巡幸记》，《三朝北盟会编》，卷一二一转引，上海古籍出版社 2019 年版。

② ［宋］李心传：《建炎以来系年要录》第一册，中华书局 1988 年版，第578 页。

③ 今浙江省绍兴市。

④ 今浙江省宁波市。

集海船二十艘，在腊月中旬，终于在定海县①登船，像孔子说的那样，"乘桴浮于海"了。

这汪洋中的一条船，在坐满朝廷官员和"百司禁卫"，装满文书档案、生活用品的另外十九艘船的陪伴下，组成了一支浩荡而奇特的船队，仿佛华灿的海市蜃楼，出现在台州到温州一带的海域中，让金军鞭长莫及。什么叫望洋兴叹？金兀术此时的感觉就是望洋兴叹。望着茫茫无际的海洋，金兀术一定在心里叫苦：小构子，你可太能跑了，算你狠，都跑到海上了，这一局，你赢了！

第二年（1130年）四月，金兀术率领他的军队，心犹不甘地从长江边撤离，沿着来时路，奔回北方的千里沃野。直到这时，赵构才长吁一口气，在越州舍舟登岸。但他心有余悸，等到绍兴二年（1132年）春天，才又回到他的醉梦之乡——临安。

岳飞，就是在这个历史节点上出现的。

他一出现，就带有"救世主"的色彩。

岳飞二十二岁从军，靖康之变那年（1127年），他刚二十五岁，因在开德府②、曹州府③击败金军而升任武翼郎。他在战斗里成长，受到宗泽赏识，到建炎四年（1130年），金军从长江沿岸撤退时，岳飞在建康城南三十里的清水亭，没有等张俊的命令就下令自己的部队拦腰截击金军。仓皇中，金军死伤无数，在长达十几里的战线上，留下了无数尸体，才向北方遁去。

岳飞乘胜收复了建康，将金军彻底逐出江南，宋金战争从此进入相持阶段。收复建康四年后，也就是赵构从海上回到临安两年后的绍

---

① 今浙江省镇海县。
② 今河南省濮阳市。
③ 今山东省定陶区西。

兴四年（1134年），岳飞又进军长江中游，接连收复了襄汉六郡，在抗金战场上威风八面，连金兀术都仰天长叹"过江艰危"了。那一年，岳飞虚岁才三十二岁。

宋史研究大家邓广铭先生说："岳家军这次出师，竟是每战必胜，每攻必克""这是自南宋建国以来还不曾有人建立过的功勋"①，所以当捷报传到临安，赵构都感到很不习惯。他对签书枢密院事胡松年说："岳飞行军极有纪律，这是我早就知道的，却没有料想到他能这样地破敌立功。"②

远在临安的宋高宗喜闻捷报后，非常高兴，岳飞被授予清远军节度使，成为与韩世忠、刘光世、张俊并列的南宋初年四大将，还给岳飞写了亲笔赐书，于是有了我在《故宫的古物之美2》里提到过的那份御札：

> 卿盛秋之际，提兵按边，风霜已寒，征驭良苦。如是别有事宜，可密奏来。朝廷以淮西军叛之后，每加过虑。长江上流一带，缓急之际，全藉卿军照管。可戒饬所留军马，训练整齐，常若寇至，蕲阳、江州两处水军，亦宜遣发。如卿体国，岂待多言。付岳飞。

字里行间，也隐隐地透出一丝忧虑："如卿体国，岂待多言。"就是要岳飞体认皇帝的心思和国家的状况，要一心一意为皇帝着想，替皇帝办事。这也是向岳飞敲响了警钟，皇恩浩荡，天威不可犯！

---

① 邓广铭：《岳飞传》，生活·读书·新知三联书店2017年版，第146页。
② 转引自邓广铭：《岳飞传》，生活·读书·新知三联书店2017年版，第146页。

七

国家危难之际，岳飞的"横空出世"，对赵构来说，的确是喜忧参半。

喜的是，赵构终于无须再跑了，在"暖风熏得游人醉""乱花渐欲迷人眼"的都城临安，他可以舒适地"安"、放心地"迷"了。为此他要感谢岳飞，岳飞就是他的大恩人，没有岳飞，他还不知要跑多久，跑到哪里去。正是因为岳飞这两大战役的胜利，使他的屁股能够在龙椅上坐稳。绍兴四年（1134年）是宋代历史的一个转折点，此后的大宋已经不再像靖康之变时那样弱不禁风，此时的南宋已经有了岳家军，岳家军凯歌高奏，不仅使南宋有了与大金抗衡的能力，甚至已经拥有了反击的资本。

为了表彰岳飞的功勋，赵构将岳飞晋升为清远军节度使、湖北路荆襄潭州制置使。绍兴六年（1136年），又任命岳飞为湖北、京西路宣抚副使，不设正使，用今天的话说，是副职主持工作。

但另一方面，军队犹如双刃剑，可以克敌，也可以伤己。假若武将不听使唤，任性起来，以他的实力，岂不够朝廷喝一壶的？

因此，宋代的武将，本身就处于一个巨大的悖论之中。大敌当前，保家卫国，他们责无旁贷，但另一方面，战得太切、功劳太大也不行，否则"拥重兵，挟战功，凌驾君权之上，势所难免，这也是绝不能容忍的"①。以赵构、秦桧之力，掌控一只猫、一条狗还绰绰有余，要控制一只虎、一头豹，绝对费劲。

---

① 虞云国：《南渡君臣——宋高宗及其时代》，上海人民出版社2019年版，第124页。

越是需要军队，越是要提防军队。于是，宋朝历史上的第二次削兵权在所难免了。这次削兵权的主导者不再是赵匡胤，而是宋朝的第十位皇帝——赵构。

这次削兵权，一开始的重点不是岳飞，而是刘光世。

从某种意义上说，岳飞还成了受益者。

绍兴七年（1137 年）三月，也就是岳飞坐在长江的船上，写下请求朝廷立太子的那份奏章之前半年，南宋"中兴四将"① 之一的刘光世因骄惰怯敌被罢军职，刘光世原有的部队，将划归岳飞。

这事令岳飞感到来自朝廷莫大的关怀、莫大的信任、莫大的温暖，他感到自己的军力将得到扩充，收复中原更多了一分希望，激动之余，写了一份《乞出师札子》，详细阐述了他要统兵十万，收复中原的详细计划。

但或许正是这份《乞出师札子》，让朝廷改变了计划。

因为从这《乞出师札子》里，朝廷意识到，岳飞的军力可能从此"膨胀"，一发而不可收。

赵构马上收回了成命，让岳飞空欢喜一场。岳飞被忽悠了，他很生气。愤怒之下，他做出了一个十分不理智的举动：自行解除兵权，撂挑子不干了。

当然，岳飞撂挑子，是要找借口的。恰巧前一年（绍兴六年，1136 年），岳母在庐山去世，岳飞哭红了双眼，从鄂州奔赴庐山为母亲下葬。处理完母亲的丧事以后，岳飞就待在庐山名刹东林寺不下来了，准备从此为母亲守孝三年。

这明摆着是发泄不满，而且，赵构闻到了被要挟的味道，像赵构

① 南宋"中兴四将"是指宋室南渡之后，在抵抗金兵、保证南宋政权的建立与巩固过程中起过重大作用的将领，分别为岳飞、韩世忠、张俊、刘光世。

这样内心敏感的人，对此一定会感到十分不爽。但大敌当前，赵构还不敢动岳飞，这口气，他暂时忍了，向山上的岳飞连发了两道《起复诏》，要求他"移孝为忠"，重掌军职。没想到岳飞不给面子，一而再、再而三地否决了皇帝的命令，坚持要完成三年丁忧。直到赵构发出第三道《起复诏》，向岳飞发出最严厉的最后通牒，岳飞才心不甘情不愿地，勉强下山。

或许，岳飞的这一次"任性"，使他引火烧身，将皇帝削兵权的注意力引到自己的身上。而接下来岳飞上奏皇帝立储之事，又让赵构感到岳飞的手伸得太长，让赵构感到不寒而栗。

那一刻，赵构的耳边，一定会回响起唐朝老将郭子仪的名言：

> 若恃兵权之存，而轻视朝廷，有命不即禀，非特子孙不飨福，身亦有不测之祸。卿宜戒之！

四年后（1141 年），秦桧密令他的党羽、殿中侍御史罗汝楫上疏弹劾岳飞，奏章里给岳飞安的罪名就是："枢密副使岳飞不避嫌疑，而妄贪非常之功；不量彼己，而几败国之大事。"①

八

在赵构看来，对于岳飞这样的猛将只能"控制使用"，而不敢放任自流。绍兴九年（1139 年），当金兀术撕毁了此前达成的"戊午和议"，分三路向南宋进攻，岳飞就不断收到来自赵构的御札，表达了

---

① ［宋］岳珂编、王曾瑜校注：《鄂国金佗稡编续编校注》卷第二十一，《吁天辨诬卷之一》，中华书局 1989 年版，第 1029 页。

对岳飞的倚重，催促他向陈、蔡进军。

原本，岳家军的反攻是十分顺利的。岳飞亲自率军，长驱直入，连续克复了颍昌①、陈州②、郑州、洛阳，直指汴京。岳飞将司令部设在颍昌府的郾城，金兀术选了一万五千骑兵，准备偷袭岳飞的司令部。岳飞命令将士，每人手执麻扎刀、提刀和大斧三种兵器应战，上砍敌人，下砍马足，"手拽厮劈"，鏖战数十回合，一直到天色完全黑下来，金军才支撑不住，向临颍县逃去。③

七月十四日清晨，金兀术率金军骑兵三万余人攻打颍昌府，双方血战几十回合，"人为血人，马为血马，无一人肯回顾者"④，终于以斩金军五千余人、俘士卒二千余人、将官七十八人、获马三千余匹的傲人战绩结束了战斗，金兀术的女婿夏金吾当场阵亡。

金兀术退还到从前的汴京，接连的失利使他哀叹："我起北方以来，未有如今日屡见挫衄！"金军大将韩常也不愿再战，派密使向岳飞请降。岳飞为大河南北频传的捷报所鼓舞，他对部属说："直捣黄龙府⑤，与诸君痛饮耳！"⑥

岳家军迅速完成了对汴京的包围，岳飞要夺回汴京，再由汴京北渡黄河，去"从头收拾旧山河"。金兀术将十万大军驻扎在汴京西南四十五里的朱仙镇，双方在朱仙镇进行了一场较量，金军全军溃败。

---

① 今河南省许昌市。
② 今河南省淮阳县。
③ ［宋］岳飞：《龙虎等军捷奏》，见［宋］岳珂编、王曾瑜校注：《鄂国金佗稡编续编校注》，中华书局1989年版。
④ ［宋］岳珂编、王曾瑜校注：《鄂国金佗稡编续编校注》卷第二十七，《百氏昭忠录卷之十一》，中华书局1989年版，第1588页。
⑤ 今吉林省长春市农安县。
⑥ ［宋］岳珂编、王曾瑜校注：《鄂国金佗稡编续编校注》，中华书局1989年版；［元］脱脱等撰：《宋史》，中华书局2000年版，第9037页。

金兀术最后只剩下一条路，那就是放弃汴京，渡河北遁。

经过十余年的拉锯战之后，大宋王朝北定中原、直取金朝老巢的历史契机赫然出现。八百多年后，有历史学家指出："倘若宋高宗与秦桧不是贯彻其一味屈膝求和的既定决策，而是抓住绍兴十年岳飞北伐屡败敌军的大好形势，动用朝廷的既有权威，协调韩世忠等大将协同作战，宋金战争就有可能出现南宋占有绝对优势的结局，将宋金边境北推至黄河为界也是完全可能的。"①

当时岳飞也清晰地看到，他和他的军队，在经过了"三十功名尘与土，八千里路云和月"之后，"驾长车，踏破贺兰山缺"② 并不只是梦想，"从头收拾旧山河，朝天阙"也不再是奢望。

但他忘了问，如此远大的志向，"天阙"（指朝廷）答不答应。

就是在朱仙镇，岳飞准备发起绝地反击，一举攻下汴京、收复中原的时候，收到了朝廷要求他立刻撤军的"十二道金牌"。

岳飞距离收复汴京，只差四十五里，而且，永远相差四十五里。

应当说，岳飞一生的命运冲突，都凝聚在他收到金牌的那一刻了。他要战，因为他已清晰地看到："天时人事，强弱已见，功及垂成，时不再来，机难再失！"赵构、秦桧却要他撤，因为更让他们倾心的，是正在进行的和议，也是靖康之变、宋室南渡之后的宋金第二次和议（即绍兴十一年达成的"绍兴和议"），金兀术已经明确表示："必杀岳飞，而和议可成！"

手握金牌的岳飞，陷入他一生中最纠结、也最痛苦的境地，进亦难，退亦难，他的手就像电影中的定格一样停在半空中，不知所措。

---

① 虞云国：《南渡君臣——宋高宗及其时代》，上海人民出版社2019年版，第133页。

② 贺兰山是虚指北方塞外。

北风凛冽，吹得战旗猎猎作响，在旷野中发出的声音，犹如野兽的吼声。风打在他的脸上，他毫无知觉，良久，一滴热泪顺着他粗糙的面庞飘落下来，一股悲情终于从胸腔中喷薄而出，所有人都听见了他痛苦的呐喊：

> 十年之功，废于一旦！
> 所得州郡，一朝全休！
> 社稷江山，难以中兴。
> 乾坤世界，无由再复！①

远方，一团团的黑影正向岳家军涌来。是当地的百姓，听说岳家军要撤，急匆匆地赶来，拦在岳飞的马前，齐刷刷地跪倒，乞求岳家军不要撤离，把这一片土地，重新交给金军。

岳飞只能取出诏书，示给众人，说："吾不得擅留。"

史书描述当时的景象是：哭声震野。②

九

绍兴十一年（1141 年），宋高宗终于实现了他人生的最高理想——宋金之间的"绍兴和议"达成，削减武将兵权的时机，终于成熟了。

削兵权是朝廷大事，也是要讲策略的，主要分三步进行：

---

① 徐梦莘撰：《三朝北盟会编》，卷二〇七，岳侯传，上海古籍出版社 2019 年版。

② ［元］脱脱等撰：《宋史》，中华书局 2000 年版，第 9037 页。

第一步，这一年四月，朝廷逼迫岳飞、韩世忠、张俊交出了各自的兵权，调到临安枢密院供职，张俊和韩世忠任枢密使，岳飞任枢密副使。他们都升了官，但他们原来的部队，也都不再是"张家军""韩家军""岳家军"，而是划归中央统一指挥，改称"统制御前诸军"，实际上，变成了"赵家军"。

岳飞多年辛苦，打造了"岳家军"这支铁军，把这支军队交出来，他的内心一定是痛苦的，但圣命难违，他也只能做出一副"豁达"的样子。岳飞脱去戎装，换上文官的官袍到枢密院上班，故作悠闲之状，与人闲谈，也常表露出向往闲云野鹤的生活，对国事，不想闻，也不想问，或许，那是他自我保护的一种方法。

只有张俊交出兵权是兴高采烈的，因为他与秦桧事先达成了默契，就是大家把兵权都交出来以后，交给张俊一人掌控。当然，这是赵构、秦桧制定的分化瓦解政策，否则，三个人铁板一块，朝廷也无可奈何。

所以就有了第二步：在岳飞、韩世忠、张俊交出兵权之后，再对岳飞、韩世忠各个击破，先是罢免岳飞和韩世忠的枢密使、枢密副使职务。朝廷遵照之前的"约定"，把枢府本兵之权全部交给张俊，此后张俊就跟在秦桧的屁股后面，心甘情愿地充当"打手"，先是诬陷韩世忠不甘心交兵权，企图重掌兵权，韩世忠到赵构面前哭号喊冤，赵构对他也并没有杀心，才终于放过了他；接下来又私设公堂，捏造张宪口供"为收岳飞处文字谋反"，将岳飞打入大理寺监狱，最终杀掉了岳飞。

不知道张俊是否会想到，自己野心实现之日，也是末日来临之时。当韩世忠、岳飞先后被皇帝"摆平"，怎么会独独留下他一个张俊呢？他最终得到的，只能是一纸弹劾。这是赵构、秦桧设计好的第三步。张俊害韩世忠、害岳飞，走上同室操戈的不归路，自己也只能是竹篮打水一场空。当然，赵构知道他贪婪好财，就没有杀他，而是用了"杯酒释兵权"的老套路，把他打发回家，当成猪养起来。

绍兴十一年，天底下最得意的人是赵构，因为他不只完成了和谈，与金国达成了"绍兴和议"，并将于第二年派使节迎回父亲宋徽宗的棺椁，同时接回在北国忍辱求生的生母韦氏（详见《故宫的古物之美2》中《繁花与朽木》一文），而且通过一个漂亮的"三部曲"，完成了自己权力生涯中的华丽转身，将天下兵权尽归朝廷。连赵构自己，都忍不住得意洋洋地说："今兵权归朝廷，朕要易将帅，承命奉行，与差文臣无异也。"

对宋朝第二次削兵权，宋史学家虞云国先生总结说："（它）始于绍兴七年三月罢刘光世兵柄，终于绍兴十二年十一月罢张俊枢密使，前后将近六年。""第二次削兵权的完成，使得建炎至绍兴初年武将骄悍跋扈、拥兵自重的局面一去不复返了，祖宗家法大体恢复，南宋政权的格局重新回到重文轻武、以文抑武的旧轨。"[①]

十

绍兴十二年（1142年），腊月二十九日，秦桧独坐在书房里，他很"苦闷"，即使第二天就是大年三十了，他心中依然没有一丝喜色。岳飞的案子一直拖着没有"进展"，万俟卨办事不力，一直审问不出岳飞"谋反"的证据，这让秦桧很不痛快。他闷闷地吃着柑子，下意识地把手里的柑子皮捏来捏去，用手指尖来回划着，若有所思。

秦桧的老婆王氏知道老公在考虑什么，见他如此优柔，就插言道：

① 虞云国：《南渡君臣——宋高宗及其时代》，上海人民出版社2019年版，第149页。

"老汉竟这般缺乏果断吗？要知道捉虎容易放虎难呀!"

秦桧听了老婆的话，似有所悟，抓过一片纸，在上面匆匆写下几个字，派人送到大理寺监狱。①

其实，皇帝已决定让岳飞死了，为什么死，还有那么重要吗？

岳飞是在上一年受到万俟卨弹劾后，下大理寺监狱的。万俟卨看过秦桧送来的纸条，最后一次提审了岳飞，逼迫他在供状上画押。岳飞意识到，最后的时刻到来了，他望了一眼头上的天空，明净如处子的眼神（我猜他会闭上眼），享受一下最后的阳光，任阳光像雨丝一样洒落下来，抚摸着他的脸。顷刻后，他睁开眼睛，抓过毛笔，在供状上飞快地写了八个字：

天日昭昭! 天日昭昭!

我据此猜测那一天是有太阳的，但老天瞎了眼，看不到岳飞的赤胆忠心。

就在这一天，岳飞被毒死，终年三十九岁。

在我看来，岳飞有"九死"。

一死于皇帝与武将之间久已存在的矛盾，藩镇势力坐大，势必对皇帝"家天下"的制度产生冲突。这一矛盾是结构性的、永久性的、不以个人的意志为转移的。汉代"八王之乱"，唐代"安史之乱"，到清代"三藩之乱"，这一结构性矛盾一直困扰着历代皇帝，如同一个难以根除的病灶，在王朝历史中周期性发作，令许多王朝饱受藩镇武人割据造反的危害，以至于那些效忠于朝廷的武将也要受到猜忌，甚

---

① 参见［清］不著撰人：《朝野遗记》，中华书局1991年版。

至蒙受不白之冤，岳飞就是其中之一，这样的悲剧，已经成为历史的保留剧目，一而再再而三地上演。一直到清代，像年羹尧这样的封疆大吏，纵然曾经是皇帝的"铁哥们儿"，被雍正形容为"大恩人"，要与年羹尧做"千古君臣知遇榜样"，都照样难逃一死。

二死于宋朝"家法"，就是赵匡胤夺位之始就树立的政治原则，其中就包括"以文驭武"的方针，也就是通过文人儒士来压制武将的政治空间。这一方针不只停留在理论上，而是付诸了实践。赵匡胤"杯酒释兵权"，就是这一理论的成功实践。鉴于唐朝、五代的武人动乱给王朝带来了深深的伤害，皇帝对武将的忌惮无法消除，所以当岳家军、韩家军纷纷坐大，对他们的军事势力进行打击就不可避免。只不过与先祖赵匡胤的温文尔雅、举重若轻比起来，赵构下手更狠、更坚决。宋朝皇家是重视家法的，认为赵家的家法是有史以来最完善的家法，宋宁宗曾说"惟我皇家，列圣相承，右文尊经，以为家法"①，为了贯彻这一家法，赵构不惜开了杀戒，破了有宋一朝"不杀言事臣僚"的家法。

三死于岳飞与赵构、秦桧集团的"路线之争"，即岳飞的理想是向北发展，恢复中原，还都汴京，带领整个王朝回归到北宋时代；而赵构最怕的就是去北方，因为对他来说，北方代表着王朝的噩梦，汴京更是国破家亡之地，徽钦二帝、宫人三千，就是在那里成为阶下囚，被押解到北国去的。赵构只要想起来就浑身发颤，假如像岳飞说的还都汴京，说不定哪一天，金军就会突然出现在他的面前，徽钦二帝的厄运就会落到自己身上；更重要的是，赵构是南宋王朝的建立者，南方才是他的"主场"，只有在那里，他才能缔造属于自己的"丰功伟

---

① ［清］徐松辑：《宋会要辑稿》，崇儒，七之三〇至三一，中华书局 1957年版。

绩"，而北方唤起的，永远是关于北宋的记忆，像孟元老《东京梦华录》所写的那样，赵构很难成为历史的主角。何况南方的杏花春雨、舞榭歌台、美女风月，他都是须臾不舍得离开的，那就干脆在这扎根吧。于是，赵构制定的总路线，就是在南方立国，离金人越远越好，再也不捅金国这个马蜂窝，即使催促岳飞打仗，也是为了以打促和，最终实现和谈。

因此，赵构与岳飞的分歧，是两条路线的斗争。在岳飞看来，皇帝赵构是犯了"逃跑主义"的错误；而在赵构看来，岳飞是犯了"冒险主义"的错误，不够讲"政治"，是从"单纯的军事观点"出发。岳飞的书札、诗词，却处处在坚持他的"错误路线"，死不改悔。死不改悔的结果，只能是死有余辜。

四死于岳飞不仅不服从于皇帝，还把矛头指向皇帝，甚至放言："国家了不得也，官家又不修德！"这"官家"，所指不是别人，就是他赵构。这样做，意使皇帝成为众矢之的。这不是明摆着要皇帝的难堪，这不是要与朝廷分庭抗礼，这不是要造反吗？

五死于岳飞的宣传，这种有意或者无意的宣传，已经赢得了相当一部分民心。岳飞所过之处，人民群众箪食壶浆，以迎王师，岳家军驻扎之处，成为天下豪侠忠义之士的投奔之地。岳飞不仅严于治军，更严于律己，不贪财，不好色，打仗身先士卒，几成道德完人，几乎成了王朝政治道德的象征，这样的一个近乎"圣人"的形象，占据了王朝政治的道德制高点，难道不是在挑战帝王政治的伦理基础吗？

六死于岳家军是一支私家军，他姓"岳"，不姓"赵"，兵士只知统帅而不知皇上。所以它再发展壮大，再一往无前，也与皇帝无关。在赵构看来，在赵宋王朝内，私家军本身就是一个怪胎，而且越长越怪。"中兴四将"，各自拥有一支私家军，由于朝廷无力拨给军费，故而准许私家军经营一些产业，以满足他们的军费所需，于是，这些私家军除了打仗，还经营着海内外贸易、物流、酒店、田产等商业，俨然成了国中之国。私家军的日益膨胀，不只削弱了皇帝对军事的统率权，也削弱了皇帝对帝国经济的掌控权，让皇帝，尤其令赵构这个仅有赵宋皇室血统，而手下几乎没有一兵一卒的皇帝，陷入深深的恐惧。所以，在皇帝眼里，它就是一个肿瘤，再痛也要把它割掉。

七死于岳飞收复汉襄六郡以后，将大本营设在鄂州①，这里控扼长江，北瞰中原，实在是朝廷军事上的命脉之地，所以历史上一直是兵家必争之地，它的历史，就是一部硝烟弥漫、尸横遍野的历史。岳家军以鄂州为坐标原点，垂直正北是帝国从前的首都开封府，水平正东是帝国现在的首都，从这里出发，北上可挺进中原，东进可威胁江南，有了这样的军事基地，岳飞进可攻、退可守，立于不败，游刃有余。但朝廷可就悬了，岳飞假如谋反，不仅舆论上有优势，组织上有准备，军事上有实力，而且在地理上有条件，对帝国的危害，比起其他诸将更加恐怖。

八死于岳飞的个性。朱熹说，岳飞"恃才而不自晦"，就是说他性格耿直，不善于伪装、保护自己，尽管他有时也懂得低调，注意搞好上下级关系和同事关系，比如对"中兴四将"里的另外三将，他都恭敬有加，自己缴获的战利品，也经常送给张俊、韩世忠他们分享。从《凤墅帖》里残留的岳飞手迹中，我们也可以体会到岳飞的这份小心翼翼、如履薄冰。比如"三札"中的最后一札《平虏亭记札》，是收复汉襄六郡后，有人为了庆祝而写下碑记《平虏亭记》，岳飞回信，表示悚不敢当。具体是这样写的：

---

① 今湖北省鄂州市。

《平虏亭记》甚佳，可勒志石。但过情之誉为多，岂踈拙所宜当？悚仄悚仄。飞再拜。

寥寥数语，岳飞诚惶诚恐的心情跃然纸上。官场上的岳飞，与那个飞马横刀、气吞万里如虎的岳飞，判若两人。

但这样的小心都是刻意为之的，岳飞的骨子里是自负的、有担当的、舍我其谁的。他也的确有把握全局的能力，所以朱熹说"中兴将帅岳飞为第一"。因此稍不留神，他就会"原形毕露"，尤其是绍兴七年（1137年），因为皇帝在刘光世部队安排问题上的变卦，他竟然对皇帝耍脸色、撂挑子，态度恶劣。也是这一年，他又在皇位的继承权上说三道四。更有甚者，是绍兴八年（1138年），"戊午和议"达成（就是金使要赵构下跪那一次，后来金兀术上台，撕毁了这份和约，双方激战两年后，又达成了"绍兴和议"，即宋金之间的第二个和约），朝廷为了表示庆祝，把岳飞晋升为从一品，晋升官阶的制词里把岳飞夸得如西汉卫青、霍去病一样伟大，没想到岳飞不仅不领情，还在"辞免"的札子里数落赵构一番，说全体岳家军都反对求和，自己升官，没脸面对三军，"态度倔强，措辞激切"，让赵构充分感受到了岳飞"特立独行"的威胁。

当然，那些片刻的"冲动"，在大历史进程中都是"小事件"。人们常说性格决定命运，在很多时候，一个人的性格不只决定他个人的命运，还会左右大历史的走向，就像赵构为什么疏远了张浚而重用了秦桧，为什么乾隆会重用和珅，他们在个性、情感上的"心有灵犀"，或许也是原因之一。而岳飞的祸患，或许早就藏在他刚直的个性里。相比之下，韩世忠、张俊都乖顺得多，所以削兵权后，他们都活了下来。

最后，金人的态度也是重要的。赵构的人生梦想就是议和，而金兀术给议和开出的首要条件就是杀掉岳飞（"必杀岳飞，而议和可成"）。当然，那只是外因，外因只有通过内因才能起作用，内因是赵构本来就对岳飞起了杀心。过去我们夸大了金人的作用，是颠倒了外因与内因的关系。对于赵构来说，这个条件不仅不难接受，反而刚好合乎他的心意，所以这个"顺水人情"，他乐意去做。这是岳飞的"九死"。

岳飞的"罪过"，够死九次了。

有了这"九死"，在大宋王朝的第二次削兵权中，没有人比岳飞更适于用来开刀祭旗。

有了这"九死"，就不会再有岳飞的"一生"。

"亦余心之所善兮，虽九死其犹未悔"，这话是屈原说的，意思是这些都是我内心之所珍爱的，叫我死九次我也绝不后悔！

不知在生命的最后一刻，岳飞是否会痛，会悔，会悟？

"天日昭昭！天日昭昭！"他一生的命运，他对个人悲剧的态度，他所有没来得及说出的话，都凝聚在这八个字里了，好像什么都说了，又好像什么都没说。

死亡，是历史强加给岳飞的命运，他在劫难逃。

甚至于，自大宋王朝建立、赵匡胤"杯酒释兵权"那一刻起，岳飞的命运，就已经注定了。

一个人的一生，有时会被一些看不见摸不着的东西控制着，有人说那是历史，但当事者看不见"历史"，当事者只能看见别人的"历史"而看不见自己的"历史"。没有了"历史"，一个人生命中的一切看上去都像是偶然的，有了"历史"才会知道，那些原来都不是偶然，它们必将发生。而自己，不过是被"历史"选中的一个躯体。

我不是宿命论者，我不信"命"，但我信时代，我相信一个人无论多么强大，都很难超越他所处的那个时代，能够超越的人，就是那个时代的伟人。

岳飞的一生，是战斗的一生，他不仅和金人战斗，还和皇帝战斗，和朝廷里那些只会空谈和拍马的官僚们战斗，和自己的命运战斗，他已然是那个时代里了不起的人。

岳飞和帝王政治诉求的错位，恰恰说明了他"精忠报国"所报的，并非只是皇帝，也不只是朝廷，而是社稷、黎民，这让他报效的对象，有了更广泛深刻的含义。"尽忠报国"不是"尽忠报皇"，这表明当时岳飞已经具有国家意识。这种国家观、天下观，并非岳飞才有，范仲淹说"先天下之忧而忧，后天下之乐而乐"，说的就是"天下"，而没有说"先皇帝之忧而忧，后皇帝之乐而乐"。岳飞的名言"国家了不得也，官家又不修德"，把"国家"与"官家"（皇帝）分得清清楚楚。岳家军虽然姓"岳"，但它归根结底是一支忠诚于国家、百姓的军队，当岳飞接到"十二道金牌"，他特意把撤军行动延迟了五日，以保护当地民众逃离家园，使他们不被卷土重来的金军"反攻倒算"，这已是岳家军的本能，也是这支军队与谋求一人一姓之私的唐代藩镇的根本区别。

而宋高宗赵构，虽然把私家军收归中央，但那是一支不打仗的军队。不为国打仗、保护人民的军队，就算不上是一支国家军队。

历史学家说，岳飞是"南渡诸大将中唯一的进攻型将帅，由他统率大军北伐，本来是最有希望恢复中原的。岳飞一死，恢复就只能成为一种难以兑现的梦想"①。

---

① 虞云国：《南渡君臣——宋高宗及其时代》，上海人民出版社 2019 年版，第 130 页。

消息传到金国，金国大臣们酌酒庆贺，说："和议自此坚矣！"

十一

岳飞死后，这个偏安江南的王朝，在临安这座山清水碧的、名胜扎堆儿的、吴侬软语的、湿漉漉又甜蜜蜜的城市里，又存活了一百三十多年。①

但岳飞的墓也在临安，英雄的魂在这座城市里徘徊不去，为这座阴柔的城市，增添了几分刚性的气质。

当年，是狱卒隗顺背着岳飞的遗体逃出了临安城，一路跑到九曲丛祠，把他安葬在北山。孝宗即位后，岳飞遗体改葬于栖霞岭南麓，也就是今天岳飞墓的位置。

岳飞墓全墓自西向东分为忠烈祠区、墓园区、启忠祠区三大部分，墓园区在中间，一座宋式风格的墓阙又将墓园区分为陵园和墓地两部分。穿过墓门，有甬道通至墓前，岳飞墓在正中，墓碑刻有"宋岳鄂王墓"。左侧是岳云墓，墓碑上写着"宋继忠侯岳云墓"。墓门的下边有四个铁铸的人像，反剪双手，面墓而跪，分别是陷害岳飞的秦桧、王氏、张俊、万俟卨四人。墓门上有联，写着：

青山有幸埋忠骨
白铁无辜铸佞臣

绍兴三十二年（1162 年），赵构真的把皇位传给了当年岳飞上疏

---

① 岳飞被杀于南宋绍兴十二年（1142 年），南宋亡于祥兴元年（1279 年）。

力主成为太子的赵伯琮，自己在德寿宫上当起了太上皇。赵伯琮，就是宋孝宗赵昚（"孝宗"庙号为死后追谥）。那时，岳飞已死去了整整二十年。

就在这一年，宋孝宗为岳飞平了反，追复岳飞"少保、武胜定国军节度使、武昌郡开国公、食邑六千一百户、食实封二千六百户"。又过了十六年，朝廷确定岳飞谥号为"武穆"，岳飞从此不再是王朝罪人，而是民族英雄。

有人会问：岳飞是哪个民族的英雄呢？中国是多民族国家，《剑桥中国史》称之为"多民族共同体"，中原汉族，与北方女真族，都是这"共同体"的一员，《宋史》和《金史》都列入了"二十四史"，金与宋，在正史中拥有着平等的地位，即使在当时，双方互通国书，也称彼此为"南朝""北朝"，这显然是对"一个中国"的共识与默契，所以完颜亮才在诗中写："万里车书盍混同，江南岂有别疆封？"①过去我们说岳飞是民族英雄，是基于中原王朝视角，也就是汉族人的视角来看，假如站在金国女真人的视角上看，金兀术是不是也是民族英雄呢？

我想说的是，即使在大中国视野下，岳飞抗金、捍卫中原汉族王朝的努力也是不需要遮遮掩掩的，因为当时之中国，的确分成了多个政权，形成许倬云先生所说的"列国共存"的体制。岳飞生是宋的人，死是宋的鬼，他为捍卫大宋而厮杀，而流血，没有什么不对的。他的家国观，他的英雄气，也不只是感动南宋的王朝百姓，也为整个中华民族所认同、所折服。完颜阿骨打当年率领金国民众树起义旗反抗大辽的欺凌压迫也是正义的，完颜阿骨打同样是好汉一条，但金国

---

① ［宋］徐梦莘撰：《三朝北盟会编》，卷二四二，上海古籍出版社 2019 年版。

对大宋的掠夺、屠杀是不正义的。岳飞捍卫他心中的"正义"，既是超越时间（朝代），又是超越空间（不同地域、民族）的，连金章宗都承认："飞之威名战功，暴于南北"。无论哪个王朝入主中原，包括金朝，以及后来统一中国的元朝、清朝，对儒家信奉的伦理原则都坚信不疑。元灭了南宋，但他们依然不会感谢投降金国的张邦昌、迫害岳飞的秦桧和万俟卨等人对南宋亡国做出的"帮助"，元人修《宋史》，依然会把这一干人等列入《奸臣传》，岳飞则成为永远的英雄。《宋史》说：

> 西汉而下，若韩、彭、绛、灌之将，代不乏人，求其文武全器、仁智并施如岳飞者，一代岂多见哉。①

无论哪个民族问鼎中原、坐拥天下，都坚守着同样的政治道德、文化伦理。英雄永远是英雄，奸佞永远是奸佞，哪朝哪代都不会变。这些共同的文化、信仰、价值观，正是中华文明在几千年历史中风雨不侵、前后相续、一以贯之、从未断流的秘密所在。

十二

《宋史》说岳飞"文武全器、仁智并施"，证明了岳珂对岳飞书法的评价不是吹牛，也证明了无论在王朝的江山还是在文化的江山里，岳飞都有着不可撼动的位置。

这让我愈发对岳飞书法在人间蒸发感到痛惜不已。岳飞在战争中

---

① ［元］脱脱等撰：《宋史》，中华书局2000年版，第9041页。

的功绩早已让我们折服，但时隔九百多年，我很想看见的，却是岳飞书写过的纸页，比如绍兴七年（1137年），在长江的那条船上，他写给高宗的那封上疏。

给皇帝上疏，必然用小楷书写，岳珂说："先君（指岳飞）受笔法于家庭，多用苏体，尤精小楷。"① 这些小楷应该是端庄的、谨严的、恭敬的、呼吸均匀的、有耐性的、体现功力的，就像岳飞统率的千军万马，步调一致，听从调遣，纹丝不乱，一丝不苟，显现着体制的意志。我很想看到代表岳飞书法成就的小楷，只可惜这些奏疏文稿，早已腐烂在泥土里，消失在空气中，一页都没有保留下来。

但有《凤墅帖》在，我们至少还可以看见岳飞用行书写下的书札。它们其实就是一些短信，略近于今天的微信。只不过古时的"微信"是用毛笔写的，故而留下了古人生活的片段，也为中国书法史留存了实物的证据，不像我们今天在手机里发的那些"微信"，几秒钟之后，恐怕就散消云散了。相比于正襟危坐的楷书，那些写给朋友的书札，更没有丝毫做作的成分，更贴近人的本性，也更有韵味，像欧阳修所说的，"逸笔余兴，淋漓挥洒，或妍或丑，百态横生"。

岳飞的手迹存世极少，一个重要的原因是赵构、秦桧联手炮制的岳飞冤案，让许多收到过岳飞书札的人，在当时"白色恐怖"下不敢保留这些书札而纷纷销毁。

一九二二年到一九二四年，逊帝溥仪与他的弟弟溥杰、溥佳"合作"，以"赏赐"的名义，把清宫旧藏大量书画精品盗运出宫，其中就有一卷岳飞和文天祥书法合卷，应当是纸本墨迹。如果确为纸本墨迹，当为岳飞唯一存世的书法真迹。溥仪被逐出宫后，这件真迹跟着

---

① ［宋］岳珂：《宝真斋法书赞》，见《丛书集成初编》，中华书局1985年版，第416页。

他去了天津，又去了东北，存入了伪满洲国皇宫外的"小白楼"。日本战败后，溥仪带着"皇亲国戚"逃向临江县大栗子沟，"小白楼"里的书画文物惨遭哄抢，许多珍贵的古代书画被撕为碎片，岳飞和文天祥书法合卷被"国兵"金蕙香完整地抢走，幸免被撕碎的厄运。但躲过初一躲不过十五，后来，金蕙香逃出故乡，他的妻子做贼心虚，害怕被查出，索性把金蕙香抢来的这批清宫旧藏书画全部塞进灶坑烧毁，其中有东晋王羲之《二谢帖》（唐摹本），有南宋马和之《诗经图》中的《郑风五篇图》，也有岳飞和文天祥书法合卷。

当年参与追查"小白楼"流散书画（实为清宫散佚书画）的杨仁恺先生痛心疾首地说："如果真是爱国英雄岳氏真本，其重大价值与《二谢帖》当等量齐观，绝非虚言。"

相比于岳飞书法遭受的厄运，岳飞收到的书札（其中包括宋高宗赵构给他的"御札"），虽然在岳飞死后被没收，却因在南宋朝廷的左藏南库被统一保管反而得到了保存，使我们今天有更多的机会看到赵构的书法，今天在两岸故宫都有收藏，也为赵构在中国书法史上的地位奠定了实物的证据。

相比于赵构，中国书法史很少提到岳飞。岳飞活跃在另外的史书里，比如政治史、军事史、民族史，但写书法史的人不太愿意把宝贵的名额分享给他。

流传较广的，反倒是岳飞的狂草。三十年前，我第一次到南阳武侯祠，看到岳飞手书的诸葛亮前后《出师表》刻石，看得我心潮澎湃，认定那纵横挥洒、苍劲豪放的铁钩银画，觉得那气势，那筋骨，必定是出自岳飞的手笔无疑。你看那飞扬的笔迹，先行后草，一气呵成，龙腾虎跃、气场全开，气韵之生动，意态之刚劲，叫人畅快淋漓，如一匹快马在旷野间飞驰，我们几乎可以看见它的四蹄在大地上扬起的尘灰，听见它在大地上踏出的咚咚声。我不懂书法鉴定，那时对历史知识的了解亦少，我的判断，完全出自内心的直觉。出师未捷身先死的诸葛亮，与壮志难酬的岳飞，就在这冰冷的刻石上，进行了一次"亲密接触"。那一刻，他们一定是惺惺相惜、心心相印。

关于前后《出师表》是否出自岳飞的手笔，学术界至今莫衷一是[1]。如果以"三札"作标准，会发现《前后出师表》的差别比较大，与"三札"完全不像是出自一个人的手笔。但到目前，仍然没有足够的史料来证实或者证伪。

假如这些归在岳飞名下的草书（除了前后《出师表》，还有《吊古战场文》《还我河山》等）纯属后人伪造，那么它至少说明，《凤墅帖》的传播范围十分有限，作伪者没有见过《凤墅帖》。

我却宁愿相信它们是真迹，因为与拘谨的小楷、雅致的行书比起来，草书里的岳飞更可以放肆，可以任性地哭，放纵地笑，无拘无束地做回自己。

假若岳飞所写的不是前后《出师表》这样的狂草，也势必有另外一种狂草属于岳飞。

文天祥评价岳飞的书法"若云鹤游天，群鸿戏海"[2]，文天祥是南宋人，他一定是见过岳飞的书法的，这九字，证明岳飞的书法，也曾如鹤如鸿，上天入海，飞舞烂漫，挥洒自由，这一定不是在说他的小楷。即使前后《出师表》这些草书是出自伪造，与风雅韵致的苏氏行书比起来，这些草书无疑更加接近于人们想象中的"岳氏风格"。人

---

① 关于岳飞书前后《出师表》真伪的考辨，详见谭良啸：《岳飞书前后〈出师表〉石刻考》，原载《四川文物》1985年第1期；刘惠恕：《论有关岳飞评价的争议》，原载中国社会科学网，2020年2月29日。

② ［宋］文天祥：《岳飞书〈吊古战场文〉跋》。

们通过对岳飞书法的伪造，构建了一个慷慨激越、鬼哭神惊的岳飞形象，在岳飞书法真迹流传极少的情况下，以它们为载体，去寄托对岳飞战斗时代的追忆，去传扬岳飞的英雄气概，去振作那日趋沉沦的国度（尤其在晚明、晚清、抗日战争这样的"生死存亡之秋"）。如是，这些"岳飞书法"，已经超出了书法史的意义，而成为一个民族的精神标识。

十三

岳飞的死，宣告了宋代第二次削兵权的完成。这次削兵权，固然具有巩固皇权的意义，但它并没有带来宋高宗所希望的"文治"，而是导向了以秦桧为首的皇帝宠臣的全面独裁，《建炎以来系年要录》说"渡江以来，庶事草创，皆至桧而后定"①，终于使秦桧集团在南宋王朝发育成为"一股具有压倒性、绝对性的政治势力"②。

南宋政治从此迈进了最黑暗的时期，学术界所说的"绍兴十二年体制"，其实就是和议达成后，秦桧作为宋高宗赵构的委托人进行独裁统治的体制。在这一体制下，秦桧对于所有的政治对手都进行了严厉的打击，而使其"一家残破"。其中有曾经担任过宰相的赵鼎、张浚等老对手，也有雨后春笋般成长起来的新对手。即使对于追随自己的跟班，他也毫不留情，该出手时就出手，狠狠打压，以至于他的手下，每逢几个月就要换上一轮。紧跟秦桧害岳飞的万俟卨，虽因谋害

① ［宋］李心传：《建炎以来系年要录》第三册，绍兴十三年二月乙酉条引《中兴圣政》《吕中大事记》，中华书局1988年版，第2383页。
② ［日］赤地遵：《南宋初期政治史研究》，复旦大学出版社2018年版，第308页。

岳飞有功而于绍兴十二年被任命为参知政事，又以报谢使的身份出使金国，但他和秦桧的"蜜月"是短暂的，不久便被罢职，贬到遥远的归州①去了。

秦桧举目四望，朝廷上除了自己的亲戚和自己老婆的亲戚，恐怕再也找不出其他人了。

绍兴二十五年（1155年），秦桧的生命到了最后时刻，他还要前宰相赵鼎之子赵汾自诬与张浚、胡寅谋反，想将他们全部下狱，受牵连者达五十三人，只不过这时，他连在案牍上签字的力气都没有了。

秦桧的字，我们在《凤墅帖》里也可以见到，就是《都骑帖》和《别纸帖》。秦桧书法作品，知名度高的有《深心帖》（又称《偈语帖》），被称为"秦桧的书法现在唯存一件作品"②，殊不知此帖是后人根据北宋书法家蔡卞《楞严经》拓本翻制的，许多字迹，如"寒凝笔冻，殊不能工也"，笔迹与蔡卞《楞严经》完全一致，像一个模子里刻出来的，无疑是蔡卞《楞严经》的山寨版。③ 只有《凤墅帖》里的《都骑帖》和《别纸帖》是可靠的，从这二帖看，秦桧书法受黄庭坚影响，再一次证明了南宋书法基本上是在北宋苏、黄的根脉上开枝散叶，虽整体水平不低，却终难出现苏、黄那样的大师。与黄庭坚相比，秦桧的字中宫敛结、撇捺开张的特点并不明显，不像黄庭坚书法那样长枪大戟、雄强逸荡，倒显出几分从容娴适、儒雅温文。像秦桧这等阴险毒辣之人，一旦换用书法的语言，就仿佛变成了另一个人，那般潇洒，那般美妙，可见书法是另一个世界，这个世界有另外一套

---

① 今湖北省秭归县。

② 钱超、樊琪：《试论书法史视野下的宽容与严厉》，原载《书法》2013年第3期。

③ 详见张炎：《秦桧〈深心帖〉辨伪——兼论忠奸托名伪作的不同特点》，原载《书法》2016年第6期。

法则。人与书，不能简单地对号入座。

秦桧弥留之际，赵构前去看望。这是南宋两位大书法家生命中最后一次见面，那一天，他们都流了泪，"执手相看泪眼，竟无语凝咽"。秦桧害怕自己死后遭到政治清算，想安排自己的养子秦熺继任宰相。在秦桧病榻前，秦熺迫不及待地向宋高宗询问谁来继任宰相，赵构毫不客气地回答，这事不是你该管的。

第二天，宋高宗就传旨，将秦桧、秦桧的养子秦熺、孙子秦埙、秦堪一律罢官。满门被黜的消息传到秦桧病榻前，秦桧当天就咽了气。

秦桧死了，但南宋的黑暗政治并没有结束，因为它已然形成一种巨大的惯性，黑暗催生黑暗，邪恶生长邪恶。秦桧虽死，但长江后浪推前浪，奸佞自有后来人，韩侂胄、史弥远、贾似道都继承了他的遗志，将黑暗政治进行到底，明末清初思想家王夫之（船山）将秦桧、韩侂胄、史弥远、贾似道并称为"南宋四大奸臣"。虞云国先生说："秦桧专制的崩解绝不意味着绍兴十二年体制的终结""即便进入乾道、淳熙的南宋全盛期，太上皇宋高宗与他确立的绍兴十二年体制仿佛一张无形大网，依旧死死笼盖在宋孝宗与南宋政权的头上，并如梦魇那样一直持续到南宋的覆灭"①。

十四

岳飞被杀后，他的老战友韩世忠"杜门谢客，绝口不言兵，时跨驴携酒，从一二奚童，纵游西游以自乐"②，从此隐入历史的暗处，我

---

① 虞云国：《南渡君臣——宋高宗及其时代》，上海人民出版社 2019 年版，第 178 页。

② ［元］脱脱等撰：《宋史》，中华书局 2000 年版，第 9021 页。

们再也看不见他的面孔。

柔媚婉约的临安城，终于把一代抗金名将，改造成了停云问月的逸者隐士。

有一天，韩世忠登飞来峰，到灵隐寺前殿，看见一处古亭旧基，心里突然想到岳飞，想起他在绍兴六年驻守池州时，驻足翠微亭，见月色皎洁，山影苍郁，写下的一首诗——《池州翠微亭》。诗曰：

> 经年尘土满征衣，
> 特特寻芳上翠微。
> 好山好水看不足，
> 马蹄催趁月明归。

韩世忠悲从中来，于是命人在这旧亭基址上重建了一座亭子，取名"翠微亭"，还叫自己十二岁的儿子韩彦直，用他略显稚气，却不失粗圆茁壮的颜体字，写下一篇《翠微亭题记》，刻在石亭东侧的山壁上。

如今那亭、那刻石都已不见踪影，二十世纪五十年代，曾在故宫博物院任职的朱家济先生受浙江省文物管理委员会之聘，任浙江省文物管理委员会委员兼研究组组长，负责地面文物调查、保护与维修工作，曾专门到灵隐寺飞来峰寻访翠微亭石刻而未得[1]，唯有刻石的拓片保留下来，现藏于浙江省博物馆。

建翠微亭、刻《翠微亭题记》，都是在秦桧专权的时代完成的。在那个时候，没有人敢公开纪念岳飞。翠微亭三个字里，藏着韩世忠

---

[1]　参见陆易：《翠微亭石刻》，原载《东方博物》2016 年第 2 期。

对岳飞的隐秘记忆，是他们的精神"密电码"，别人无法破译。

对于风花雪月的韩世忠而言，岳飞两个字，从来不曾从他心头抹去。"经年尘土满征衣"的岁月，他从来不曾忘记。

二〇二〇年二月十七日至三月一日写于成都

一个军阀的早年爱情

一

一九二二年对于沈从文的一生来说有着特别的意义。一切都归因于他遇上了一位军阀，并在这位军阀的手下做了一名文书。此人就是湘西王陈渠珍。

像小说里的一个伏笔，沈从文后半生的道路，甚至他晚年从事文物研究，在这一年就已经注定。这样说看上去玄乎其玄，实则不然。人生看似无法聚拢的散沙，散漫而无关联，其实时间在每一瞬间都在改变现实的局面。我们不相信"命中注定"是因为我们不善于发现身边那些琐屑的细节与未来的联系，而实际上，即使一块最轻的石头投向水面也会形成一轮一轮的波纹，打破水面原有的张力，向未知的远方扩散开去。我们可以不信任算命的道士，但我们应该相信波纹的存在。

湘西王那年四十岁，沈从文二十岁，刚好差了一半。四十岁的陈渠珍刚刚做了湘西的最高首长。湘西这块地盘本是"田三胡子"（田应诏）的，陈渠珍只是田麾下一名骁勇的战将。结果民国九年（1920年）以后，田应诏烟瘾日增，想过几天舒坦日子，就急流勇退，到长沙、武汉，最后到上海做寓公去也，终日悠游，就把自己苦心经营的这块地盘交给心腹陈渠珍。陈于是陆续接任第一路军司令及湘西巡防军统领之职。二十岁的沈从文一脸稚嫩表情，终日漂泊，居无定所，用今天的话说，是个十足的"小混混"。他心比天高，命比纸薄，不满于现状又只能随波逐流，未来在他的头脑里还是一片昏蒙，尚未显露出具体的形骸。而陈渠珍，则早已是一个历练成熟的男人，踌躇满志，事业有成。黄永玉这样描写陈渠珍："'老师长'壮实、魁梧，浓眉大眼，留着厚厚的八字胡。何健也留八字胡，是个地道的鹅蛋脸，倒眉毛，看长相就该挨打。"①

蒋介石早就想把手伸进湘西，但他一直找不出办法，只因有陈渠珍在。直到一九三五年，利用让陈渠珍剿灭红军的机会，才让何健夺了陈渠珍的权。陈渠珍就像田应诏一样到了长沙，整日赏玩书画，过起轻闲日子，实际上他并未死心，而是伺机而动，一旦时机成熟，他就可以重掌湘西大权。陈渠珍杀人如麻，一个职业军人的基本素质，就是要铁石心肠，冷酷无情。然而陈渠珍又常常表现出截然迥异的另一面，他常常是古道热肠。他的内心竟然容纳了冰炭相激的两极。陈渠珍统治湘西的时期，几乎是湘西最好的时期，"使湘西真正做到了'道不拾遗，夜不闭户'的理想盛世"②。他发誓要做曾国藩、王阳明那样的"中兴伟人"，重视农业，兴教办学，若有穷苦人家子弟考出湘西而无力求学，陈渠珍就自己掏出白花花的大洋，送他们远走高飞。

陈渠珍杀过无数的人，也恩泽过无数的人。杀过或者恩泽过，他就把他们忘掉，从不挂怀。魔鬼与天使由同一个人来扮演，现实中的

---

① 黄永玉：《这些忧郁的碎屑》，生活·读书·新知三联书店1998年版，第83页。

② ［美］金介甫：《沈从文传》，时事出版社1991年版，第61页。

真理总是显露出其荒谬的一面。像就湘西的山水，有时俊秀如花，有时狞厉似鬼。在陌生者眼中，这些变化仿佛都不可思议，然而，一切都有它内在的逻辑。我们读不懂，是因为我们只是肤浅的观察者，而从未进入事物的核心。

刚到陈渠珍身边，沈从文感受到的是陈渠珍儒雅的一面。他对这个"治军有方、足智多谋的统领官"，除了敬重，不会产生其他的感情。这个在命运的急流中挣扎的人，在一个大人物的身边获得了片刻喘息的机会。他知道那只是他的权宜之计。只是他没想到，日后的一切竟然都受惠于这位"陈姓长官"的"第一推动"。尽管他从离别这位长官以后就再也没见过他，尽管这位长官很早就死掉（陈渠珍死于一九五二年），但是沈从文的脚步，一直牵着陈渠珍的影子。其实湘西的每一个人都几乎不可能摆脱陈渠珍的影响。陈渠珍像幽灵一样无处不在——即使在他死后。这是湘西王的厉害之处。

一九二二年的沈从文还不可能透过陈长官笔挺的军服，看到他心灵深处的火光，看透他深埋于心底的爱与仇，更无法知晓陈渠珍早年的隐秘。他只把自己在陈长官这里谋得的差事当成一种偶然的际遇。而陈渠珍此时，却早已不相信什么偶然。自从他率领他的队伍由青藏高原向内陆逃生，误入大沙漠，经历了那茹毛饮血的七个月；自从他深爱的藏族女子西原与他共同从绝境中生还，又在长安客栈里病亡，这个男人，就不再相信这世上有什么偶然了。

二

西原留给我的最初的印象是明眸皓齿，面若桃花。她皮肤并不像其他高原女子那样，沉积着太阳紫色的光斑，而是如江南女子一样白皙。她头顶的银饰和项间的珠串，被高原透明的风摩擦得晶莹透亮，明亮的阳光时常会为她的身体勾勒出一道银亮的轮廓。

那天我在加瓜彭错府上饮酒。那是个无比纯净的日子，过了这许多年，我的记忆里至今不曾落过一粒尘埃。蓝天碧草，远山近水，仿佛崭新的布景。那天有藏族少女在草地上跳锅庄舞，五色斑斓的毡裙如风中飞旋的野花般翻飞起落。后来我就看到了她在远处望着我笑。不知我这个汉族人，在她的眼里有何新奇之处。我看见她的胸脯在迅疾地起伏，她刚刚纵马飞奔过。刚才，我注意到远处有一群人在鞭策疾驰，在经过立杆的瞬间，俯身将立杆用力拔起，动作敏捷而轻盈，以为是群壮汉，不想却是几位妙龄少女。从那一刻起，西原就已经成了我灵魂的一部分，再也挥之不去。

后来在往羌塘草原逃命的路上，我向西原讲述了那天的感受。我说，尽管我是个汉族人，但是我已经预感到，你注定会跟着我走。西原笑了，说，那天我看你一副憨直模样，不想心里揣着这等鬼心思。

我是驻藏清军中的一名管带。加瓜彭错是我的朋友，一位年逾六旬的藏族贵族，拥有一所富丽的宅邸。他几乎把他所有的财富化作了对宗教的虔诚。从草地上归来，他引领我去看他楼上的大经堂。大经堂差不多是用金子砌成的。一束光柱从窗孔中射进来，从他的脸上扫过，在他的脸上形成一种庄严的木刻效果。然而他最大的财富却是他的侄女西原。他引我参观他的宅邸的时候，我的脑子里一直想着西原。后来彭错看出了我的心思，笑了。

我是在一个凌晨带着西原逃出德摩的。那时，武昌起义的消息，由《泰晤士报》传到拉萨。在拉萨的清军发生哗变。我决定出走。我派兵士偷偷给西原送信，叫她在德摩山下等我。那时我的心里十分紧张。我并不是害怕自己逃不出去，而是担心来不及带走西原。所以兵士带着我的纸条走后，我独坐在军帐里，能够清晰地听到自己的心跳。那是我一生中最痛苦的一次等待。当时的那种寂静比每次战役开始以前的等待还阴森可怖。决定做出之后，我的头脑里便是一片空白。时间一到，我就按照约定来到山口。谢天谢地，西原如约而来。我突然有了想哭的冲动。然而她的笑容依旧灿烂。她的微笑像碧空下的雪山一样圣洁，无邪得令人心痛。我说，请你跟我一起走吧。军队生变，已无可收拾。达赖虎视境上，等的就是这个机会。所谓覆巢之下无完卵，你不能留下，彭错先生也得走。是前进犹可望生，留此终必一死……正在这个时候，有人来报，统帅罗长琦在逃脱时被人捉住，五花大绑，拴在马尾后，鞭马疾行，拖了数十里，至喇嘛寺，早已气绝。他的话被一阵巨大的声响打断，远天卷起一阵混浊的烟尘，像是荒漠上骤至的风暴。正在我发愣的刹那，哗变部队已经到了跟前。裙袍上积着的灰白尘土，使他们看上去活像破庙里一堆泥塑的罗汉。其中一个泥像活动起来，凑到我跟前，对我说，罗长琦阻挠革命，已经被除掉了。或许他们念我曾参加同盟会，推我做领袖。但我去意已决，抱拳称谢后，带着西原，策马而去。第二天的凌晨，我终于带上我暗中集结的人马，在高原寒风的悲鸣中，踏上了东归的征途。

此时的高原仿佛一座巨大的坟墓。头顶的繁星清晰如磷火。在黎明到来以前，长夜披着最后的黑纱，试图死死缠住人们最后的噩梦。烈马长嘶，驱逐着夜的恐怖。马镫闪耀着月的寒光。我和我的西原一起上路。西原的义无反顾是我最后的温暖。西原不走，即使我生还，我的魂也死在高原了。我带走了西原，就等于把关于高原的所有记忆，都带走了。

但彭错不走。他说，如果一定要死，就死在高原吧，让自己的灵魂，像苍鹰一样在故乡盘旋。那天凌晨，我们向彭错作了最后的道别。

还有西原的母亲——她已哭成了泪人。她拿出一座小巧的珊瑚山交给西原，永作纪念。彭错说，彭错老矣，无能为役，西原此去，重会何年？西原泣不成声。我紧紧搂住西原的肩膀，硬把她拖走。我扶她跨上战马，不到一分钟，母亲和伯父都丢在身后没了踪影。这时寒风早已吹干了西原的眼泪。她的发辫在颠簸中迎风散开。

从那时起，我的生命就像从山顶崩塌的雪阵一般，朝着一个万劫不复的终点，急速冲下，巨大的惯性使我失去了顾盼和思量的机会，想改变轨迹，就更不可能。爱上西原并与之同行，我不知是神灵对我的眷顾还是对我的惩罚。我救西原逃生，我也同样害死了西原。然而除此，却绝不可能再有别的什么结局。既然我是那么深爱西原，结局就只能如此。也许正因我离不开西原，神灵才要将她从我身边夺走，命运总是在最关键的地方打一个死结。然而，这所有的一切，在当时却是顾不得考虑的。那时候我们心中只有一个方向。我们在朝着心底想好的那个方向快马飞奔，迟疑一步都可能带来灾祸。我们甚至没有选择道路的时间。

我救了西原。加瓜彭错死了。他们夫妇是被捆在柱石上，凌迟而死的。锋利的刀片整整剐了三天三夜——在他们已经咽气之后，刀片还是没有停。这一切是我后来才知道的。然而在我们飞奔的路上，我却看到了苍鹰在头顶盘旋，而且跟着我们飞了数十里，不愿离去。

我们在江达喘了口气。我见大势已去，决定带西原奔青海，走甘肃，经四川，终回湘西。我们打听到，由此有三路可达甘肃。东西两路，沿边界行走，人户不多，但路途稍远，需三四个月方可到达。只有中路，虽渺无人烟，但只需四十日便可到柴达木，由柴达木经青海入甘肃境，有十天就够了。归心似箭，加之粮草虽不富裕，但维持一月总可勉强，遂决定由中路东归。然而这条路偏偏是条不归路，一百五十人的队伍，待走过这条路时，仅余区区七人！

这条路是我一生中走得最长的一条路，它几乎和我的生命等长。在这条路上，我们躲避了敌对的军队，却难于躲避命运的敌视。荒原无边，不知埋藏了多少英雄的骨殖。坚硬的马蹄可能随时翻腾出唐宋的冤魂。我们在沙漠上行走，如同踩在无数柔软的尸体上行走。无限敞开的高原野地胜似日日闭紧的囚笼。我们寻找着最后的出口。

喇嘛的话对于我们如同晴天霹雳。在行了多日之后，平原地带的一座小喇嘛寺里，与我们急切的问询相对照的，是他悠缓的语气——他语速如同天空上游荡的一片云朵一样缓慢。他说，此去行三日，即入羌塘沙漠，荒无人烟。此路行人甚少，尔等想一个月到甘肃，绝无可能。喇嘛的话在第二天就得到了验证。那天，我骑在马背上四下环望，视野之内一片黄色，皆是荒寂的沙漠，连道路都找不出来。我和西原面面相觑，呆愣在那里，半天回不过神来。

三

我至今还在揣测沈从文打开那些楠木橱柜，触摸堆成小山的宋明旧画时的那份惊奇。画轴间夹带着旧式家具陈腐的香气，和阳光的味道掺合在一起，向沈从文的面颊弥漫而来。沈从文来不及多想，就急切地解开绳绊，展开那暗旧斑驳的画幅，于是，那些山水，那些枯树，那些瘦马，那些长髯的老者、衣褶如花瓣般繁复的仕女，还有观棋的顽童，在沉睡了无数个世纪以后，一齐在这个早晨醒来。还有几十件精美的铜器和古瓷，十来箱书籍，一大批碑帖，以及很快运来的一部《四部丛刊》。宋元明清，千年时光，拥挤在这间小屋里。沈从文几乎透不过气来。它们都沐浴在从窗子里透进来的几道香喷喷的阳光中，泛出旧时的光泽，令人于酩酊中怀疑一切都是假象，仿佛视觉和触觉在合谋一场骗局。

他不能解释这一切是如何到他面前的，而且，他可以由着性子摆弄它们，尽管它们并不属于他——它们属于那位"陈姓长官"，而沈从文自己，充其量不过是个保管者。也许，这人间最绝美的物什，是"陈姓长官"用大把大把的金银换来的——他从不吝惜金钱。他无法说清是什么力量使得本属于古人的那些散碎的时光在这间山顶小屋聚拢起来，化作一个流浪汉心底短暂的快乐。年轻的沈从文固执地认为命运永远是刻薄无情的，而这样的快慰，也许是命运之神的片刻疏忽造成的。本来，他最大的满足，是在他行军的时候，背囊里夹着一本值六块钱的《云麾将军碑》，值五块钱的褚遂良的《雁塔圣教序》，值两块钱的《兰亭序》，值五块钱的虞世南的《夫子庙堂碑》，还有一部《李义山诗集》。这些是沈从文用积攒的军饷买的，为别人所没有。这一切足以驱逐这个年轻军人心头的惶恐和寂寞。然而，眼前的一切，远远超过了沈从文心理的预期。

尽管沈从文并不是真正的拥有者，然而，又有谁能成为它们真正的拥有者呢？长官自己，也不过是一个暂时的保管者而已。人不过是瞬息间的生物，肉体永远是时间的囚徒，摆脱不了时间的奴役。面前的古物里掩藏着无尽的密码，没人能够破译出漫长的时间进程中，每一个与它们有关的人的秘密。即使是创造出它们的一双双与众不同的妙手，也早已化作淤泥了。可它们却存在了下来，温柔细腻的线条里，包裹着一股倔强的力量，可以穿透岁月的堵塞，像流水一般在时间中不知疲倦地奔跑。它们是人类思想和情感的产物。精神可以分离于肉体而单独存在，而且比肉体长寿。肉身的腐烂与寂灭不可回避，而内蕴的精神只有在充分感受到世界的冷热之后，才能如淬火的战刀一样，化作一种坚硬不朽的力量。这也许正是长官喜欢它们的原因。

　　陈长官总是在下午光顾这间屋子。那时他的皮靴会将走廊踏得山响，然后吱地推开那扇老旧的木门，那修剪整齐的八字胡就出现在沈从文眼前了。他会很潇洒地脱下雪白的手套，往桌上一丢，就在桌案前坐下，先是点上一根烟斗，抽着，一声不吭，像一个文人那样陷入冥想。这时小屋里异常安静，只有烟叶燃烧的噬啦声，只见烟线像幽灵一样飘浮、升腾。抽完烟，陈长官就开始翻弄那些古书，而且一坐就到深夜，这些动作像经过了操练，每天不曾走样。在沈从文的记忆里，陈长官好像从来不碰女人。他治学的时间几乎与他治军的时间相等，这是他同其他军阀的不同之处，也令沈从文颇感蹊跷。人们都说陈长官很看重自己的权势和地盘，但沈从文看不出来。在沈从文眼里，陈长官的目光永远都是静止的，波澜不兴，留在那些微黄的册页间。

　　沈从文后来极少在作品里写到这位统领官，只是在自传中有这么一段，可以让我们从中揣测他当年的形貌："那军官的文稿，草字极不容易认识，我就从他那手稿上，望文会义地认识了不少新字。但使我感动的，影响到一生工作的，却是当时他那种稀有的精神和人格。天未亮时起身，半夜里还不睡觉。凡事任什么他明白，任什么他懂。他自奉常常同个下级军官一样。在某一方面说来，他还天真烂漫，什么是好的他就去学习，去理解。处置一切他总敏捷稳重。由于他那份稀奇精力，筸军在湘西二十年来博取了最好的名誉，内部团结得如一片坚硬的铁，一束不可分离的丝。"[1]

　　长官偶尔也对他身边的这位书记官讲些古书，或者文物鉴赏方面的知识。沈从文自然是洗耳恭听，自然是极其受用的。这也是命运的

---

　　[1]　沈从文:《从文自传·学历史的地方》,《沈从文散文选》,人民文学出版社 1982 年版,第 106 页。

安排吧。沈从文走投无路的时候，曾经拿着贺龙的把兄弟向膺生的介绍信去桃源县投奔贺龙。贺龙当时是清乡指挥部的支队司令，和陈渠珍一样，是湘西一带响当当的人物。贺龙笑眯眯地望着沈从文说，码头小，容不了大船，留下暂时总可以吃大锅饭。就让沈从文做个差遣。也许沈从文对这份差使不满意，没有留下。后来在保靖，陈渠珍偶然看到了沈从文的字，让人叫来了沈从文。他打量着这个腼腆的年轻人，问，愿不愿意跟我跑码头。那时沈从文已经领教了人生的无常和世象的冷暖，如同一只疲惫的树叶，没有了独自在急流中冲荡下去的力量和勇气了。他孤寂而脆弱，于是，没有多想，就跟了陈长官。

在陈长官身边见的世面对沈从文一生的走向起了决定性的作用，是它，使这个年轻人朦胧的野心变得清晰。文化如同爱情一样，是严酷惨淡的现实中，一个既远且近、温暖而美丽的投靠。它常常出自一种偶然的际遇，又绝对与一个人一生的幸福有关。沈从文后来写道："这就是说我从这方面对于这个民族在一段长长的年份中，用一片颜色，一把线，一块青铜或一堆泥土，以及一组文字，加上自己生命作成的种种艺术，皆得了一个初步普遍的认识。由于这点初步知识，使一个以鉴赏人类生活与自然现象为生的乡下人，进而对于人类智慧光辉的领会，发生了极宽泛而深切的兴味。若说这是个人的幸运，这点幸运是不得不感谢那个统领官的。"[1]

就在这时，一件意外的事情发生了。这个意外，像是戏剧家一个巧妙的策划，在生命中最关键的部位出现。它把沈从文逼到绝路上，使他为自己破釜沉舟似的冒险生涯，下了最后的决心。

---

① 沈从文：《从文自传·学历史的地方》，《沈从文散文选》，人民文学出版社 1982 年版，第 106 页。

四

为我们指路的喇嘛终于成了我们的向导。喇嘛九岁入甘肃塔尔寺披剃，十八岁随商人入藏，曾走过这条路，但事情已过去五十年，前尘旧影，早已模糊不清。他记忆中的每一个细节都意味着我们的生机。沙漠浩瀚得令人绝望——在当时处境下，如尖刀般切割人的生命的，不是悲鸣的狂风，不是刺骨的冰雪，不是失去时间感觉之后的惶恐空虚，而是时时涌上心来的绝望情绪。它就像一只永远尾随着你的野狼，在每一个你惧怕它的时候，向你闪烁幽绿的眼光。我有一种被世界遗弃的感觉。无边的荒原就像一个巨大的陷阱，于不动声色中暗藏杀机，每走一步都有死亡的可能。这个世界有美酒歌乐，有包裹在市井炊烟里的寻常生活，然而那一切在遥远的天边之外。一边是梦境，一边是死亡，这两者之间的真正距离。绵延的雪山，就是这种距离的刻度。这两个格格不入的世界，有时像是只隔着一层薄脆的窗纸，手指轻轻一戳，就可以从这头望见那头；而有时，中间正好隔着一生的距离。

我们的人马在一天一天地减少。我带着我的湘川子弟们来到西藏戍边，然而我却不能将他们完整地带回去。他们像从天上降下的雪片一样消失在雪原上了，没人分辨得出哪里是他们的坟墓。每到夜里，我都听得见他们的冤魂在哭号着叫我的名字。但是我无能为力，即使是剩下的人，我也不知能否将他们带出沙漠。

西原一直陪伴着我。她把那头枣骝马让给我骑，自己则骑我的那头大黑骡。她把临行时母亲送她的那只珊瑚一直揣在怀里，珊瑚上至今还停留着母亲双手的温度。在这种情境下，有西原在，真是人生一种难得的际遇，然而我胸中又时常涌起一阵无法言说的悲凉。每到宿营的时候，西原都悉心地用毛绳将马匹拴好。然而一早醒来，发现枣骝马还是跑掉了，平沙无垠，踪迹杳然。西原遂将黑骡让给我骑，她自己选了一匹劣马。

现在想来，枣骝马的远遁绝对是一种不祥之兆。几件致命的事件接二连三地发生了。先是喇嘛逃跑了。逃跑之前，没有任何迹象。我仔细回想着与他最后的交谈。那是在宿营时分，我问喇嘛，眼前的地貌，是否能够唤起他的些许记忆。他沉吟良久，说，由此过通天河，再行数日，即有孤山突起于平原中，地名为"冈天削"，我当年曾在此休息二日，此山不过十余丈高，有小河绕其前，又有杂树甚多，沿河行八九日，渐有蒙可罗（即藏族人的毛毡帐幕），再行十余日，即至西宁。这些话，或是他逃走前最后的交代，也未可知。他是不堪忍受兵士的呵责殴打，才逃亡的（绝境中的兵士们性情日益横暴）。但是他孤身一人，活着走出沙漠的概率，几近于零。

几乎在喇嘛逃走的同时，我们吃光了最后一粒粮食。这件事所带来的恐慌甚至比失去向导还要强烈。命运又为它的残酷增加了砝码，因为在那种情况下，任何一粒晶莹圆润的米粒，都可能延长生命的长度，而奇迹，往往会在这段长度中出现。这种心理在当时的队伍里像瘟疫一样蔓延。然而，我们千方百计试图抓牢的那根救命的缆绳，终于在某一个不经意的瞬间崩断了。我仿佛已经望到了死亡那幽暗的洞口。那一天我意外地发现，我的喧嚷暴戾的兵士们都沉默不语了。沉默比喧哗还要可怕。人性就是在这一天真正地发生了动摇。胃肠可以主宰脑袋，刀绞似的饥饿足以让理性靠边。终于，他们开始争食死者的遗骸。

西原也好几天未曾进食了。她的身体日渐虚弱，这位豆蔻年华、身手不凡的姑娘，身体已经像纸一样单薄。我注意到她的脸色在一天一天地枯干。但她依然爱笑。她会给我讲她的游牧岁月，讲她的母亲和伯父加瓜彭错（我们还不知他已惨死），尽管那一切，在迷途中像一场虚构的故事。夜幕于荒漠上降临，就是衙门里灯火阑珊，权贵被美女所簇拥的时刻里，我正在指挥我的兵士露宿，而我的西原则在一层一层地拂去地上厚雪，试图将冷酷的大地变成我们的床榻。每天夜里，我们都是背靠着背坐着，每人手里握着一杆枪，枪口向外，以便随时警醒，对付在夜里光顾的狼群。我们的梦境——如果还有梦境的话，也总是缠绕在一起，撕扯不开。饥饿中我触摸到她怀里的一小片干肉，她已在怀里揣了多日了，她舍不得吃。她是为我而节省的。我要求她吃掉，她说，我耐得住饿，几天不吃没有关系，你指挥队伍，却不可一天不吃。况且，西原万里从君，可以没有我，却不可以没有你。你若死了，难道我能够活下去吗？

她说话的时候，空气呼到我的面颊上，让我觉出瞬间的温暖。大地在夜色中沉寂，仿佛在酝酿一个巨大的阴谋。没有人能够形容夜晚天空的色彩。那是一个永远望不到底的深渊。无数的繁星，就是深渊里玄妙的反光，像渗进衣袄间的冰碴一样凄凉。西原在我身边熟睡，星月在我头顶运行，幻化出无穷的生存幻象。它们洞晓人间的一切秘密，但它们从来都守口如瓶，缄默不语。荒漠上野狼的号叫是人间最后的歌声。我想起一路上见到的大地奇观。大地自亘古以来的一切造化，本来足以令任何一个感觉正常的人感喟于自然的伟岸与奇幻，但是只因命运的突然改道，而完全呈现出另外一个版本——我们从中阅读到的是彻底的残酷。千里雪原，是大地这个魔鬼早就为我们准备好的裹尸布，它已在这里陈列了千年万年，只等我们的到来。

意识像空气一样稀薄的时刻，突然被一阵喧闹吵醒。我的伙伴们饥饿难耐，要杀我随身带的一位少年。我们从社会中脱离未久，然而我们已经成了动物。是西原挺身而出。她绝不允许吃她的兄弟，除非人们将她一起吃掉。月光下我第一次看到她面容的冷酷。大家被她镇住了。没有人敢说话。这时西原回到我的身边，拿起她的连枪，就消失在无边的夜幕中了。在她俯身的一刹，我也本能地跃起，尾随而去。次日，天色微明的时候，我俩一同返回，将一只野狼带血的尸体，抛在雪地上。

西原就在这微明的天色中点燃最后一根火柴。大家事先寻找一些骒马的粪便，搓成细末，又从贴身的衣服上撕些布条，卷在一起，尔后站成两排，将衣襟敞开，连接起来，密不透风地将西原围在当中。西原烧着布条，大家便按原来的设计，露出一条窄缝，让微风从一侧吹入。西原又蹲下，将布条放在地上，再轻轻盖上粪末。我至今记得她那副小心翼翼的样子。众目睽睽之下，她手中的火苗，慰藉着每一个人的肠胃。

我们已经过了喇嘛所说的通天河。通天河，实际上就是金沙江上游的穆鲁乌苏河。这里有一支"玉树族"，夏季游牧于穆鲁乌苏河上游高地，冬季则聚集在河谷下部，弃高原于冰雪。我们这支队伍，恰好在这个时间差里出现，行走在无人的高原之顶。退一步讲，这时如果我们顺河谷下行，不问方向，也终可遇到藏族人的牧场，不至于陷入此等绝境。可惜那时，对这一切，茫然无知。

五

沈从文大病了一场，鼻血一碗一摊地流，吓死人。人都以为他活不了了，然而，四十天过去，他又健步如飞了。他醒来后，很快发现自己的朋友少了一个——陆弢死了。为了向人验证他对一个女人的爱，不习水性的他发誓去泅一段险滩，终被淹死。

沈从文又回到了那间小屋。阳光将雕花的橱柜擦拭得异常洁净，等待着他的归来。这几十天的遭遇，令沈从文感到了死亡的可怕。可怕的不是死亡本身，而是死亡在生命真正开始之前就降临。沈从文觉得自己的人生还没有开始。

子弹随时可以穿透他的头颅。

出走并不是为了寻找爱情和梦想，而只是想获得一次生存的机会。

像是一个赌徒在输光之前下的最后一次赌注。

听着沈从文的话，陈长官凝视他良久，显然，他正在经历着痛苦的抉择。沈从文在心里掂量出了这片刻的沉寂对自己的分量。他是把自己的未来，交给了这几分钟的沉默。

房间像往常一样安静。他看见时间在顺着阳光滑落。

陈长官终于狠狠拍了一下沈从文的后脑勺，说，是苍鹰，就该拥有自己的天空。走吧，走吧，到北平，找一所好学校，你会有出息。念下去，我这里有钱。混不下去，再回来，我这里还有饭吃。

混不下去，沈从文也不会回来。当所有的努力都做过之后，唯一还能做出的选择，就只有死了。沈从文很快主动拒收了从湘西寄来的钱款，说明了他内心的决绝。

他凝望着山口，想象着盘旋在那里的风的旋涡。准备开始他真正意义上的流浪——那将是他的沙漠之旅。没有地图，没有向导，只有死神那亘古不变的召唤。从他上路的第一天起，明天就永远是一个谜，他也无从知晓，苦难的边界到底在哪里。也许，他会在半途中看到另一个身影。两个人在绝望中同行，将要发生些什么，又是一个悬念。也许，他将永远孤独下去。当他死后，为他举行的葬礼同时也将孤独埋葬。他依稀中听到远方的狼嗥，像凄楚的风，令树叶发出战栗的声响。他在这些恐怖的声响中下了决心。他自信会在流浪中蓄积足够的势能，来保存他内心深处的火光。那火光即使微弱，也终会在长夜里燃成一盏长明灯。沈从文后来经历了许多大事，包括朝代的更迭，个人的荣辱。而那一切，都起源于他在那个宁静的下午同长官所说的一席话，起源于他果决的出发，尽管他的出发，比他的长官晚了整整十年。

一九二二年，沈从文历尽艰险来到北平。在客栈的旅客登记簿上写下：

沈从文，年二十岁，学生，湖南凤凰县人。

六

夏天到来的时候，我和西原已经出现在长安城。我们用光了盘缠，西原决定卖掉她母亲的珊瑚。

我们是在六月里翻过日月山的。"翻过日月山，又是一重天。"果然如此。一过日月山，气候就暖了，就有了平常人家，有了鸡犬之声。居民皆宽袍大袖，戴斗笠，乘黑驴，宛若陶渊明的武陵桃源。终于，我们又回到人间。

由江达匆匆逃出西藏，二百二十三日之后（我居然还数得出日子！），我们到了丹噶尔厅。所谓的我们，只剩下七个人。

寻到一家客栈。西原首先看见的是客舍里的一面铜镜。她本能地向它靠拢，然后，用颤抖的手，握住它雕镂精美的把柄，抚摸良久，才慢慢地，对照自己的面庞。我感觉得出，揽镜自照的一刹，她是鼓足了勇气的。两百个与世隔绝的日子，足以将美女变成厉鬼。阳光从室外斜射进来，抚摸着她粗粝的脸庞，像是一种温柔的抚慰。她终于看清了自己的模样，哭了。是号啕大哭，声音极为惨烈，像鹰一样在我头顶盘旋。今天回想起来，那哭声依然令我毛骨悚然。我从未听她这样哭过，即使濒临绝境。

我的衣服，这两百多天一直穿在身上，从未脱下，经风历雪之后，已经板结成硬块。在高原酷寒中从不觉得，一到这里，我即闻出其恶臭。我的发辫也已板结，像戴上了一顶坚硬的帽子，无法梳理，只好用腰刀将其割去。留发不留头，谁料我是以这种方式进入民国的。我和西原同去集市上购衣，让围观的孩子们过足了眼瘾。

打扮停当，遂携新妇还乡。我们归心似箭，由丹噶尔厅而西宁，而兰州，而邠州，意欲取道长安归湘。至邠州，正是八月十四。我寻一处酒楼，备了些酒肉，款待我的西原。能吃到人间的饭食，在那星月满天的高原之夜，曾是我们的奢望。而今，我们终于戳破了梦境的窗纸，看到，而且走进了另一个世界。这时，我对面的西原，已穿上汉服，眼神中又恢复了柔性的光泽，已是活脱脱一个汉家姑娘，一个寻常巷陌里的温柔媳妇。我不知道将要发生些什么，但是西原的眼神让我觉得安妥。湘西的河流和吊脚楼在等待着我俩。我的心里已经预支了幸福。没过多久，我就发现我的快乐已经透支，以后不再拥有。从那以后的所有日子，都是为那种快乐还账。那时我几乎忘记了我是一个天生的复仇者。命运的眷顾将从我的时间里消失，复仇的意志如同血液贯穿我的全身。我从不服输，我可以改变一切，除了一点——我的生命里不再拥有西原。

而那时，西原正坐在我的对面，坐在中秋夜的烛光里，面色微红，注视着我。当我冥想于人生的遭际，她却陷入现实的哀愁之中。她说：盘缠所剩不多，故乡尚且遥远，今日这样破费，又怎能顺利回乡呢？我笑了，答她：不必担心，剩下的银两足够我们到达长安，到长安后，再给家中寄信，可安心等待家中人将路费寄来。西原这才放心，迷离的目光重又明朗起来，像温柔的蝴蝶栖息于我的肩头。月满西楼，那是我们第一个共同的中秋，当然，也是最后一个。

那段时光我一直处于兴奋之中。这种兴奋几乎割断了我与现实的联系。事情果然按照西原的预料发展着。在长安住了二十余日，并没有等来寄款，而手中的银钱，终于罄尽了。

那时我们居于洪铺街一所空宅之中。是友人所荐。主人远行，三进的大宅院，尘封已久，只有守宅人独居于此。我和西原住在最后一栋屋中，购得米面，自己做饭。一段波澜不惊的岁月。像急流拐弯处突然出现的一片深潭，沉静得令人不敢相信。屋子被她打扫得整洁干净。阳光每日从檐顶爬过来，在院子里镀上一地金黄，又顺着墙角溜走。日子就在这一来一去间飞逝。高原的风寒不曾麻痹我的神经，而平淡的日子却让我放松了警惕，我忽略了危险正在日益逼近。

岁月可以改变一切，唯一不可改的就是它的残酷。我们的贫穷终于一览无余。西原决计将珊瑚卖掉。我力劝，然而她决定的事，从来不可能更改。这是我所了解的。她小心翼翼地将珊瑚包好，出门了。第一天，她空手而回，第二天依旧。她像一头倔强的小鹿，不肯对现实就范。第三天，她换回十二两银子。她笑得天真烂漫，咯咯咯地，证明着她的胜利。我们就又过了一段平静的日子。路费依旧在路上，日光依旧爬进院子又溜走。转眼到了冬月之初，我卖掉了手头最后一件值钱的东西——我作战用的望远镜，就无计可施了。

湘西依旧遥远。再也不能无所作为了。我每天出门谋事，西原都送我至偏门，然后回到空屋里等我归来。这一等，没有等来希望，却等来病魔。那夜归来，我看见她面颊赤红，觉得异样。细问之，西原说：你走之后，我就开始浑身发热，头痛不止。我轻轻摸了摸她的额头，果然烫手。这样她一连烧了几日，茶饭不思。我问她想吃什么，她说牛奶。我就慌忙跑到街上给她买了牛奶，又急忙之中为她找到医生。医生说：此阴寒内伏，宜清解之。就给她开了药方。那时我还痴痴地等待着药物发生作用，我哪里知晓，这一劫，是早就预设好的，我们无处躲藏——凡西藏女子，因生于高原，洁净无菌，一到异地，必会生天花而死。直到那天清晨，西原于梦中醒来，搂住我的肩，眼眶里充盈着泪水，对我说：我将死了。昨天晚上，我梦见我的妈妈用糖喂我，按照我们西藏的风俗，夜有此梦，必死无疑。夜里，我又在蒙眬中被西原唤醒。她说：西原万里从君，本望与君共归乡里，不想中途染疾，竟成永诀。所幸的是，你还能活下去，西原死亦瞑目了。家书和路费就快到了，你一人踏上归途，要多多珍重！说完，身子一斜，就断气了。

我的头脑骤然眩晕起来。抱住西原依然温热的身体，大哭不止。巨大的悲伤使我浑身的肌肉像受到凌迟一般疼痛。我的心在瞬间被碾碎成粉末。我觉得整座房屋都在随着我的哭声震颤。不知过了多久，我把西原放回到床榻上，想到自己连埋葬她的钱都没有，心如刀绞。我把西原独自留在屋里，就准备出门，去找在长安相识的一位朋友，名唤董禹麓的。出门时，又回转身，看了看瞑然长逝的西原的面庞，恬静如同睡熟。

那时天刚蒙蒙亮，我顾不了许多，到了董府就急不可耐地挝门。禹麓被我的面容所惊慑。他知道，一定是出了大事。

就在这个无风的下午，依靠禹麓的帮助，我将西原安葬在城外雁塔寺。我在她的墓边站到了晚上，才独自走回洪铺街，走回冷室空帏，走回无法触动的记忆。

七

一九三六年，失去实权的陈渠珍寓居长沙，怀想大半生际遇，遂用浅近文言，写了一本小书，名叫《艽野尘梦》，其中讲述了他早年与西原的爱情经历。艽，音求，荒远之意。艽野，就是指荒远的边地了。《诗·小雅·小明》云："明明上天，照临下土。我征徂西，至于艽野。"在陈渠珍这里，艽野自然是指青藏高原，在那里，他做生命中一场痛彻肺腑的大梦。一九四〇年至一九四二年，此书在《康导月刊》上连载，著名藏学家任乃强先生对此书进行了校注，并在《弁言》中写道："张厂长志游远游南川归，示湘西陈渠珍所著《艽野尘梦》。余一夜读之竟。寝已鸡鸣，不觉其晏，但觉人奇，事奇，文奇，既奇且实，实而复娓娓动人，一切为康藏诸游记最。尤以工布波密及绛通沙漠（即羌塘沙漠）苦征力战之事实，为西陲难得史料。"

《艽野尘梦》全书不过五万字，尘封半个多世纪，知者已寥寥无几。一九九九年，西藏人民出版社重新整理出版了这本书。时间的厚土与积垢并不能阻止爱情在阳光中重新发亮。可惜此书仅印行三千册，与坊间流行的各种爱情书籍自不能比。当然，这本书包罗万象，着力处绝不仅限于情感。在这本书的《前言》中，有这样的话：

"作者详细地叙述了自己 1909 年从军，奉赵尔丰命随川军钟颖部进藏，升任管带（营长），参加工布、波密等战役，在驻藏期间同当地藏族姑娘西原结婚，在 1911 年 10 月武昌起义爆发、南北响应的消息传到西藏后，出于对波密起义士兵的一些行动不理解，而又顾念个人安危，于是组织湖南同乡士兵和亲信一百五十人取道东归而误入大沙漠，断粮七月余，忍饥挨饿、茹毛饮血，仅七人生还于西安，西原病卒等经历；描绘了沿途所见的山川景色、人情风俗和社会生活；同时记录了英、俄帝国主义觊觎和争夺我国神圣领土西藏的罪恶和阴谋活动，清政府的日益腐败，清封疆大吏之间和军队内部争权夺权、钩心斗角的斗争；记载了辛亥革命对西藏和川军的重大影响和军中的同盟会员、哥老会成员在波密乘机发动兵变、杀死协统（旅）罗长琦的实况。从文学的角度看，它不失为一部写得优美的游记；从史学的角度来看，它又不失为记录清末民初川边、西藏情况的重要资料。"①

全书写到西原病卒长安，戛然而止。像一支乐曲，在最用力的一根弦上突然绷断。许多年过去，我们仍能体会到作者肝肠寸断的心境。

一九三六年，沈从文早已在北平家中的枣树下，完成了他的主要创作，像《边城》《八骏图》等。他娶了一个美貌的闺秀，名叫张兆和。

这一年，西原已在雁塔寺沉睡了二十四个年头。

---

① 《前言》，见《艽野尘梦》，西藏人民出版社 1999 年版，第 1 页。

第二辑　古物

雨过天青

它们是日常生活的道具，是生活中最亲切的那一部分。

一

宋徽宗赵佶《瑞鹤图》里的天空，并不能称作天青色。那是一种幽蓝，深邃、迷离，具有梦幻特质的色彩。年轻画家韦羲说："我们有一种误解，以为中国绘画里的天空就是水墨画的留白，其实古人画天空，也曾满满地涂上明丽的蓝色，很写实的，就像西方的油画和水彩画。"① 假如说范宽是"第一位以'点'来思考宇宙整体的画家"②，那宋徽宗就应当是以"块"来映现内心世界的画家，他的许多作品，都突出着大面积的色体，如《雪江归棹图》（故宫博物院藏）里的皑皑雪峰、《祥龙石图》里的扭曲石面（故宫博物院

① 韦羲：《照夜白——山水、折叠、循环、拼贴、时空的诗学》，台海出版社 2017 年版，第 219 页。
② 韦羲：《照夜白——山水、折叠、循环、拼贴、时空的诗学》，台海出版社 2017 年版，第 189 页。

藏），那种面积感与立体感，平衡有度，好像是在画油画。《瑞鹤图》里，他居然以一种特立独行的蓝，为天空做大面积的平涂。那种蓝，不似他的学生王希孟《千里江山图》那样明媚和跳跃，让古老的群山焕然一新，而是一种更稳定、含蓄的蓝，一如他喜爱的汝窑天青。

画家宋徽宗，对色彩有非凡的感受力，使用起来也格外大胆。他是绘画里的帝王，敢肆意妄为，他的造诣也因这份狂妄而成就。他有一套属于他自己的色谱，远比他的官僚系统更加细致和缜密。那是独属于他的话语体系，别人并不容易轻易介入。在他心里的青色，就不知分了多少种，以至于当他把梦里所见"雨过天青云破处"①选作制瓷的色标时，不知道有多少烧瓷工匠被这句圣旨雷倒，因为谁也说不出，这"雨过天青云破处"到底是什么颜色。

二

所幸在今天的故宫，存着一件宋代汝窑天青釉弦纹樽，让我们在千年之后，看得见宋徽宗最爱的颜色，而不至于像当年的瓷工，对着"雨过天青云破处"的御批，不知所云。

没有什么器物比唐三彩更能代表大唐热烈、奔放的性格，也没有什么器物比汝窑瓷器更能代表北宋文人清丽、深邃的气质，一如这件天青釉弦纹樽，虽是仿汉代铜樽造型，但它不再像青铜器那样，以张牙舞爪的装饰纹样吸引眼球，而是以瓷釉作为美化器物的介质，色泽清淡含蓄，胎质细腻，造型简洁脱俗，釉面上分布着细密的裂纹，术

---

① 一说为五代后周柴世宗所说。

语叫开片，俗称蟹爪纹或冰裂纹，那是由于胎、釉膨胀系数不同而在焙烧后冷却时形成的裂纹，汝窑瓷器在烧成后，这样的开裂还会继续，这使汝窑瓷器一直处于细小的变化中，似乎器物也有生命，可以老出皱纹。

唐的气质是向外的、张扬的，而宋的气质则是向内的，收敛的——与此相对应，宋代的版图也是收缩的、内敛的，不再有唐代的辐射性、包容性。唐朝的版图可以称作"天下"，但宋朝只占有中原，北宋亡后，连中原也丢了，变成江南小朝廷，成为与辽、西夏、金并立的列国之一。唐是向广度走，宋则是向深度走。正是由于唐代有广度，使佛学发展，刺激理学兴起，才使宋有了深度。这变化反映在诗词、绘画上，也反映在器物上，所以，"晚唐以降，青绿山水盛极而衰，水墨山水取而代之，好比是绚烂的唐三彩隐入时间深处，天青色的宋瓷散发出形而上的微光"①。

唐宋两代都是充满想象力的朝代，唐人的想象力通过对外部世界的好奇来体现，玄奘《大唐西域记》、段成式《酉阳杂俎》，无论纪实、述异，其经验之独特，都是空前绝后的；但唐人的想象力无论怎么膨胀，也抵不过宋人，因为唐人的世界再博大，也是"实"的，而宋人的世界，则是"虚"，是"空"，是"天青"，是"留白"，是"空里流霜不觉飞，汀上白沙看不见"。宋人以"无色"代替"五色"，以"无象"容纳"万象"，因此，他们的世界，更简单也更复杂，更素朴也更高级，那"留白""无象"中，收留着万古的光阴，也装得下喜马拉雅山，所以蒋勋说：

"从颜色的纷繁中解放出来，宋元人爱上了'无色'。是在'无'

---

① 韦羲：《照夜白——山水、折叠、循环、拼贴、时空的诗学》，台海出版社 2017 年版，第 346 页。

处看到了'有'；在'墨'中看到了丰富的色彩；在'枯木'中看到了生机；在'空白'中看到了无限的可能。"①

宋代的气质，不张扬，却高贵，这种低调的奢华，在汝窑瓷器上得到了最切实的表达。

到金代，著名理学家、文学家和书法家赵秉文《汝窑酒尊》诗，依然可窥见天青之美：

> 秘色创尊形，
> 中泓贮绿醽。
> 缩肩潜螟蜓，
> 蟠腹泓青宁。
> 巧琢晴岚古，
> 圆嗟碧玉莹。
> 银盂犹羽化，
> 风雨慎缄扃。②

———

① 蒋勋：《美的沉思》，湖南美术出版社 2014 年版，第 200 页。

② ［金］赵秉文：《汝窑酒尊》，见《闲闲老人滏水文集》卷六，中华书局 1985 年版，第 84 页。故宫博物院考古研究所徐华烽先生认为，此诗可能描写的是钧瓷，因为钧瓷曾经处于仿汝阶段，加之史料中对钧瓷的记载不多，钧瓷的知名度不高，因此出现"钧汝不分"的状况，参见徐华烽：《钧窑概念的形成及其产品时代辨析》，原载《故宫博物院院刊》2017 年第 3 期。

这诗中，将汝窑之色，称为"秘色"①。

而"晴岚"，说的就是天青色②。

我的同事吕成龙先生说：欣赏汝瓷颇似读苏轼所作婉约类词，"明月""青天""芳草""绿水""春雨""小溪"等苏轼词中用过的词语不断映入脑海。宋人张炎《词源》曰："东坡词如《水龙吟》咏杨花、咏闻笛，又如《过秦楼》《洞仙歌》《卜算子》等作，皆清丽、舒徐、高出人表。"如果说苏轼的词"高出人表"，那么汝窑青瓷则高出宋代诸窑，堪称当之无愧的"宋瓷之冠"③。

三

但是有一点需要注意，就是宋代艺术家在构建空灵、无色、抽象的形而上世界时，并没有遗弃形而下的日常生活，而是相反，让艺术在日常生活中长驱而入、单刀直入，甚至无孔不入。在宋代，艺术向生活领域大幅度推进，与每个人的生命密切相融。以汝窑瓷器而论，

① "秘色"一词最早出现在晚唐诗人陆龟蒙的诗句中。"九秋风露越窑开，夺得千峰翠色来。好向中宵盛沆瀣，共稽中散斗遗杯"。中晚唐诗人陆龟蒙（？—881年），在其所著《甫里集》中以他的《秘色越器》七绝诗，抒发了诗人对越窑秘色瓷器的赞美之情，此为"秘色"之名的滥觞。古代文献中，关于"秘色"之意，说法各异，不一而足。1987年，考古人员打开陕西扶风法门寺佛塔地宫之门的时候，意外地发现在地宫的衣物碑上，竟然刻有"瓷秘色碗七口，瓷秘色盘、叠（碟）子共六枚"的记录，从碑文可见这十三件秘色瓷器为唐懿宗于咸通十五年所赐。名物相互印证，使人们终于从唐人诗句关丁秘色的朦胧意象中脱离出来，看到了真实的秘色瓷器。地宫中秘色瓷的发现，终于使人们得以拨开迷雾，第一次看到了唐代秘色瓷确凿无疑的实物证据，参见闻长庆、闻果立：《越窑·秘色瓷研究》，http：//www. dfgms. com/viewthread. php？tid=69157。

② 李民举先生较早关注这一细节，参见李民举：《元汝官窑问题之我见》，原载《鸿禧文物》1996年创刊号。

③ 吕成龙：《认识汝窑》，原载《紫禁城》2015年第11期。

它的器型，除了天青釉弦纹樽这样的三足樽，还有盘、碗、洗、瓶、盆、碟等，大多应用于日常生活，而不是像商代青铜器那样，陈列于隆重的盛典场合。只不过每一种器型，都会呈现出多元的变化，比如瓶，就分化出梅瓶、玉壶春瓶、胆瓶、槌瓶等多种形式，或做酒具，或做插花具，点映着宋人"瓶梅如画"的优雅趣味。

故宫博物院藏南宋刘松年《四景山水图》册页，有一个文人书房，书案上就摆放着胆瓶与香炉。朱淑真写道：

> 独倚栏杆黄昏后，
> 月笼疏影横斜照。
> 更莫待，笛声吹老。
> 便须折取归来，
> 胆瓶插了。①

它们是日常生活的道具，是生活中最亲切的那一部分，只不过在今天，我们无法想象用一件汝窑天青釉莲花式温碗，来盛饭喝粥。

在宋代的物质高峰中，汝、官、哥、钧、定五大名窑脱颖而出，出产瓷器"青如天、明如镜、薄如纸、声如磬"②，尤其以"汝窑为魁"，并且被皇室独重，正是依托于宋代的"生活艺术化"潮流。在宋代，一个人精神上的自我完成，不是在内心深处隐秘进行，而是与举手投足、吃喝拉撒的日常生活无缝衔接。外在的一切，不过是内在的可视部分而已。

---

① 冀勤辑校：《朱淑真集注》，中华书局 2008 年版，第 272 页。
② ［明］高濂：《遵生八笺》，卷十四，转引自吕成龙：《认识汝窑》，原载《紫禁城》2015 年第 11 期。

我们今天的许多生活品位，虽不是宋人的创造，却是在宋代定型的，比如花、香、茶、瓷，在这些物质中，宋人寄寓了静观沉思的精神理念，而汝窑各种器型的发展，正是依托于花道、香道、茶道，向生活的深处挺进。

除此，宋人在衣饰、家具、房屋、庭园、金石收藏与研究等方面，也都达到极高的高度。那是中华文明中至为绚烂的一页。而汴京，业已成为帝国的文化中心，绘画、书法、音乐、百戏、文学，皆进入巅峰状态。明代学者郎瑛在《七修类稿》中发出这样的感慨：

> 今读《梦华录》《梦粱录》《武林旧事》，则宋之富盛，过今远矣。

所以，郑骞先生说，"唐宋两朝，是中国过去文化的中坚部分。中国文化自周朝以后，历经秦汉魏晋南北朝，逐步发展，到唐宋才算发展完成，告一段落。从南宋末年再往后，又都是从唐宋出来的。也就是说，上古以至中古，文化的各方面都到唐宋作结束。就像一个大湖，上游的水都注入这个湖，下游的水也都是由这个湖流出去的。而到了宋朝，这个湖才完全汇聚成功，唐时还未完备。"①

四

吊诡的是，含蓄清淡的宋代艺术，一方面辉映着宋代士人的高古清雅的精神气质，另一方面又孳生出宋代帝王对物质的迷恋与娇纵，像宋徽

---

① 郑骞：《宋代在中国文化史上的地位》，转引自扬之水：《宋代花瓶》，人民美术出版社 2014 年版，第 32 页。

宗，就是一个不可救药的恋物癖患者，对汝窑的热情，也势不可挡。我们今天能够见到的汝窑瓷器，也大多烧造于宋徽宗一朝，那是汝瓷烧制的高峰，烧造也不计成本，为了达到理想的天青色，甚至以玛瑙入窑。这全赖宋代汝州的玛瑙矿藏，宋代杜绾《云林石谱》记："汝州玛瑙石出沙土或水中，色多青白粉红，莹澈少有纹理如刷丝……"查《宋史》可知，政和七年（1117 年），"提辖京西坑冶王景文奏，汝州青岭镇界产玛瑙"①。

就在景文上奏玛瑙消息的这一年，擅踢足球（蹴鞠）的殿前指挥使高俅官拜太尉，擢升为武臣阶官之首，十年后，北宋亡，汴京被金军血洗，宋徽宗被绑赴北国。

因为金人不踢足球，金人只玩马术。

宋朝的上半时输得很惨，连皇帝都被红牌罚下，进入下半时，皇帝的积习依旧未改，可见遗传的力量多么强大，而汝窑瓷器，竟然成了行贿者的首选。宋徽宗的儿子宋高宗赵构有一次到张俊府上玩耍，张俊一次送他十六件汝窑瓷器，这事被南宋人周密记在《武林旧事》里。

张俊，著名南宋将领，曾在金军面前威风八面，让金兀术尿裤子，与岳飞、韩世忠、刘光世并称南宋"中兴四将"——故宫博物院藏《中兴四将图》可见他的身影，却在皇帝面前装孙子——为拍宋高宗马屁，他不仅与秦桧合谋诛杀岳飞，而且在绍兴二十一年（1151 年）秋天大摆筵宴，留下中国餐饮史上最豪迈的一桌筵席。他贪婪好财、巧取豪夺，家里的银子铸成一千两（五十公斤）一个的大银球，小偷都搬不走，所以名叫"没奈何"，这智慧，比起今天用别墅藏钞票的贪官，不知高出几筹。张俊送给宋高宗的这十六件汝窑瓷器，是古代文献对汝瓷记录的最奢侈的一笔，这十六件瓷器分别是：

---

① ［元］脱脱等撰：《宋史》，中华书局 2000 年版，第 3035 页。

酒瓶一对、洗一、香炉一、香合（盒）一、香球一、盏四只、盂子二、出香一对、大奁一、小奁一。

即使在宋代，它们也是价值连城的宝贝，如南宋周辉《清波杂志》中所说："汝窑……唯供御拣退，方许出卖，近尤难得。"到今天，更是珍贵到了全世界只有七十多件。① 在那一刻，宋高宗的眼里一定放了光。那眼光里，看得见雨过天青，参得透青出于蓝胜于蓝。

五

汝窑天青釉，与《瑞鹤图》里的幽蓝天空虽然不是同一个颜色，但它们代表宋徽宗赵佶对天空的某种依恋，因此，它们是自由的颜色，代表着宋徽宗对飞翔、速度、无限的渴望。

卓绝的艺术正是有赖于这样的自由才能完成，但对于皇帝，所有任性飞奔，都将引发灾难性的后果。比如宋徽宗，对颜色的敏感、对物质的激情，反而使他对国家日渐麻木，终于，他为物欲所围困，他的艺术王国，也像这瓷器一样不堪一击。

在金人的土地上，他手里只剩下粗糙的饭碗。雨过天青时分，不知他是否会想念些什么。

二〇一七年三月二日至四月十一日写于北京

七月七日改于成都

① 根据河南省考古研究所统计，目前已知传世汝窑瓷器为七十七件，另据日本大阪市立东洋陶瓷馆二〇〇九年《传世汝窑青瓷一览》统计，世界范围内收藏的传世汝窑共七十四件。吕成龙《认识汝窑》一文统计，故宫博物院藏有二十件，台北故宫博物院藏二十一件。见蔡毅《故宫旧藏看汝窑》、吕成龙《认识汝窑》，均见《紫禁城》2015 年第 11 期。

空　山

风烟俱净，天山共色。从流飘荡，任意东西。自富阳至桐庐
一百许里，奇山异水，天下独绝。水皆缥碧，千丈见底。游鱼细
石，直视无碍……

—— ［南朝·梁］吴均《与宋元思书》

一

有一天，朱哲琴来故宫，告诉我她在著名建筑师王澍设计的富春
山馆，展出了一个声音装置，希望我有时间去看——或者说，去听。
我问声音装置是啥，朱哲琴说，是用她采集的富春江面和沿岸的声音
素材，加工成的声音作品。她还说，那声音是可以被看见的，因为她
还采集了富春江水，声音让水产生震动，光影反照在墙上，形成清澈
变幻的纹路。她给这一作品起了个名字，叫《富春山馆声音图》。

我敬佩朱哲琴对声音的敏锐，她让《富春山居图》这古老的默片
第一次有了声音，但我想，《富春山居图》里，原本是有声音的，只
不过黄公望的声音，不是直接诉诸听觉，而是诉诸视觉，通过空间组

织来塑造的。其实黄公望本身就是一个作曲家，徐邦达先生说他"通音律，能作散曲"①。黄公望的诗，曾透露出他对声音的敏感：

> 水仙祠前湖水深，
> 岳王坟上有猿吟。
> 湖船女子唱歌去，
> 月落沧波无处寻。②

元至正七年（1347年），黄公望与他的道友无用师一起，潜入苍苍莽莽的富春山，开始画《富春山居图》。这著名的绘画上，平林坡水、高崖深壑、幽蹊细路、长林沙草、墟落人家、危桥梯栈，无一不是发声的乐器。当我们潜入他的绘画世界，我们不只会目睹两岸山水的浩大深沉，也听见隐含在大地之上的天籁人声。也是这一年，黄公望画了《秋山图》，《宝绘录》说他"写秋山深趣长卷，而欲追踪有声之画"。

黄公望把声音裹藏在他的画里，朱哲琴却让画（光影图像）从声音里脱颖而出，这跨过七百年的山水对话，奇幻、精妙，仿佛一场旷日持久的共谋。

二

但我想说的，却是另一件很重要的事情——《富春山居图》（包

---

① 徐邦达：《古书画过眼要录》，元明清绘画卷，见《徐邦达集》第九册，故宫出版社2015年版，第119页。

② ［元］黄公望：《西湖竹枝集》，见［明］钱谦益：《列朝诗集》，明诗，甲集前编第七之下，中华书局2007年版。

括古往今来的中国山水画），之所以与音乐合拍，有一个原因：中国的山水画，有很强的抽象性。

绘画，本来是借助形象的，但赵孟頫老先生一句话，为绘画艺术定了性。他说："书画同源。"（赵孟頫原话为"书画本来同"）这句话，一句顶一万句，因为它不仅为中国书法和绘画——两门最重要的线条艺术，溯清了源头，解释了它们在漫长文明中亲密无间、互敬互爱的关系，更为它们指明了未来的路径，尤其是绘画，本质功能是写意（像书法一样），而不是为现实照相。

中国画，起初是从图腾走向人像的，唐宋之后，中国画迎来了巨大变革：

首先，山水画独立了，不再依附于人物画充当背景和道具，如东晋顾恺之《洛神赋图》里的山水环境，还有五代顾闳中《韩熙载夜宴图》里的山水屏风。

其次，色彩的重要性减弱，水墨的价值凸显，这过程，自唐代已开始，经荆浩、关仝、董源、巨然、米氏父子、马远、夏圭，形成"水墨为尚"的艺术观念。于是，"草木敷荣，不待丹碌之彩。云雪飘扬，不待铅粉而白。山不待空青而翠，凤不待五色而绰"①，因为墨色中，包含了世间所有的颜色，所谓"墨分五色"（张彦远的说法是"运墨而五色具"），水墨也从此在中国画家的纸页间牵连移动、泼洒渲染，缔造出素朴简练、空灵毓秀的水墨画。

再次，这份素朴简练，不仅让中国画从色彩中解放出来，亦从形象中解放出来，从而更具抽象性，更适合宋人的哲思玄想。

当然，那是有限度的抽象，是在具象与抽象之间进进退退，寻求

① ［唐］张彦远：《历代名画记》，浙江人民美术出版社 2011 年版，第 28 页。

一种平衡。

水墨山水是中国的，也是文人的。欣赏水墨，需要审美修养的积累，因为它超越了色与形，而强调神与气。金庸写《射雕英雄传》，有黄蓉与郭靖谈画的一段，很有趣：

> 只见数十丈外一叶扁舟停在湖中，一个渔人坐在船头垂钓，船尾有个小童。黄蓉指着那渔舟道："烟波浩渺，一竿独钓，真像是一幅水墨山水一般。"郭靖问道："什么叫水墨山水？"黄蓉道："那便是只用黑墨，不着颜色的图画。"郭靖放眼但见山青水绿，天蓝云苍，夕阳橙黄，晚霞桃红，就只没黑墨般的颜色，摇了摇头，茫然不解其所指。①

总之，绘画由彩色（青绿）时代进入黑白（水墨）时代，这是中国艺术的一个巨大进步，或曰一场革命，这一过程，与由黑白时代进入彩色时代的摄影艺术刚好相反。

大红大紫的青绿山水，也没有从此退场，在历史中不仅余脉犹存，且渐渐走向新的风格。青绿与水墨，在竞争、互动中发展，才有各自的辉煌历史。

也因此，今人用材料指代绘画，一曰水墨，一曰丹青。

三

为此我们要回看两张图，一是北宋王希孟《千里江山图》，一是

---

① 金庸：《射雕英雄传》第二册，广州出版社、花城出版社 2003 年版，第443 页。

南宋米友仁的《潇湘奇观图》。

其实王希孟与米友仁，年代相差不远。

王希孟生于北宋绍圣三年（1096年），很小就进了宋徽宗的美术学院（当时叫"画学"，是中国历史上最早的宫廷美术教育机构，也是中国古代唯一由官方创办的美术学院），但他毕业后没有像张择端那样，入翰林图画院当专业画家，而是被"分配"到宫中的文书库，相当于中央档案馆，做抄抄写写的工作。或许因为不服，他18岁时创作了这卷《千里江山图》，被宋徽宗大为赞赏，宋徽宗亲自指导他笔墨技法，并将此画赏赐给蔡京。王希孟从此名垂中国画史，迅即又在历史中销声匿迹，不知是否死于靖康战乱。

米友仁是米芾长子，生于北宋熙宁七年（1074年），比王希孟还年长二十二岁，画史却常把他列为南宋画家，或许因他主要绘画活动在南宋，而且受到宋徽宗儿子宋高宗的高度赏识，宫廷里书画鉴定的活儿，宋高宗基本交米友仁搞定，所以今天，在很多古代书画上都可看见米友仁的跋尾。

王希孟《千里江山图》与米友仁《潇湘奇观图》，一为青绿，一为水墨，一具象，一抽象（相对而言），却把各自的画法推到了极致，所以这是两幅极端性的绘画，也是我最爱的两张宋画。

这两张图，好像是为了映照彼此而存在。

它们都存于故宫博物院，不知什么时候，它们可以同时展出，同时被看见。

先说《千里江山图》吧，这幅画上，群山涌动、江河浩荡，夹杂其间的，有高台长桥、松峦书院、山坞楼观、柳浪渔家、临溪草阁、平沙泊舟，这宏大叙事的开阔性和复杂性自不必说，只说它的色彩，至为明丽，至为灿烂，光感那么强烈，颇像修拉笔下的《大碗岛的星期日下午》，阳光通透，空间纯净，青山依旧，水碧如初，照射古老中国的光线，照亮了整幅画，使《千里江山图》，恍如一场巨大的白日梦，世界回到了它原初的状态，那份沉静，犹如《春江花月夜》所写：

> 江天一色无纤尘，
> 皎皎空中孤月轮。
> 江畔何人初见月？
> 江月何年初照人？[1]

有评者曰："初唐诗人张若虚只留下一首《春江花月夜》，清代王闿运评为'孤篇横绝，竟为大家'。现代闻一多誉之为'诗中的诗，顶峰中的顶峰'。北宋王希孟的青绿山水卷《千里江山图》可比《春江花月夜》，孤篇压倒两宋，而论设色之明艳，布局之宏远，说前无古人，后无来者，也不为过。"[2]

然而，假如从这两幅画里再要选出一幅，我选《潇湘奇观图》。虽然王希孟的视野与胸怀已经有了超越他年龄的博大，但他的浪漫与天真，还带有强烈的"青春文学"印记，他对光和天空的神往，透露出青春的浪漫与伤感，还有失成熟和稳定。

这只是原因之一。更深刻的原因在于，比起王希孟《千里江山图》，米友仁《潇湘奇观图》更加深沉凝练、简约抽象，且因抽象而

---

① ［唐］张若虚：《春江花月夜》，见《中国历代文学作品选》中编第一册，上海古籍出版社 1980 年版，第 18 页。

② 韦羲：《照夜白——山水、折叠、循环、拼贴、时空的诗学》，台海出版社 2017 年版，第 227 页。

包罗万象。米友仁不仅舍弃了色彩，他甚至模糊了形象——《千里江山图》的焦距是实的，他截取的是阳光明亮的正午，每一个细节都清晰毕现；《潇湘奇观图》的焦距则是虚的，截取的烟雾空蒙的清晨——有米友仁自题为证："大抵山水奇观，变态万层，多在晨晴晦雨间。"与《千里江山图》的浓墨重彩相比，《潇湘奇观图》是那么淡，那么远，那么虚，全卷湮没于烟雨迷蒙中，山形在云雾中融化、流动、展开，因这份淡、远、虚而更见深度，更加神秘莫测。在"实体"之外，山水画出现了"空幻"之境。

《潇湘奇观图》，才是北宋山水画的扛鼎之作。

四

但绘画走到元朝，走到黄公望面前，情况又变了。

那被米友仁虚掉的焦距，又被调实了。

看元四家（黄公望、吴镇、王蒙、倪瓒），云烟空蒙的效果消失了，山水的面目再度清晰，画家好像从梦幻的云端，回到了现实世界。

但仔细看，那世界又不像现实，那山水也并非实有。

它们似曾相识，又似是而非。

就像这《富春山居图》，看上去很具象，画面上的每一个细节，似乎都是真实的，但拿着《富春山居图》去富春江比对，我们永远找不出对应的景色。

可以说，《富春山居图》是黄公望精心设置的一个骗局，以高度的"真实性"蒙蔽了我们，抵达的，其实是一个"非真实"的世界。

那仍然是一种抽象——具象的抽象。

或者说，它的抽象性，是通过具象的形式来表现的。

很像小说中的魔幻现实主义，细节真实，而整体虚幻。

王蒙后来沿着这条路走，画面越来越繁（被称"古今最繁"），画面却呈现出"一种难以言喻的超现实氛围，像是一个乌有之境"①。

那真实，是凭借很多年的写生功底营造出来的。

《富春山居图》，黄公望七十八岁才开始创作，可以说，为这张画，他准备了一辈子，而且一画，就画了七年。八十岁老人，依旧有足够的耐心，犹如托尔斯泰在六十一岁开始写《复活》，不紧不慢，一写就写了十年。他们不像当下的我们那样活得着急，连清代"四王"之一的王原祁都在感叹：

> 古人长卷，皆不轻作，必经年累月而后告成，苦心在是，适意亦在是也。昔大痴画《富春》长卷，经营七年而成，想其吮毫挥笔时，神与心会，心与气合，行乎不得行，止乎不得止，绝无求工求奇之意，而工处奇处斐亹于笔墨之外，几百年来神采焕然。②

黄公望活了八十五岁，他生命的长度刚刚够他画完《富春山居图》，这是中国艺术史的大幸。

可以说，他活了一辈子，就是为了这张画。

放下黄公望一生的准备不谈，只说画《富春山居图》这七年，他兢兢业业，日日写生，"五日画一山，十日画一水"，如他在《写山水

① 韦羲：《照夜白——山水、折叠、循环、拼贴、时空的诗学》，台海出版社 2017 年版，第 59 页。
② ［清］王原祁：《麓台题画稿》，转引自温肇桐编：《黄公望史料》，上海人民美术出版社 1963 年版，第 50 页。

诀》中自述："皮袋中置描笔在内，或于好景处，见树有怪异，便当模写记之，分外有发生之意。"①

李日华在《六研斋笔记》中记录："黄子久②终日只在荒山乱石、丛木深筱中坐，意态忽忽，人莫测其所为，又每往泖中通海处，看激流轰浪，虽风雨骤至，水怪悲诧，亦不顾。"③

因此，《富春山居图》上，画了十数峰，一峰一状，数百树，一树一态，"雄秀苍莽，变化极矣"④。明代大画家董其昌看到，彻底服了，简直要跪倒，连说："吾师乎，吾师乎，一丘五岳，都具是矣。"这赞美，他写下来，至今裱在《富春山居图》的后面。

在这具象的背后，当我们试图循着画中的路径，进入他描绘的那个空间，我们一定会迷失在他的枯笔湿笔、横点斜点中。《富春山居图》里的那个世界，并不存在于富春江畔，而只存在于他的心里。那是他精神世界的一部分，而不是现实世界的一部分。那是他的梦想空间，他内心里的乌托邦，只不过在某些方面，借用了富春江的形骸而已。

但在他其他山水画中，山的造型更加极端，比如故宫博物院藏《快雪时晴图》卷、《九峰雪霁图》轴，还有云南省博物馆藏的《郯溪访戴图》轴。就说《快雪时晴图》卷吧，这幅画里的山，全是直上直下的悬崖，基本上呈直角。它不像王希孟《千里江山图》那么明媚灿

① ［元］黄公望：《写山水诀》，见《黄公望集》，浙江人民美术出版社2016年版，第27页。
② 黄公望，本名陆坚，字子久，号一峰，又号大痴道人，晚号井西道人。
③ ［明］李日华：《六研斋笔记》，转引自温肇桐编：《黄公望史料》，上海人民美术出版社1963年版，第45页。
④ ［清］恽格：《瓯香馆画跋》，转引自温肇桐编：《黄公望史料》，上海人民美术出版社1963年版，第60页。

烂，不像米友仁《潇湘奇观图》那样如诗如梦，甚至不像《富春山居图》那么温婉亲切，在这里，黄老爷子对山的表现那么决绝，那么粗暴，那么蛮横。他画的，是人间没有的奇观，那景象，绝对是虚拟的。显然，黄公望已经迷恋于这种对山水的捏造，就像夏文彦所说："千丘万壑，愈出愈奇，重峦叠嶂，越深越妙。"①

我们在现实中找，却听见黄公望在黑暗中的笑声。

五

自我们今天能够见到的最古老的山水画——隋代展子虔《游春图》（故宫博物院藏）开始，中国画家就没打算规规矩矩地画山。中国画里的山，像佛塔，像蘑菇，像城堡，也像教堂。古人画山，表现出充分的任性，所以中国山水画，从来不是客观的地貌图像，即使作者为他的山水注明了地址——诸如"潇湘八景""剡溪访戴""洞庭奇峰""灞桥风雪"，也大可不必当真。五代董源《潇湘图》与南宋米友仁《潇湘奇观图》，画的是同一个潇湘（潇江与湘江），却几乎看不出有相同的地方。中国山水画里的山形，大多呈纵向之势，一副"欲与天公试比高"的架势，仿佛大自然积聚了万年的力量喷薄欲出。这样的山，恍若想象中的"魔界"，适合荆浩《匡庐图》、范宽《溪山行旅图》（皆藏台北故宫博物院）这样的画轴，即使像北宋张先《十咏图》、王诜《渔村小雪图》、宋徽宗《雪江归棹图》、王希孟《千里江山图》，南宋赵伯驹《江山秋色图》（以上皆藏故宫博物院）、元代黄公望《富春山居图》这样的横卷，也不例外。如此汪洋恣肆、逆势上

① ［元］夏文彦：《图绘宝鉴》，转引自温肇桐编：《黄公望史料》，上海人民美术出版社 1963 年版，第 36 页。

扬的山形，在现实中难以寻见（尤其在黄公望生活的淞江、太湖、杭州一带），除了梦境，只有在画家的笔下才能见到。

中国古人从来不以一种"客观"的精神对待山川河流、宇宙世界。中国古人的精神世界，没有像西方那样，经历过"主""客"二分，世界没有分裂成"主体"（subject）和"客体"（object）两个部分，而外部世界（自然）也没有成为与主观世界（自我）相对（甚至对立）的概念，不是一个独立于自我之外的"他者"，因此也不仅仅是一个"看"的对象。自然就是自我，二者如身体发肤，分割不开，如庄子所说"天地与我并立，而万物与我为一"，大千世界，变化万千，一滴水、一粒沙、一片叶、一只鸟，其实都是人类感觉器官的延伸。

人类对世界的探索与发现，其实就是对自我的探索与发现。庄子说："朝菌不知晦朔，蟪蛄不知春秋。"朝菌是朝生夕死，所以它不知月（月初为朔，月底为晦），蟪蛄过不了冬，所以不知年（春秋）。他说的不只是自然界的两种小虫子，而是说人类自己——我们自己就是朝菌、蟪蛄，我们所能知道的世界，比它们又多得了多少？当然，庄子不会以这样的虫子隐喻自己，在他眼里，自己是美丽的蝴蝶，所以周庄梦蝶，不知道是自己梦见蝴蝶，还是蝴蝶梦见自己。李白独坐敬亭山，说："相看两不厌，只有敬亭山。"山即人，人即山。这山，不只是敬亭山，而是包括了天底下所有的山，当然也包括南宋词人辛弃疾在江西信州①所见的铅山，所以他说："我看青山多妩媚，料青山看我应如是"，人与自然、"自我"与"他者"，在古人那里，完全是重合的，它们的界限，在古人那里并不存在。

---

① 现为江西省上饶市信州区。

这种"天人合一"的观念，几乎构成了中国古代思想和艺术的核心观念。魏晋时代，山水绘画与山水文学几乎同时起步，历经宗炳、王微，到唐代李思训手里初步完成，引出山水画大师王维，再经五代荆浩、关仝、董源、巨然的锤炼打造，在宋元形成山水画的高峰，有了前面说到的米芾、王诜、王希孟、米友仁的纵情挥洒，有了赵孟頫的铺垫，才有黄公望脱颖而出，历经倪瓒、吴镇、王蒙，在明清两代辗转延续，自然世界里的万类霜天，才在历代画家的画卷上，透射出新鲜活泼的生命感，那"无机"的世界，于是变得如此"有机"，山水画才能感人至深（哪怕倪瓒的寂寞也是感人的），月照千山，人淡如菊，连顽石都有了神经，有悲喜、有力量。

徐复观先生在《中国艺术精神》里说"中国的风景画较西方早出现一千三四百年之久"[①]，相信这只是一种大而化之的说法，实际上，古代中国没有风景画——在古代中国人的心里，山水不只是风景，山水画也不是风景画。风景是身体之外的事物，是"观看"的对象，山水则是心灵奔走的现场——山重水复中，既包含了痛苦的体验，也包含着愿望的实现。人不是外置于"风景"，而是内化于"风景"，身体是"风景"的一部分，"风景"也是身体的一部分、生命的一部分。因此，"风景"就不再是"风景"，中国人将它命名为：山水。山水不是山和水的简单组合，或者说，它不只是一种纯物质形态，而是一种精神的体现。正因如此，在千年之后，我们得以透过古人的画卷，看见形态各异的山水，比如董源的圆转流动，范宽的静穆高远，王希孟的青春浪漫，赵孟頫的明净高古……

在西方，德国古典哲学自十七世纪开始使用"主体"与"客体"

---

① 徐复观：《中国艺术精神》，广西师范大学出版社 2007 年版，第 168 页。

概念。有了"主""客"二分，人类才能"认识世界"和"改造世界"，以研究和改造客观世界为目标的西方近代科学才应运而生，而西方风景画，就是"主体"观察、认识和表现"客体"的视觉方式，所以它的方法也是科学的，比如人体解剖，比如焦点透视。西方的风景画，也美，也震撼，比如俄罗斯巡回画派大师希施金（Ivan I. Shishkin），以生动的笔触描绘出俄罗斯大自然，亦伟大，亦忧伤，但他所描绘的，是纯粹的风景，是对自然的"摹仿"与"再现"。相比之下，中国山水画不是建立在科学之上，所以中国山水画里，没有极端的写实，也没有极端的抽象，它所描述的世界，介于二维与三维之间。

西方风景画是单点透视，无论画面多么宏大，也只能描绘自然的片段（一个场面），中国山水画里则是多点透视——高远、平远、深远的"三远"图式，在唐代就已流行，北宋郭熙说："自山下而仰山巅谓之高远，自山前而窥山后谓之深远，自近山而望远山谓之平远。"① 而这仰望、窥视与远望，竟然可以运用到同一幅画面中。

这是最早的"立体主义"，因为它已不受单点透视的局限，让视线解放出来，它几乎采用了飞鸟的视角，使画家自由的主观精神最大限度地渗透到画面中，仿佛电影的镜头："空间可以不断放大、拉近、推远，结束了又开始，以至于无穷尽，使观者既有身在其中的体验，又获得超乎其外的全景的目光。山水画表现空间，然而超空间；描绘自然，然而超自然。"②

西方人觉得，中国画是平面的，缺乏空间感，岂不知中国画里藏

① ［宋］郭熙：《林泉高致》，见《中国古代画论类编》上册，人民美术出版社 2014 年版，第 639 页。
② 韦羲：《照夜白——山水、折叠、循环、拼贴、时空的诗学》，台海出版社 2017 年版，第 88—90 页。

着更先进的空间感。以徐复观先生的说法，中国画领先西方现代派一千三四百年，又是成立的。但"主""客"不分的代价是，中国人强调了精神的蕴含而牺牲了对"物理"的探索。像黄公望这些画家，一生中大部分时间在云游，但兴趣点，却不在地理与地质。古代中国人的世界观，是经验的，而不是逻辑的；是哲学的，而不是科学的。著名的"李约瑟难题"，即"为何近代科学没有产生在中国，而是在十七世纪的西方，特别是文艺复兴之后的欧洲"，我想其秘密就藏在中国人的思想世界，没有像西方人那样，经历过"主体"与"客体"的分家。这一看似微小的差别，在十七世纪以后被迅速放大，经过几百年的发酵，中国与西方的历史，已判若云泥。

六

关于中国山水画的抽象性，我说得有点抽象了，还是回到黄公望吧。

他究竟是怎样一个人呢？

黄公望的履历，至为简单——他几乎一生都在山水中度过，没有起伏，没有传奇。

他的传奇，都在他的画里。

他一生中最大的转折，出现在四十七岁那年。那一年，黄公望进了监狱，原因是受到江浙行省平章政事张闾的牵连。四年前，黄公望经人介绍，投奔张闾，在他门下做了一名书吏，管理田粮杂务。但这张闾是个贪官，他管理的地盘，"人不聊生，盗贼并起"，被百姓骂为"张驴"。关汉卿的《窦娥冤》里有一个张驴儿，不知是否影射张闾，从时间上看，《窦娥冤》创作的时间点与张闾下狱基本吻合，因此不能排除这种可能性。总之在元延祐二年（1315 年），张闾因为逼死九条人命而进了监狱，黄公望也跟着身陷囹圄。关键的是，正是这一年，元朝第一次开科取士，黄公望的好朋友杨载中了进士，热衷功名的黄公望，则失去了这一"进步"的机会。

人算不如天算，出狱后的黄公望，渐渐断了入仕的念头，只能以两项专业技能为生——一是算卦，二是画画。还有两件事值得一说：首先是他在五十岁时成为赵孟頫的学生，从此自居"松雪斋中小学生"——显然，他上"小学"的时间比较晚，这也注定了黄公望大器终将晚成；其次，是他在六十周岁时，与二十八岁的小鲜肉倪瓒携手加入了一个全新的道教组织——全真教，从此改号："一峰道人。"

诗人西川在长文《唐诗的读法》里说，唐以后的中国精英文化实际上就是一套进士文化（宋以后完全变成了进士—官僚文化）。他提到，北宋王安石编《唐百家诗选》中近百分之九十的诗人参加过科举考试，进士及第者六十二人，占入选诗人总数的百分之七十二。而《唐诗三百首》中入选诗人七十七位，进士出身者四十六人。

据此，西川说："进士文化，包括广义上的士子文化，在古代当然是很强大的。进士们掌握着道德实践与裁判的权力、审美创造与品鉴的权力、知识传承与忧愁抒发的权力、钩心斗角与政治运作的权力、同情—盘剥百姓与赈济苍生的权利、制造舆论和历史书写的权利。你要想名垂青史就不能得罪那些博学儒雅但有时也可以狠刀刀的、诬人不上税的进士们。"[1]

但任何理论都是模糊的，比如黄公望，就是这"进士文化"的漏网之鱼，在这规模宏大的"进士文化"中，黄公望只能充当一个"路

---

[1]　西川：《唐诗的读法》，原载《十月》2016 年第 6 期。

人甲"。而且，在元代，"进士文化"的漏网之鱼，还不只黄公望一个①，吴镇、倪瓒、曹知白等，都未考科举，未当官，王蒙只在朱元璋建立明朝以后当过一个地方官（泰安知州），后来因胡惟庸案而惨死在狱中，他在元朝也基本没当过官（只在张士诚占据浙西时帮过一点小忙）。在道教界，这样远离科举的人就更多，仅黄公望的朋友中，就有画家方从义、张雨，以及著名的张三丰。

尽管元朝统治者希望像《尚书》里教导的那样，做到"野无遗贤，万邦咸宁"，但在帝国的山水之间，还是散落着那么多的"文化精英"。他们不像唐朝李白，想做官做不成（西川文中说李白没有参加科举考试的资格），但他承认自己"我志在删述，垂辉映千春"，心里是想着当官的，这些元朝艺术家，对科举一点兴趣没有，也不打算搭理什么皇帝。所以，清代孙承泽《庚子销夏记》说："元季高人不愿出仕。"这样的一个精英文化阶层，成为元朝的一个"文化现象"，也是"进士文化"传统的一个例外。

由此我们可以知道，黄公望的内心世界，与当了大官的赵孟頫截然不同。当然他们也不是"竹林七贤"，躲在山水间，装疯卖傻；也不像李白，张扬、自傲，甚至有点跋扈。黄公望内心的纯然、宁静、潇洒，都是真实的，不是装给谁看的，当然，也没有人看。

所以，才有了黄公望对山水的痴迷。

他也才因此成了"大痴"。

他在王蒙《林泉清话图》上题诗：

---

① 黄公望未参加过科举考试，有人说他"十二三岁时，就在本县参加了神童考试"，实际上南宋亡国前（景定、咸淳中）已废童子科考试，元初并未恢复，因而黄公望也不可能参加此项考试。至于做官，黄公望当过吏，没有当过官。吏是具体办事人员，没有决策权。在元代，吏与官的区别是很严格的。

霜枫雨过锦光明，

涧壑云寒暝色生。

信是两翁忘世虑，

相逢山水自多情。

他的内心，宁静澄澈、一尘不染。

他的心里，有大支撑，才不为功名所诱引，不为寂寞所负累。

山是他的教堂，是他的宫殿。

是不绝如缕的音乐。

他晚年在富春山构筑堂室，说："每春秋时焚香煮茗，游焉息焉。当晨岚夕照，月户两窗，或登眺，或凭栏，不知身世在尘寰矣。"

现实的世界，"人太多了，太挤了，太闹了。但人群散去，天地大静，一缕凉笛绕一弯残月，三五人静坐静听"[1]，敬泽说的是张岱。

也适用于黄公望。

七

黄公望或许就像《射雕英雄传》里黄蓉他爹黄药师，隐居桃花岛，"桃花影落飞神剑，碧海潮生按玉箫"。巧合的是，黄公望不仅像黄药师那样，有一套庞杂的知识结构，所谓上通天文、下通地理，五行八卦、奇门遁甲、琴棋书画，甚至农田水利、经济兵略等亦无一不晓，亦曾隐居于太湖，而且，也喜欢一种乐器，就是一只铁笛。

---

① 李敬泽：《小春秋》，新星出版社 2010 年版，第 146 页。

有一次黄公望与赵孟頫等人一起游孤山，听见西湖水面上隐约的笛声，黄公望说："此铁笛声也。"于是摸出身上的铁笛吹起来，边吹边朝山下走去。湖中的吹笛人听见笛声，就靠了岸，吹着笛上了山。两处笛声，慢慢汇合在一起。两人越走越近，错身而过，又越走越远，那笛声，在空气中荡漾良久。

黄公望为人，直率透明，如童言般无忌。七十四岁那年，危素来看他，对着他刚画完的《仿古二十幅》，看了许久，十分眼馋，便问："先生画这组册页，是为了自己留着，还是要送给朋友，传播出去呢？"黄公望说："你要是喜欢，你就拿走吧。"危素大喜过望，说："这画将来一定值钱。"没想到黄公望闻言大怒，劈头盖脸骂了一顿："你们敢用钱来评价我的画，难道我是商人吗？"

其实危素虽然小黄公望三十四岁，却是黄公望最好的朋友之一。他曾官拜翰林学士承旨，参与过宋、辽、金三史的编修，他曾珍藏二十方宋纸，从不示人，他向黄公望求画，就带上这些宋纸，因为在他心里，只有黄公望的画能够配得上（《宝绘录》说："非大痴笔不足以当之。"）对危素求画，黄公望从未拒绝，仅六十岁那一年，黄公望就给危素画了《春山仙隐图》《茂林仙阁图》《虞峰秋晚图》《雪溪唤渡图》四帧画作，而且，在画末，还有柯九思、吴镇、倪瓒、王蒙的题诗。黄吴倪王"元四家"在相同的页面上聚齐，这危素的人品，也太好了。

关于黄公望的个性，元代戴表元形容他"其侠似燕赵剑客、其达似晋宋酒徒"[①]。关于他喝酒，有记载说，当他隐居山中，每逢月夜，都会携着酒瓶，坐在湖桥上，独饮清吟，酒罢，便扬手将酒瓶投入

---

① ［元］戴表元：《一峰道人遗集·黄大痴像赞》，转引自［清］孙承泽：《庚子销夏记》，浙江人民美术出版社 2012 年版，第 38 页。

水中。

那种潇洒，有如仙人。

以至于很多年后，一个名叫黄宾虹的画家仍在怀念："湖桥酒瓶，至今犹传胜事。"①

我不知道黄公望的山水画里，包含了多少道教的眼光，但仙侠气是有的。所以看他的山水画，总让我想起金庸的武侠世界，空山绝谷之间，不知道有多少绝顶高手在隐居修炼——《丹崖玉树图》轴的右下角，就有一人在木桥上行走，可见这座大山，就是他的隐居修炼之所。只是在他的大部分山水画里，像前面说过的《快雪时晴图》卷、《九峰雪霁图》轴，看不到人影，到处是直上直下的叠嶂与深渊，让人望而生畏。

假如我们将黄公望的山水画卷（如《富春山居图》《快雪时晴图》）一点点展开，我们会遭遇两种相反的运动——手卷是横向展开的，而画中的山峰则在纵向上跃动，一起一落，表现出强烈的节奏感，如咚咚咚的鼓点，气势撼人，又很像心电图，对应着画家的心跳，还像音响器材上的音频显示，让山水画有了强烈的乐感。

其实，在山势纵向的跃动中，还掺杂着一种横向的力量——在山峰的顶部，黄公望画出了一个个水平的台面。好像山峰被生生切去一块，出现一个个面积巨大的平台，与地平线相呼应，似乎暗示着人迹的存在。这样的"平顶山"，在以前的绘画中虽有出现，但在黄公望那里却被夸大，成为他笔下最神奇的地方，在《岩壑幽居图》轴、《洞庭奇峰图》轴、《溪亭秋色图》轴、《溪山草阁图》轴、《层峦曲径图》轴（皆藏台北故宫博物院）等画作中反复出现，仿佛由大地登

---

① 黄宾虹：《古画微》，浙江人民美术出版社 2013 年版，第 44 页。

天的台阶，一级级地错落，与天空衔接。那充满想象力的奇幻山景，有如为《指环王》这样的大片专门设计的布景。那里是时间也无法抵达的高处，是人与天地对话的舞台。

又俨然一位纸上建筑师，通过他的空间蒙太奇，完成他对世界的想象与书写。又像一个孩子在搭积木，自由、率性、决然地，构筑他想象中的城堡。

西川在《唐诗的读法》中，说唐人写诗，"是发现、塑造甚至发明这个世界，不是简单地把玩一角风景、个人的小情小调"[1]。其实，中国画家（包括黄公望在内）描绘山水，也是在缔造、发明着一个属于自己的世界。他如此肆意狂为地塑造、捏合着山的形状，在纸页上、在想象中，缔造出一种空旷而幽深、静穆而伟大的宇宙世界，并将我们的视线、精神，从有限引向无限。

黄公望笔下的富春山，山峰起伏，林峦蜿蜒，平冈连绵，江山如镜。

那不是地理上的富春山。

那是心理上的富春山。

是一个人的意念与冥想。

是彼岸，是无限。

是渗透纸背的天地精神。

"宇宙便是吾心。"

在高处，白发长髯的黄公望，带着无限的慈悲，垂目而坐，远眺群山。

---

① 西川：《唐诗的读法》，原载《十月》2016 年第 6 期。

八

《富春山居图》，原本是无用师的"私人定制"。他似乎已经意识到，自己将得到的，注定是一件伟大的作品。它在绘画史上的地位，可比王羲之《兰亭序》在书法史上的地位，如明代邹之麟在卷后跋文中说："至若《富春山居图》，笔端变化鼓舞，右军之《兰亭》也，圣而神矣。"

这幅浩荡的长卷，不仅收容了众多山峰，它自身也将成为无法逾越的高峰。所以，他为黄公望提前准备了珍稀的宋纸，然后，耐心地等待着杰作的降临。只是，他没有想到，这一等，就等了七年。

我想，这七年，对无用师来说，是生命中最漫长的七年。想必七年中的日日夜夜，无用师都在煎熬中度过。因为无用师并不知道这幅画要画七年，不知道未来的岁月里，会有怎样的变数。在《富春山居图》完成之前，一切都是那么不确定。为了防止有人巧取豪夺，无用师甚至请黄公望在画上先署上无用师本号，以确定画的所有权。

黄公望似乎并不着急，好像在故意折磨无用师，他把无用师等待的过程，拖得很长。实际上，黄公望也在等，等待一生中最重要作品的到来。尽管他的技巧已足够成熟老辣，尽管生命中的尽头在一点点地压迫他，但他仍然从容不迫，不紧不慢。

此前，黄公望已完成了许多山水画，全是对山水大地的宏大叙事，比如，他七十六岁画的《快雪时晴图》、七十七岁画的《万里长江图》。与《富春山居图》同时，七十九岁时，他为倪瓒画了《江山胜览图》，八十岁，画了《九峰雪霁图》《郯溪访戴图》《天涯石壁图》，八十五岁，画了《洞庭奇峰图》……

他的生涯里，只缺一张《富春山居图》。

但那张《富春山居图》注定是属于他的，因为那图，已在他心里酝酿了一辈子，他生命中的每一步，包括受张闾牵连入狱，入赵孟頫室为弟子，加入全真教，在淞江、太湖、虞山、富春江之间辗转云游，都让他离《富春山居图》越来越近。

《富春山居图》，是建立在他个人艺术与中国山水画长期渐变累积之上的。

它必定成为他艺术生涯中最完美的终点。

于是，那空白已久的纸上，掠过干瘦的笔尖，点染湿晕的墨痕。那些精密的点、波动的抛物线，层层推衍，在纸页上蔓延拓展。远山、近树、土坡、汀州，就像沉在显影液里的相片，一点点显露出形迹。

终于，在生命终止之前，这幅《富春山居图》，完整地出现在黄公望的画案上，像一只漂泊已久的船，"泊在无古无今的空白中，泊在杳然无极的时间里"。

《富春山居图》从此成为巅峰，可以看见，却难以抵达。此后的画家，无不把亲眼见到它当成天大的荣耀；此后的收藏家，也无不把它当作命根，以至于明代收藏家吴问卿，专门筑起一栋"富春轩"安置《富春山居图》，室内名花、名酒、名画、名器，皆为《富春山居图》而设，几乎成了《富春山居图》的主题展，甚至连死都不舍《富春山居图》，竟要焚烧此画来殉葬，所幸他的侄子吴子文眼疾手快，趁他离开火炉，返回卧室，从火中抢出此画，把另一轴画扔进火里，偷桃换李，瞒天过海。可惜此画已被烧为两段，后一段较长（横六千三百六十九厘米），人称《无用师卷》（现藏台北故宫博物院），前一段只剩下一座山（横五十一点四厘米），人称《剩山图》（现藏浙江省博物馆）。二〇一一年，这两段在台北联合展出，展览名曰："山水合璧。"这是《富春山居图》分割三百多年后的首次重逢。

永远不可能与我们重逢的一段，画着平沙秃峰，苍莽之致。当年烧去、化为灰烬的，大约是五尺左右的平沙图景，平沙之后，方起峰峦坡石。吴问卿的后代曾向恽格口述了他们记忆中的《富春山居图》被焚前的样貌，恽格把它记在《瓯香馆画跋》里。

在元代无用师之后、明代吴问卿之前，两百多年间，这幅画过过好几道手，明代画家沈周、董其昌都曾收留过它。沈周是明代山水画大家，明代文人画"吴派"开创者，与文徵明、唐寅、仇英并称"明四家"。《富春山居图》辗转到他手上时，还没有被烧成两段，虽有些破损，但主体尚好，这让沈周很兴奋，认为有黄公望在天之灵护佑，立马找人题跋，没想到乐极生悲，画被题跋者的儿子侵占，拿到市场上高价出售，对沈周不啻当头一棒。沈周家贫，无力赎回，只能眼睁睁看着它渐行渐远，直至鞭长莫及。痛苦之余，极力追忆画的每一个细节，终于在六十岁那年，把黄公望《富春山居图》全图默写下来，放在手边，时时端详，唯有如此，才能让心中的痛略有平复，同时，向伟大的山水传统致敬。

这幅长卷，即《沈周仿富春山居图》，现存故宫博物院。

《富春山居图》，是黄公望用命画出来的，所以它也滋养着很多人的命。

九

我不曾去过王澍设计的富春山馆，但我去过富春江。那是很多年前，我第一次到富春江时，穿过林间小径，看到它零星的光影，待走到岸边，看到那完全倒映的山形云影，猜想着在茂林修竹内部奔走的各种生灵，内心立刻升起一种招架不住的欢欣，仿佛一种死灰复燃的旧情，决心与它从此共度一生。

一个朋友问：

今天的人们，为什么画不出从前的山水画，写不出从前的山水诗？

我说，那是因为山水没了。

变成了风景。

甚至，变成了风景点。

前面说，风景是身体以外的事物，是我们身体之外的一个"他者"。

风景点，则是对风景的商业化。

它是我们的旅行目的地，是投资者的摇钱树。

风景点是一个点，不像山水，不是点，是面，是片，是全部的世界，是宇宙，把我们的身体、生命，严严实实包裹起来。我们存在于其中，就像一个细胞，存在于我们的身体中。我们就是山水间的一个细胞，生命被山水所供养，因此，我们的生命，营养充足。

古人不说"旅行"，只说"行旅"。"行旅"与"旅行"不同，"行旅"不用买门票，不用订酒店，"行旅"是一场"说走就走的旅行"，是在自然中的遨游，是庄子所说的、真正的"逍遥游"。

行旅、渔樵、探幽、听琴、仙隐、觅道，都是生命的一部分。

所以，范宽画《溪山行旅图》。

要画"溪山旅行"，境界立刻垮掉。

"行旅"与"旅行"，见出今人与古人的距离。

黄公望很少画人，像王维所写，"空山不见人，但闻人语响"。

他的山水世界，却成全了他的顽皮、任性、自由。

他的眼光心态，像孩子般透明。

所以董其昌形容，黄公望"九十而貌如童颜""盖画中烟云供养也”①。

但现在，我们不被山水烟云供养，却被钱供养了。

山水被划级、被申遗、被分割、被出售。

我们只是在需要时购买。

雾霾压城、堵车难行，都提升了风景的价值，拉动了旅游经济。

后来我们发现，所谓的风景点，早已垃圾满地，堵车的地方，也转移到景区里。

我们或许还会背张若虚的诗：

> 江天一色无纤尘，
> 皎皎空中孤月轮。
> 江畔何人初见月？
> 江月何年初照人？

心里，却升起一股揪心的痛。

十

空山无人，水流花开。

那空山里有什么？

有“空”。

二〇一七年四月十一日至五月五日

---

① ［明］董其昌：《画禅室随笔》，见温肇桐编：《黄公望史料》，上海人民美术出版社 1963 年版，第 44 页。

家在云水间

我可以是村妇是村姑

也可以是一个侠女　我可以是

采药人　也可以是一个女道士

我以女人的形象走在云水间

以女人的蒙太奇平拉推移

以女人的视觉看时间忽远忽近

——翟永明《随黄公望游富春山》

一

崇祯十六年（1643 年）的春天，晚明名士钱谦益偕柳如是走进拂水山庄观看桃花。那一年，柳如是二十七岁，钱谦益六十七岁。

柳如是一生钟爱自然的声色，风拂竹瑟，月映梨白，都会让她深深地感动。很多年后，她仍不会忘记，那一天，小桃初放，细柳笼烟，她与夫君一步一步，辗转于月堤香径。那桃，那柳，都见证着她生命中最为清宁恬静的岁月。她轻轻踏上花信楼，端坐在窗口，凝望着迷离的春光，心中想起钱谦益《山庄八景》诗中的那首《月堤烟柳》，突然间想画一幅画，把自己最钟爱的时光留住。她索来纸笔，匆匆画了一幅山水图景。

三百七十年后，我在故宫博物院目睹着柳如是的《月堤烟柳图》，心里想着当年的岁月芳华，都是那样真实，仿佛那烟柳风花正是昨日刚刚见到的景物，中间三百多年的流光，根本不曾存在过。

二

在抵达拂水山庄之前，柳如是的路走得太久、太累。

柳如是一生的行脚，几乎都不曾离开过江南。她出生在江南水乡，幼年身世无考，少年时入吴江，被卖到已被罢官的宰相周道登府上做婢女，又做小妾，后被周府姬妾所陷，十五岁沦落风尘，很快倾倒众生，成为"秦淮八艳"之首。

但后人提她、陈寅恪写她，绝不止于这些。

在陈寅恪先生眼里，即使在倚门之女、鼓瑟之妇那里，也存在着"独立之精神，自由之思想"，更何况柳如是的清词丽句，尝深奥得令他瞠目结舌、不知所云。①

"放诞多情""慷慨激昂""不类闺阁"，这是当时文人对柳如是的评价。她常作男子打扮，头罩方巾、一身长衫，于文人的世界中周旋，在她的温婉妩媚中，平添了几许阳刚之气。

---

① 参见陈寅恪：《柳如是别传》上册，生活·读书·新知三联书店 2001 年版，第 3-4 页。

就是陈寅恪所说的"三户亡秦之志"①。

她爱过宋征舆，但那份曾经狂热的恋情却因宋母的强烈反对而熄灭。后来她又爱陈子龙，因为她不仅看上了陈子龙身上的才华，更喜欢他的侠义之气。在松江的渡口，她送年轻俊逸的陈子龙北上京师，参加次年二月的春闱。那是崇祯六年（1633年），帝国正处于风雨动荡之秋，北方的战事糜烂，紫禁城里的崇祯皇帝，神经衰弱得几近崩溃。或许，正是那样的处境，赶上那样的时事，让陈柳之间的那份情，别有一番暖意。

陈子龙没有一去不归，第二年春天，他就落第归来了，这反而让柳如是感到释然。崇祯七年（1634年），离大明王朝的灰飞烟灭还有整整十遍的春秋，柳如是和陈子龙住进了松江南门内的别墅小楼——南楼。白天，陈子龙去南园读书——那座园林，本是松江陆氏所筑，但多年无人居住，已是廊柱丹漆剥落，假山薜荔纵横，看当年与他们同在园中读书的陈雯的记录，觉得那园林的气氛，很像今天的恐怖片。他说："有啄木鸟，巢古藤中，数十为伍，月出夜飞，肃肃有声。猵獭白日捕鱼塘中，盱睢而徐行，见人了无怖色。"

但在柳如是看来，这荒芜的园林别墅，在她的辗转流离中，无疑是一处温暖的巢穴，因为每天晚上，陈子龙读书归来，都在南楼上与她相伴。那段日子，她填了许多词，有《声声令·咏风筝》《更漏子·听雨》等。她在《两同心·夜景》里写二人缠绵之状：

不脱鞋儿，

———————————

① 陈寅恪：《柳如是别传》上册，生活·读书·新知三联书店2001年版，第4页。

刚刚扶起。

浑笑语，

灯儿厮守。

心窝内，

着实有些些怜爱。

缘何昏黑，

怕伊瞧地。

两下糊涂情味。

今宵醉里。

又填河，

风景堪思。

况销魂，

一双飞去。

俏人儿，

直恁多情，

怎生忘你。

陈子龙拾起纸页，笑道："这该是我作给你的啊。"

陈子龙也为柳如是留下很多词，比如《浣溪沙·五更》《踏莎行·寄书》。

但柳如是的词，像这样轻松俏皮的并不多，更多的，总是有着一种莫名的愁绪，就像崇祯七年的春天一样，晦暗不明。

在陈子龙身边，内有正室张孺人不动声色斗小三儿，外有文场小人背地暗算，让他腹背受敌。在家里，张孺人出身大户人家，掌握家庭财政大权，她能接受陈子龙纳妾，却绝不接受一位青楼女子玷污门楣；在文场，许多人对陈子龙又妒又恨，开始风传一些流言蜚语，还有人花钱，让当地官员上奏朝廷，剥夺陈子龙的举人资格，这事，陈子龙自撰年谱有载。

南楼，不是他们在现实中的容身之所，只是现实中的一道幻影。

很多年后，当所有的缠绵都成了陈年往事，内心的伤口长出厚厚的茧子，柳如是翻弄昔日的诗稿，不知会做何感想。

有意思的是，她的诗集，后来恰由陈子龙为她整理编印。不过这些，都是后话了。

三

我见过柳如是初访钱谦益时的小像一帧，的确是一身儒生装束，配她的清逸面庞，倒显得洒脱俏丽。

那一年，是崇祯十三年（1640 年）的冬天。

转眼间，已和陈子龙相别六年。

六年中，柳如是迁延于盛泽、嘉定等地，也几经情感的波折，始终没有归处。

她感觉自己已然老去许多。

不是容颜老了，是心老了。

柳如是最终与钱谦益牵手成功，得益于杭州友人汪然明的牵线。

终于，她乘上一叶小舟，翩然抵达虞山半野堂。

柳如是买舟造访钱谦益，让人想起卓文君夜奔卖酒情定司马相如，那份胆略，自出一途。所幸，钱谦益早知柳如是的才名，对她所作"桃花得气美人中"之句激赏不已。他初时只觉面前的翩翩佳公子骨相清朗，待看到她投来的名刺，又见她落落长衫之下的一双纤纤弓鞋，方恍然悟出面前的少年郎竟是名满江南的柳隐，自然大喜过望。① 这一段旷世姻缘，就这样在崇祯十三年（1640 年）冬天暧昧不明的光线里，尘埃落定了。

很快，柳如是拥有了自己的居舍，那是钱谦益在半野堂边上为她建起的一座新舍，取名"我闻室"。这名字来自《金刚经》，因为经文开头便是"我闻如是"，如是，刚好是柳如是的名字。

此时，距柳如是半野堂初会钱谦益，只过去了一个多月。

柳如是从此有了别号："我闻居士。"

入住我闻室那一天，面对绿窗红舳、熏炉茗碗，柳如是不知都想了些什么。不知她是否会想起，自己十六岁时与宋征舆相见时，宋征舆送她的那一首《秋塘曲》；是否会想起与陈子龙在南楼相别，陈子龙和秦观《满庭芳》而填的那阕新词："无过是，怨花伤柳，一样怕黄昏。"或许，那份曾经的温存与暖意，她都不曾忘记，只是沉沉地压在心底，不愿把它们再翻搅上来。

相比之下，钱谦益的确是老了，燕尔之宵，老钱说：我爱你黑的头发白的面孔，柳如是笑答：我爱你白的头发黑的面孔。这事《觚賸》《柳南随笔》有载，不过这些都是清代笔记，真实性存疑——他们又不在现场，怎知钱柳二人的悄悄话？但不管怎样，"白个头发黑个肉"，从此成为典故，那说笑里，多少也藏着柳如是的辛酸。

其实，柳如是的心迹，在她的诗里写得明白：

裁红晕碧泪漫漫，

---

① 苏枕书：《一生负气成今日》，同心出版社 2011 年版，第 82 页。

南国春来正薄寒。

此去柳花如梦里，

向来烟月是愁端。

画堂消息何人晓，

翠帐容颜独自看。

珍重君家兰桂室，

东风取次一凭栏。

听上去，柳如是并不怎么开心，有了我闻室作安身之所，竟有一脉冰凉自眼角溢出，流过她的面颊。是伤痛，还是幸福的泪水？陈寅恪先生解释说："盖因当日我闻室之新境，遂忆昔时鸳鸯楼之旧情，感怀身世，所以有'泪漫漫'之语。"

或许，出于对出身的敏感，柳如是一生，要浪漫，更要尊严，要一个真正属于自己的、独立的空间，而这，恰恰是宋征舆、陈子龙所不能给她的。这世上，只有钱谦益能给，能够给她一个我闻室、一个像样的婚礼、一个侧室夫人的身份，还有，对一位艺术家的那份欣赏与尊重。

钱谦益，在晚明历史上是举足轻重的人物。他二十四岁中举，二十八岁参加殿试，被定为一甲探花，被授翰林院编修，后来因母亲去世，回乡丁忧，在朝廷坐了十年的冷板凳。公元 1620 年，明神宗万历皇帝龙驭归天，明光宗即位，钱谦益被召回京，官复原职。不料第二年，也就是天启元年（1621 年），又被政敌所害，辞官回乡。崇祯即位后，又召他入京，授礼部右侍郎，很快又成党争的牺牲品，遭温体仁、周延儒弹劾，直到崇祯把自己吊死在煤山上，他再也没有进过紫禁城。

但钱谦益有钱，有才华，有名声，还有两座园林别墅——一座半野堂，在虞山东面山脚，吴梅村、石涛都曾在此住过；另一座拂水山庄，在虞山南坡。这两处林泉佳境，既是他的生活空间，也是他的知识天堂，在品味诗文，或者咏诵唱和间，他面对晨昏昼夜，笑看时空轮转，人们称他为"山中宰相"。

崇祯十六年（1643 年）的秋日里，钱谦益又在半野堂旁，为柳如是盖起一座绛云楼。此楼共五楹三层，楼上两层为藏书之所，楼下一层为钱柳夫妇的卧室、客厅和书房。

此时的钱谦益，既无内忧，也无外困。

而朝廷的形势，却刚好相反。

绛云楼以北，万里关山以外，大明帝国接连丢掉了关外重镇宁远、锦州，辽东总兵祖大寿和前去增援的蓟辽总督洪承畴相继降清，山海关屏障尽丧。绛云楼清夜秋灯、私语温存之时，清军已如浩荡的洪水，冲垮了蓟州、兖州等八十八城。而黄土高原上的那支义军也将俯冲下来，一年多后，就将会师北京。

大明王朝，已入垂死之境，自相残杀的热情却丝毫不减。崇祯在位十七年，却换了十一个刑部尚书，十四个兵部尚书，诛杀总督七人，杀死巡抚十一人、逼死一人，这其中就包括总督袁崇焕。崇祯拔剑四顾，满朝找不出一个他信任的人。

而此时的钱谦益，正携着佳人，一壶酒、一条船、一声笑，归隐江湖。对于那个年代的士人而言，这未尝不是一个最好的结局。

四

假如退回到晚明，我们可以看到许多记忆里的老熟人，正端坐在水榭山馆中，抚琴叩曲、操弦吟词。这里面，有弇山园（小祇园）里的王世贞、乐郊园里的王时敏、梅村山庄里的吴伟业，当然也有拂水山庄里的钱谦益与柳如是。

多年前，我曾有常熟之行，却因行色匆匆，没有看到过拂水山庄，也不知道从前的秋水阁、耦耕堂、花信楼、梅圃溪堂这些园中建筑，如今可否安在。后来从黄裳先生书里看到，他曾经两次去常熟，都向当地人打听过拂水园的遗址，没有人知道。① 他说这话的时候，是一九八三年，如今，已经过去了三十余年了。

所以，那个拂水山庄，对我来说一直是一个神秘的空间，搁浅在十七世纪的光阴里，从未向二十一世纪的我打开。出于对当代仿古建筑的警惕，我再也没去常熟，打探过拂水山庄的下落。今天我能面对的，也只有柳如是在崇祯十六年所绘的一纸《月堤烟柳图》。从这幅图卷上看，这座拂水山庄，沿袭了明末文人空间的质朴风格，房屋建于一个平坦的岛上，有小桥与岸边相通，空间环境几乎被满目烟柳所包围，小岛岸边，停靠着一叶小舟，是为构图的平衡，是空间的延伸，也是她心内处境的写照。

一卷《月堤烟柳图》，让我想起沈唐文仇笔下的文人空间——沈周《桂花书屋图》轴、唐寅《事茗图》卷、文徵明《东园图》卷，都藏在北京故宫。《桂花书屋图》里的书屋，被沈周设置为一个敞开的空间，面对一棵桂花树，还有一条蜿蜒的小溪，屋后，则是青黛的山峦。这幅画中，无论是书屋本身，还是周边的竹篱、门扉，都平朴至极，没有丝毫的声色与嚣张，但它却是那么美，美在建筑与自然、物质与精神的和谐相契。

---

① 黄裳：《绛云书卷美人图——关于柳如是》，中华书局 2013 年版，第 59 页。

假如我们打量元代绘画中的房子，我们很容易发现其中的不同——那个时代的画家，要么借助铠甲般厚重的山石，把屋舍一层层包裹起来（如马琬《雪岗渡关图》轴）要么把房屋安置在半山的位置上，在山崖的皱褶与山树的簇拥中，只依稀露出几个屋顶（如王蒙《夏山高隐图》轴、《葛稚川移居图》轴、《西郊草堂图》轴、《溪山风雨图》册）；甚至更加极端地把居舍托举到了一个不可企及的高度上，与世隔绝（如黄公望《天池石壁图》轴、《九峰雪霁图》轴、《丹崖玉树图》轴和《快雪时晴图》卷）——我甚至怀疑在那样的高度上，是否可以有正常的生活。

后来，所谓"隐"与"显"、出世与入世的对立，就不那么尖锐了。二元选择带来的两难，渐渐被时间所溶解。自在的世界是无处不在的，不一定只有在深山绝谷、寂寞沙洲才能寻到，而士人的内心，也渐渐由幽闭，转向开放和坦然。

在明代绘画中，几乎找不到王蒙、黄公望这样不近人世的孤绝感，也不像倪瓒那样，把人间生活的一切场景全部滤掉。明代风景画上的房屋，大都平稳地坐落在平实的环境中，不一定要置身于奇胜绝险之地，也不需要高墙或者天然的屏蔽把自己遮挡起来，而是门轩开敞，与世界融为一体。在这样的空间里，水自流，花自开，风自动，叶自飘，他们笑纳一切。

所谓"会心处不在远"，他们的目光，已由远方，收拢到质朴、亲切的生命近处，收拢到自己对生命与世界的真实体验中。这里不再是寂寞的江滨，而是温暖的溪岸，让我想起邹静之兄在电影《一代宗师》里写下的一句词：

有一口气，点一盏灯；有灯，就有人。

五

多年前，我从米尔希·埃利亚德的书里读到过这样一段话："在日常住宅的特定结构中都可以看到宇宙的象征符号。房屋就是世界的成像……"① 这让我们对于房子的功能有了新的想象：除了遮风避雨和保护自己以外，房屋还是"世界的成像"。

我对这话的理解是，无论什么样的房屋，对应的都是一个人对世界的想象。一个人在构筑物质空间的同时，也在构筑着他的精神空间。敬文东说："房屋绝不是房屋本身，也绝不只是砖、石、泥、瓦等各项建筑材料按照某种空间规则的完美堆砌。在'房屋'这个巨大而源远流长的'能指'之外，昂然挺立的，始终是它的超强'所指'。"②

很多年中，我都对装修充满热情，好像我的前世是干装修公司的。电视里《交换空间》这类节目，我也兴趣十足。然而，仿佛命中注定，我总是不能在一套房子里住得太久，总是装修了，离开，又装修，又离开。这无疑训练了我的装修技艺和品位，比起那些装修公司的职业设计师也未必逊色。在我看来，装修的趣味性在于，它能够把一个看上去千篇一律、索然无味的毛坯房，变幻成一个唯美的、舒适的、充满个人气息的空间。而过程的艰辛、狼狈、无厘头，不过是让结局更显惊喜而已。甚至朋友的家里装修，我也经常帮忙出主意，只不过花钱，那得别人花。不是我学雷锋，是别人出钱，我过瘾。

---

① ［美］米尔希·埃利亚德：《神秘主义、巫术与文化风尚》，光明日报出版社 1990 年版，第 32 页。
② 敬文东：《从铁屋子到天安门——二十世纪中国文学的空间主题（上）》，原载《阅读》第 1 辑，中国社会科学出版社 2004 年版，第 176–177 页。

读了米尔希·埃利亚德的书，我才知道，我的这种偏执，竟然是"世界的成像"在作怪。那四白落地的毛坯房，就是我构筑自己"世界的成像"的起点，让我按捺不住，跃跃欲试。它们仿佛一张白纸，供我在上面画最新最美的图画，又好似空白的电影银幕，等待着我导演出最好的剧情，只不过电影的呈现有赖时间的流动，而个人的房间要凭借对空间的结构与组合。

皇帝也是一样，只不过他的毛坯房大了一些，帝国、城池，就是它的毛坯房，他内心里的"世界成像"，也就更加壮丽和宏观。回顾中国历史，我们很容易发现，几乎所有令人瞩目的皇帝，比如秦皇汉武、唐宗宋祖，都是伟大的空间梦想家，也是野心勃勃的建筑设计师，在他们的任期内，无不根据他们的旨意，展开了轰轰烈烈的建设运动。

《历史简编》是十四世纪在巴黎出版的一本书，记录了忽必烈汗曾经梦到过一个宫殿，后来他根据这个梦，修建了著名的汗八里——就是元大都（今北京）的宫殿。拉什德·艾德丁在这本书里写道："忽必烈汗在上都之东修建一座宫殿，宫殿设计图样是其梦中所见，记在心中的。"①

四个多世纪后，英国诗人科尔律治梦见了忽必烈的梦，并且在梦里完成了一首长诗《忽必烈汗》，醒来后他依然记得三百多行，这时，一位不速之客打断了他，结果他除了一些零散的诗句以外，再也想不起其他诗句。他有些愤怒地写道："仿佛水平如镜的河面被一块石头打碎，它反映的景象怎么也恢复不了原状。"② 又过了一百多年，一个

① ［阿根廷］博尔赫斯：《科尔律治之梦》，见《博尔赫斯文集·小说卷》，海南国际新闻出版中心 1996 年版，第 554 页。

② ［阿根廷］博尔赫斯：《科尔律治之梦》，见《博尔赫斯文集·小说卷》，海南国际新闻出版中心 1996 年版，第 556 页。

名叫博尔赫斯的阿根廷老头又用这两个相距几百年的梦构筑了自己的小说——《科尔律治之梦》。

忽必烈汗的梦，有人认为是一种心理学的奇特现象，但是在我看来，它刚好暗合了建筑空间的成像性质。

于是，房屋就不再仅仅是遮风避雨的实用场所，也不只是装载梦的容器，它是梦的物质形式，可以体现梦想的形状、质地与方位感。

紫禁城落实的是一个王者的"世界成像"，因此它必须是唯一、宏伟、秩序谨严的，必须把所有人的个性全部吞噬掉。同理，一栋日常的住宅——它的环境、空间、布局、装饰，也是与一个人内心里的世界相吻合，是他心目中"世界成像"的表达。

入明以后，画家不再迷恋深山绝谷，不再用一层层的山峦把自己的内心紧紧地包裹起来。他们的内心不再那么紧张，而是以一种相对松弛的心态，构筑自身与外界的关系。此时，他们的清逸人格，就更多地通过对居住空间的构筑得以表达。不论这样的居住空间坐落在哪里，它都将是"一个自足的摒绝外界联系的隐居天地，不受岁月流逝的促迫，因此可以按照个人理想，像高濂在《遵生八笺》（1591 年序）中所宣扬的，选择最精当的物件来构筑私属的永恒仙境"①。

六

尽管我已经无缘进入钱柳的绛云楼，去参观他们生活空间的内部，但他们生活空间的那份低调的奢华，完全是可以想象的。低调体现在建筑环境上，一定是朴素直率、清旷自然，就像拂水山庄设计者、十

---

① 石守谦：《从风格到画意——反思中国美术史》，生活·读书·新知三联书店 2015 年版，第 282 页。

七世纪早期最著名的园林设计师张涟所追求的，"一花一竹，疏密攲斜，妙得俯仰""窗棂几榻，不事雕饰，雅合自然"①；奢华则体现在布局摆设上，不仅囊括了钱谦益的平生所藏：秦汉金石、晋元书画、两宋名刻、香炉瓷器、文房四宝……

我们可以透过明代画家文徵明的一幅名为《楼居图》的画轴，观察明代文人的私密空间。这也是一座坐落在自然环境中的朴素的居舍，院外有一条弯曲的小河，河上有一板桥正对着敞开的院门，流露出主人对友人造访的期待。院内那座两层高的楼阁，傲然独立于一片高耸的树林上，楼中主客二人正对坐畅谈。阁中设一红案，案上置一青铜古器，旁边堆放着一些书册，屏风后面，露出书架的一角，有书卷和画轴在上面码放整齐，一位小侍童正端着一个托盘，步入高阁，准备为二人奉上酒或者茶。

在这样的文人空间内，来自大自然的瓶花，充当着点睛之笔。

鲜花插瓶，自宋代以来兴盛于士大夫之间。对此，许多宋代文人作品都可以为证，比如曾几《瓶中梅》写：

> 小窗水冰青琉璃，
> 梅花横斜三四枝。
> 若非风日不到处，
> 何得色香如许时。
> 神情萧散林下气，
> 玉雪清莹闺中姿。
> 陶泓毛颖果安用，

---

① ［清］吴伟业：《张南垣传》，见《吴梅村全集》，上海古籍出版社 1990年版，第 1059-1061 页。

疏影写出无声诗。①

扬之水说，形成这一风雅的重要物质因素，是家具的变化，亦即居室陈设的以凭几和座席为中心而转变为以桌椅为中心。高坐具的发展和走向成熟，精致的雅趣因此有了安顿处。② 这一风雅，也一路延伸到明代。这个朝代，为我们贡献了一部专门品藻物质雅俗的书——《长物志》。在这部书里，文震亨不仅以一卷的篇幅谈论文人花木，而且在《器具》一卷中，专设《花瓶》一节，对插花之瓶，一一做出指导，告诉读者什么瓶可以插花，什么瓶不可。我才知道青铜器，如尊、罍、觚、壶，也是可以用来插花的，而且花之大小不限。在我看来，最适合插花的青铜器，应当是形体细长、优雅的觚，张岱给它起了一个好听的名字：美人觚。当然，在这些"专业知识"之下，我也想起一个暧昧的书名：《金瓶梅》。

钱谦益写过《灯下看内人插瓶花戏题》四首，可见绛云楼内人花相照的情景。其中一首为：

　　水仙秋菊并幽姿，
　　插向磁瓶三两枝。
　　低亚小窗灯影畔，
　　玉人病起薄寒时。

除了花朵、美人，墙上的挂轴，也最能暗合居室主人内心的清雅。

---

① 北京大学古文献研究所：《全宋诗》第二十九册，北京大学出版社1996年版，第18569页。

② 扬之水：《宋代花瓶》，人民美术出版社2014年版，第1页。

《长物志》里，文震亨对不同时令挂画的内容也提出不同的建议，比如六月宜挂云山、采莲等图，七夕宜挂楼阁、芭蕉、仕女等图；九十月宜挂菊花、芙蓉、秋江、秋山、枫林等图，十一月宜挂雪景、蜡梅、水仙、醉杨妃等图。①

因此，柳如是《月堤烟柳图》，就像沈周《桂花书屋图》这些明代绘画里的士人一样，纵然在他们的身体与世界之间已经没有屏障，但是，在他们的内心与世界之间，还是有一条线的，只不过那线不再像之前的绘画那样，通过大山大水进行区隔，而是存于他们的心底，是一条隐隐的心灵底线，是文人们的内心品格与操守，明代的画家们，通过居舍中的书卷、文玩、香炉、花瓶、茶具、梅兰竹菊表现出来。他们不是玩物者，那个所谓的"志"，就潜伏在他们心里，从来不曾泯灭。

七

一个人，可以通过物质空间的构成来为他的乌托邦奠基，而物质的空间，也可以界定一个人的身份和命运。比如，在学校的空间里，我们被界定为学生；在写字楼里，我们被界定为职员；在风景旅游点里，我们被界定为游客，而我们所有的故事，都围绕这样的身份展开。

对于柳如是来说，绛云楼既包含了她对世界的设计和想象，也重构了她的命运，甚至重塑了她与世界的关系——

绛云楼里的柳如是，不再是青楼楚馆里的柳如是，不再是南楼里的柳如是，也不再是她为躲避谢三宾纠缠而在嘉兴勺园避居养病的柳

---

① ［明］文震亨：《长物志》，见《长物志·考槃余事》，浙江人民美术出版社 2011 年版，第 84 页。

如是，甚至，不再是我闻室这个临时建筑里的柳如是，她与爱人的关系，再也用不着偷偷摸摸、暗度陈仓。绛云楼重新界定了她的身份——她不仅是一代名士钱谦益的爱妾，而且是一位兼具诗人、词人、书法家、画家身份的女艺术家。翁同龢曾经在《客以河东君画见示，伪迹也，题尤不伦，戏临四叶漫题》一诗的自注中说："在京师曾见河东君狂草楹帖，奇气满纸。"翁同龢为晚清一代书家，他称河东君（即柳如是）的书法"奇气满纸"，柳如是的书法功力可以想见。当代学者黄裳先生也说，她的"诗词都很出色"，而她"漂亮非凡的小札，放在晚明小品名家的作品中……也是第一流的"①。

她爱瓶花，但她不是花瓶。

还是崇祯十四年（1641年）正月初二，拂水山庄梅花开得正艳，钱谦益邀柳如是来看梅。面对那数十株寒香沁骨的老梅，钱谦益作诗《新正二日偕河东君过拂水山庄，梅花半开，春条乍放，喜而有作》：

> 东风吹水碧于苔，
> 柳靥梅魂取次回。
> 为有香车今日到，
> 尽教玉笛一时催。
> 万条绰约和腰瘦，
> 数朵芳华约鬓来。
> 最是春人爱春节，
> 咏花攀树故徘徊。

---

① 黄裳：《绛云书卷美人图——关于柳如是》，中华书局2013年版，第81-82页。

柳如是步其韵，写道：

> 山庄水色变轻苔，
> 并骑亲看万树回。
> 容鬓差池梅欲笑，
> 韶光约略柳先摧。
> 丝长偏待春风惜，
> 香暗真疑夜月来。
> 又是度江花寂寂，
> 酒旗歌板首频回。

这些唱和之作，在拂水山庄之美上，又叠加了一层二人唱和的和谐之美。

在钱柳诗稿中，这样的唱和之作，比比皆是。

至少在诗词上，柳如是可与钱谦益平起平坐。

她与钱谦益，是一种平等的"互渗"关系，相互推动，东成西就。

她美，但她不甘只做被观赏的对象，因为观赏也是一种权利——在男权社会，对女人的观赏更是男人的权利。她曾放言，非旷世逸才不嫁，而且主动投靠钱谦益，都表明她从没有放弃过对男人的鉴赏权。而与她过从甚密的那些文人——张溥、陈子龙、钱谦益，又无不是那个时代的佼佼者。

钱谦益也珍爱这一点，所以他把自与柳如是相识以来的唱和诗作编成一本书，取名《东山酬和集》。

其实，除了她是一介女流，不能去参加科举，不能求取功名以外，她的内心，与士人没有区别，甚至，她内心的境界，比起那些摇头晃脑、大做帖括文章的举子要高出许多。她就像沈唐文仇绘画里的那些高雅文士一样，安坐在一个由自己选定的宁静世界里，坚守着内心的原则，却不孤高、不傲世，甚至，这种对生命的感动、对家园的渴望，与对他人的关爱、对国家的抱负，一点也不抵触，以至于后来，当崇祯皇帝在紫禁城憔悴的花香里奔赴煤山，把自己吊死在一棵歪脖树上，弘光政权在南京搭起草台班子，柳如是虽为一女文艺青年，那一副报国之心，也是一样可以被激起的。钱谦益被这个临时朝廷起用，出任礼部尚书兼翰林院学士加太子太保，她随夫君奔赴南京；当清军杀入南京时，她又劝钱谦益不做降臣，重返山林。她在乱世中把握自己的那份力道，虽不如她在笔墨间那么轻松自如，却依然让人肃然起敬。

绛云楼就像她命运中的变压器，把她从青楼闺阁里的柳如是，变成历史图景里的柳如是。只有在绛云楼里，她才能活成她希望的那个自己——那个最好的自己。

八

清军是在清顺治二年（1645年）的五月初八夜里从瓜洲①渡江的。渡江前，江面上刮起了强劲的西北风，吹得江南的明军士兵几乎睁不开眼睛。等他们睁开眼睛时，看见的却是一副离奇的景象——江面上居然燃起了大火。是豫亲王多铎下令，用搜掠来的门板、家具等扎成木筏，浇上桐油，用火点燃之后，推入江中。这些燃烧的火船，在大风中飞奔着，在江风中越燃越旺，连同它们的倒影，照彻江水，

---

① 今江苏省长江北岸，扬州市南面。

把它变成一条宽广而明亮的光带。此时，长江北岸的清军与南岸的明军已经对峙整整三天，明军的精神已经高度紧张，看见那些火船，明军以为清军已经开始渡江，于是引燃他们的红衣大炮，万炮齐发。夜空中划过弧形的弹道，炮弹落在江里，又爆出巨大的火光。假如那不是战争，我想现场的人们一定会为江面上绽开的神奇的、亮丽的、恶毒的花朵而深感陶醉。

不知过了多久，那惊心动魄的火光终于沉寂下来，江岸陷入了更深、更持久的黑暗，像一片深海，寒冷而岑寂。对于明军来说，刚刚发生的一切，仿佛一场恍惚迷离、不可确认的梦。江面上，不见清军的一兵一卒。他们没有想到，那不过是多铎虚晃一枪。他们已经打完了所有的炮弹，此时，清军准备真正渡江了。

清军渡江时，鸦雀无声，草木不惊。所有人几乎屏住了呼吸，默默地、小心翼翼地潜到长江南岸，等明军发现时，清军已经近在眼前，还没等他们叫出声来，就见一道道白光闪过，在刺透黑夜的同时也刺透他们的脖颈。他们远离身体的脑袋一边在半空中飞行，一边发出一声恐怖的尖叫。

那时，崇祯的哥哥、在南京被拥立为新皇帝的朱由崧，企图凭借长江天堑，守住半壁江山，这个政权，史称南明弘光政权。只是这个新皇帝，丝毫未改这个家族骄淫和变态的基因，在清军渡江的第二天，也就是五月初十的午后，在南京城温煦的春风和迷离的暖阳中，还在大内看了一出大戏。歌舞升平中，南京的官员，没有一人敢把清兵渡江这个破坏安定团结的消息报告给皇帝。

《鹿樵纪闻》说，为清军打开南京城门的，不是别人，正是钱谦益。此书记录的过程是这样的。当多铎率领大军到南京城下，看到城门紧闭，遂命一人上前大喊："既迎天兵，为何关闭城门？"就在这时，一个苍老的声音从城头上传下来："自五鼓时分，已在此等候，待城中稍微安定，即出城迎谒。"清兵问："来者何人？"对方答道："礼部尚书钱谦益！"①

但计六奇《明季南略》则说，多铎到时，是忻城伯赵之龙派人缒城出迎。当赵之龙准备迎接清军入城时，南京百姓在他的马前跪成一片，祈求他不要把清军放进来。赵之龙从马上下来，对百姓说："扬州已经屠城，若不投降，城是守不住的，唯有生灵涂炭。只有竖起降旗，才能保全百姓。"②

清军兵不血刃地进入南京城时的场面，从许多时人的笔记中都可以看到。城破那日，已是五月十五。根据《东南纪事》的记载，多铎穿着红锦箭衣，骑马自洪武门冲进南京城的。赵之龙率公侯驸马、内阁大学士、六部尚书侍郎、六科给事中及都督巡捕提督副将等五十五人迎降。

礼部尚书钱谦益，就跻身于迎降的政府官员中，把屁股翘得老高，头紧紧贴在地上，作叩头状，多铎的马队已驰出很远，仍紧张得不敢抬起头来。

拒不参与迎降的官员也有很多，他们是尚书张有誉、陈盟，侍郎王心一，太常少卿张元始，光禄丞葛含馨，给事蒋鸣玉、吴适，主簿陈济生等。

左都御史刘宗周、礼部侍郎王思任、兵部主事高岱、大学士高弘图等，皆绝食而死；太仆少卿陈潜夫，与妻妾相携，投河而死；后部主事叶汝苏也是与妻子一同溺死。

① 原文转引自黄裳：《绛云书卷美人图——关于柳如是》，中华书局 2013 年版，第 16 页。

② 原文见［清］计六奇：《明季南略》，中华书局 1984 年版，第 217 页。

柳如是对钱谦益说，咱们死吧，钱谦益站到水里试了试，又缩回来，说他怕冷。

其实他不是怕冷，是怕死。他很爱惜生命。

倒是柳如是不怕死，自己要"奋身欲沉池水中"，却被钱谦益紧紧抱住。

那一天，柳如是的心，一定比水还冷。

九

在柳如是看来，即使不死，也用不着去献媚。

甲申国破，文人们又纷纷离开家园，像当年的倪瓒那样，避入山林。其中有傅山、王夫之、顾炎武、黄宗羲、方以智、冒襄、李渔……

张岱，那个曾经极爱繁华、好精舍、好美婢、好娈童、好鲜衣、好美食、好骏马、好华灯、好烟火、好梨园、好鼓吹、好古董、好花鸟的纨绔子弟，历经国变，在五十岁那年避入剡溪流域的山村，拒不与新政权合作。那时，曾历经繁华的他，身边只有破床碎几、折鼎病琴，与残书数帙、缺砚一方，鸡鸣枕上，夜气方回，想到自己平生繁华靡丽，过眼皆空，五十年来，总成一梦，给自己写下悼亡诗，准备自杀。

但他还是活了下来，因为他要把自己经历的历史和历史中的奇谈怪事写下来，于是在我的书案上，有了《陶庵梦忆》《西湖梦寻》《夜航船》《琅嬛文集》《快园道古》等绝代文学名著，我写此文，自然还会找来他花费二十七年时光所写的史学巨著《石匮书》。从他的《石匮书后集》里，我看见了钱谦益的身影，只是翻到《钱谦益王铎列传》那一页，发现竟是个白页，标题下只有一个"缺"字，看来是原稿遗散了，真是无比遗憾。

就像那一页所缺的，在那些入山隐居的士人中，不见文坛领袖钱谦益的身影。

钱谦益正忙着前往天坛拜谒英亲王阿济格。①

那一天，南京城陷入一片凄风苦雨，青色的城墙在雨水的冲刷中战栗着，风挟着雨在黑色的屋顶上咴咴地叫着，仿佛心事浩茫的叹息。从谈迁《国榷》中，穿越那些久远的文字，我终于看到了钱谦益苍老的身影，佝偻着，与阮大铖一起，穿越重重雨幕，去寻找他新的主子，一副丧家犬的模样。到了天坛，他在大雨中等待接见，都不敢往屋檐下挪动半步。

而那个负心人陈子龙，虽手无缚鸡之力，却在这关键时刻挺身而出，在清兵南下时，密谋抗清。顺治五年（1648 年）五月，他在吴县被捕，审讯者问他为何不剃发，陈子龙答："吾唯留此发，以见先帝于地下也。"几日后，他被押解南京，路过松江时，趁守卫不备，纵身跳向水中。

他不怕水冷。

清军后来找到了他的遗体，用乱刀戳尸后，又丢弃在水中。

那一年，陈子龙三十九岁。

钱谦益的降、陈子龙的死，无不让柳如是感到锥心之痛。

十

柳如是不会想到，她所置身的那个帝国，本身就是一座更大的建

① ［明］谈迁：《国榷》第六卷，中华书局 1958 年版，第 6212 页。

筑、一座曲径交叉的花园、一台更加神异的变压器，它让每个人的命运都处于急剧的变动中，不到生命最后，谁也不知道会发生什么。

无论他们所拥有的个人空间能够在多大程度上落实他们的意志，但是，这个空间终归是微小的。这个空间之外的一切似乎都不可掌控，一个更加浩大、多变、迷离的空间，也终将消磨和吞噬他们原有的空间。那个时代的历史叙事，在一定程度上就是依托这两个空间的关系转换来完成的。

关于这两种空间关系的转换，李书磊曾经说过一段非常精彩的话，在这里我只能照抄：

对任何一个社会人来说，有两件事对他拥有决定性的影响力，因而也成为他生活中的基本点，这两件事就是政治和爱情。政治代表公共生活，爱情代表私人生活。这两件事对人同样重要，然而它们在生活中所占的比重却不是平分秋色而是此长彼消的。如果政治的天地大了，那么爱情的领域就必然缩小，反过来也一样。有趣的是，凡是政治在人生活中占重要位置的时候都是出现政治灾难的时候，不是暴虐，就是腐败，或者干脆就是战乱。这时人们不得不用全身心来应付政治，爱情退居于无关紧要的角落。任何时代只要人们不得不全力应付政治，就表明他们的基本生存受到了威胁，政治关系到了人们物质形式的存在。假若苛政猛于虎，兵匪罗于门，国政到了一塌糊涂的地步，人们的生活乃至生命朝不保夕，这时候谁还有心思去歌唱爱情，人们这时候只会无休止地歌咏政治，表达对统治者的怨怒。而如果一个地方、一个时代情歌很兴盛，那就说明此时此地政治的重要性减小了，政治收缩了它的领地，政治退隐了。而政治的退隐恰恰是政治的昌明。爱情是一种精神奢侈品，是人们在生活安全、安定的时候才油然而生的东西，爱情需要时间、需要精力、需要闲适，当然也需要财富；如果爱情成了人们生活的中心事件，那就表明人的生存条件已具有了基本保障，也就是说政治处于正常而良好的状态。①

具体到钱谦益与柳如是，他们"湘帘檀几，煮沉水，斗旗枪，写青山，临墨妙，考异订伪，间以调谑"的那副浪漫与美满，也在政局翻转的动荡中，戛然而止。

没过多久，绛云楼就燃起了一场大火。楼中那些珍贵的书卷册页，像鸟儿张开了羽翼，贪婪地吸吮着火焰。在空气中纷飞翻卷的锦绣册页，如风中的火蝴蝶，如天花乱坠。火焰的灿烂、灼目与邪恶，与清兵南渡时江面上奔跑的火光，好有一比。

绛云楼大火，被称为中国藏书史上一大劫难。

钱谦益自己则说："汉晋以来，书有三大厄。梁元帝江陵之火，一也；闯贼入北京烧文渊阁，二也；绛云楼火，三也。"

有人说，是绛云楼的名字没有起好。绛，是指大红色；绛云，似乎预示了这场大火所升起的红云。

清人刘嗣绾在《尚䌹堂诗集》中写："绛云一炬灰飞湿，图书并入沧桑劫。"

十一

钱谦益向清朝摇尾乞怜，虽换得了礼部右侍郎的官职，但那基本

---

① 李书磊：《重读古典》，中国广播电视出版社 1997 年版，第 16 页。

是一个虚衔。钱谦益北上入京，柳如是没有相随，似乎以此表明她的政治态度。

陈寅恪说："牧斋（钱谦益字）在明朝不得跻相位，降清复不得为'阁老'，虽称'两朝领袖'，终取笑于人，可哀也已。"①

清廷的冷屁股，让钱谦益的热脸变得毫无价值。他终于明白，柳如是的判断都是对的，对柳如是，更多了几分折服。终于，他回到常熟，开始从事反清活动。

转眼到了康熙元年（1662年）除夕，已过八旬的钱谦益在城中旧宅的病榻上呻吟着，突然间想起了拂水山庄的梅花，心知自己无法再去看，叫柳如是拿来纸笔，他要写下几个字。

我不知那一天他都写了什么，只知道柳如是当年画下的《月堤烟柳图》，是他们永远回不去的家。

不知那时，他是否会记起，在《月堤烟柳图》的题跋上，他抄录了自己《山庄八景》里的一首诗：

> 月堤人并大堤游，
> 坠粉飘香不断头。
> 最是桃花能烂熳，
> 可怜杨柳正风流。
> 歌莺队队勾何满，
> 舞燕双双趁莫愁。
> 帘阁琐窗应倦倚，
> 红阑桥外月如钩。

---

① 陈寅恪：《柳如是别传》下册，生活·读书·新知三联书店2001年版，第848页。

陈寅恪先生点评："此诗'桃花''杨柳'一联，河东君之绘出实同于己身写照，所谓诗中有画，而画中有人矣。"

第二年，春天到来的时候，钱谦益撒手人寰。

钱谦益尸骨未寒，钱氏家族的人们就来催逼柳如是这个未亡人交钱交房产，否则就把柳如是和她的女儿赶出家门。面对这一片乱哄哄的景象，柳如是脸上掠过一丝不易察觉的笑，说，你们等等，我上楼取钱。

许久，她都没有下来。有人不耐烦了，说上去看看。推门时，见一白色身影，孝衫孝裙，静静地悬挂在房梁上。

二〇一五年十二月三日至二〇一六年四月一日写

一座书城

一

博尔赫斯在《通天塔图书馆》里设想过一座巨型图书馆，收尽了人间所有的书，而且没有任何两本书是相同的，图书馆配有专职的寻找者，为找到一本书而在图书馆里疲于奔命。人们相信有一本书是所有书的总和，但人们找了一百年也没有找到这本书。

博尔赫斯做过图书馆的馆长，他对图书馆的想象是无穷的。其实，不止一位中国皇帝曾经有过相似的梦想，与博尔赫斯不同的是，他们有能力把梦想变成现实。

永乐元年（1403 年）七月，刚刚登基的明成祖朱棣就决定编纂一部大型类书。朱棣在诏谕中说："天下古今事物，散载诸书，篇帙浩穰，不易检阅。朕欲悉采各书所载事物类聚之，而统之以韵，庶几考索之便，如探囊取物尔。"①

几年之后，书编好了。由于规模太大，难以刻印，所以由三千文士全部用明代统一的官用楷书——馆阁体一笔一画地抄写成书，入藏

① 《明实录》，卷二十，上海书店出版社 2018 年版。

南京文渊阁。这部书被永乐皇帝亲自赋予一个响亮的名字：《永乐大典》。

这部前所未有的大书，总共两万两千两百一十一卷，装成一万一千零九十五册，共三亿七千万字，内容包括经、史、子、集、天文地理、阴阳医术、占卜、释藏道经、戏剧、工艺、农艺，涵盖了中华民族数千年来的知识财富，是我国最大一部类书。《永乐大典》采择和保存的古代典籍有七八千种之多，数量是宋代"四大部书"《太平御览》《册府元龟》《文苑英华》《太平广记》等书的五六倍，就是清代编纂的大型丛书《四库全书》，收书也不过三千多种。《不列颠百科全书》称《永乐大典》为"世界有史以来最大的百科全书"。

英国历史学家加尔文·孟席斯说："当朱棣指示姚广孝率领两千一百八十名学者进行包罗万象、长达四千卷①的百科全书——《永乐大典》的编纂工程时，处于文艺复兴前夜的欧洲，对于印刷术还一无所知，实际上，那个时候亨利五世（1387—1422）的图书室里只有六本手抄本，其中三本还是从修道院借来的，当时欧洲最富有的商人Floretine Francesco Datini 拥有十二本书，其中八本还都是宗教著作。"②

主持编纂《永乐大典》的翰林侍读学士解缙，后来因卷入朱棣之子朱高炽与朱高煦的太子之争而下了诏狱。《明史》曰："锦衣卫狱者，世所称诏狱也。"③ 永乐十三年（1415 年），锦衣卫指挥纲纪向明成祖朱棣进呈在狱囚犯籍册，朱棣看见解缙的名字，问："缙犹在

---

① 孟席斯的数字有误。

② ［英］加尔文·孟席斯：《1421——中国发现世界》，京华出版社 2005 年版。

③ ［清］张廷玉等撰：《明史》，中华书局 2000 年版，第 1561 页。

耶？"① 这话问得有学问，只问解缙还在不在，没说干什么。纲纪心领神会，知道不能让解缙"在"了，回去后，将解缙灌醉，埋在雪堆里，将他活活冻死了。这是一次极具创意的谋杀，死者的身上，没有留下任何凶杀痕迹，看上去极像自然死亡。那一年，解缙四十七岁。

永乐十九年（1421 年），北京紫禁城已经建成，明成祖朱棣派陈循从南京文渊阁里挑选图书精品一百柜，装在十余艘大船上运到北京，入藏紫禁城，《永乐大典》也一同运来，贮存在太和殿广场东侧的文楼（今体仁阁）内。最辉煌的文化工程，就这样与最壮丽的建筑工程，合二为一。

《永乐大典》是明朝编纂的书籍，此外，还有一些重要的图书是宋元的原版书，明王朝攻下元大都时获得了这批古籍秘本，此时皆入藏北京紫禁城文渊阁内，至此，宋代以来皇室旧藏书籍已聚集在北京紫禁城内，其中包括祖制文集及古今经史子集。这一切都被明仁宗时华盖殿大学士、实录总裁官、少傅杨士奇记录在《文渊阁书目》里，证明这不是博尔赫斯式的虚构。

在今天的紫禁城里，我们可以在文华殿后找到一座文渊阁，但那是清代乾隆皇帝为贮存《四库全书》专门建造的，并不是明代的文渊阁。关于明代文渊阁的位置，历史学家们说法不一，甚至有史料认为明朝文渊殿根本不在紫禁城内。于是，那座曾经墨香四溢的文渊阁，就消失在紫禁城的宫阙楼台中，难以辨识了。后来，故宫博物院单士元先生从史料中探寻追踪，终于找出了它的位置："从銮仪卫以西各库直到清内阁大堂，都应属明文渊阁的范围。"② 这一区域的建筑，包

---

① ［清］张廷玉等撰：《明史》，中华书局 2000 年版，第 2739 页。

② 单士元：《文渊阁》，见《单士元集》第四卷，紫禁城出版社 2009 年版，第 171 页。

括銮仪卫库、实录库、红本库、银库等，都是"外部包以砖石结构的楼房""在砖城楼房之西尽头为内阁大堂"①。这与《可斋笔记》中"文渊阁在午门内之东，文华殿南面，砖城，凡十间"②的说法吻合，于是我们知道，明代文渊阁，并不像清代文渊阁那样是一座单体建筑，而是几座砖石结构的建筑群。

明代文渊阁的区域，目前并没有开放，但站在紫禁城东南角楼附近的城墙上（紫禁城午门向东至神武门的城墙已经开放），可以清晰地看见那几座石质建筑，依然如单士元先生所描述的："结构都是砖城形式，门为石梁石柱，铁叶包门扇。楼分两层，上层筑长方洞口为窗，石柱边柱以生铁铸成直棂窗，用以采光通风，又可防盗防火。"③城墙上游人如织，很少有人知道，那里是明朝的文渊阁，在那里，曾有"秘阁书籍，皆宋、元所遗，无不精美，装用倒摺④，四周向外，虫鼠不能损"⑤。只是如今，人已去，楼已空，书不知所终。唯有院子中几棵柿子树，在这深宫里，兀自开花结果，不知度过了多少春秋。假如在秋天，会看到许多通红的柿子，高高地悬在树端，犹如灯笼，耀眼明亮。

---

① 单士元：《文渊阁》，见《单士元集》第四卷，紫禁城出版社2009年版，第171页。

② 章乃炜等编：《清宫述闻》上册，故宫出版社2009年版，第220页。

③ 单士元：《文渊阁》，见《单士元集》第四卷，紫禁城出版社2009年版，第171页。

④ 指蝴蝶装，一种书籍装订方法，始于唐末五代，盛行于宋元，装订时将印有文字的纸面朝里对折，再以中缝为准，把所有页码对齐，用糨糊粘贴在另一包背纸上，然后裁齐成书，翻阅起来就像蝴蝶飞舞的翅膀，故称"蝴蝶装"。

⑤ ［清］张廷玉等撰：《明史》，中华书局2000年版，第1567页。

二

以后的时光里，这项宏伟的文化工程和建筑工程都遭遇了巨大的挑战，变得命运难卜。嘉靖三十六年（1557年），紫禁城燃起大火，三大殿成为一片火海。大火势不可挡，很快向两翼蔓延，存放《永乐大典》的文楼危在旦夕。大火照亮了嘉靖皇帝惊骇的面孔，他连下了三道金牌，命人从大火中抢出大典，于是开始了人与火的赛跑，一阵手忙脚乱之后，终于在文楼被大火吞没之前，大典被抢运出来。

嘉靖皇帝心有余悸，五年后，"殊宝爱之"的嘉靖皇帝决定为《永乐大典》复制一个"备份"，于是下令大学士徐阶、高拱等，招募一百零八名抄写员紧急抄写《永乐大典》。全体抄写人员每人每天抄写三页，历时六年，到隆庆元年（1567年），才将《永乐大典》全部抄完，入藏北京皇史宬。

明亡后，《永乐大典》"永乐正本"去向不明，最大的可能是，它消失在李自成离开紫禁城时点燃的那场大火中，为那场"革命"殉了葬。① 所幸嘉靖"备份"一部副本，使我们今天依然可见《永乐大典》的残卷。

乾隆三十九年（1774年），正在参与编修《四库全书》的纂修官黄寿龄私自将六册《永乐大典》带回家校阅，途中遭窃。乾隆皇帝知道后大怒，说："《永乐大典》为世间未有之书，本不应该听纂修等携

---

① 关于李自成烧毁紫禁城的程度，可参见《朝鲜李朝实录》："宫殿悉皆烧尽，惟武英殿岿然独存。"见《朝鲜李朝实录中的中国史料》上编，卷五十八。张怡《谀闻续笔》亦说："诸官殿俱为贼毁，惟武英独存。"因此无论《永乐大典》正本存于文渊阁还是如学者张升所说的存在古今通集库，都必将葬身火海了。

带外出。"将黄寿龄降一级留任，罚俸三年①，下令全城搜查，风声鹤唳中，盗书者将书抛在御河边，使这部分《永乐大典》未能佚失。

乾隆时代，四库全书馆开馆时，存放在翰林院的"嘉靖副本"还有九千八百多册（仅缺千余册）。只不过这"嘉靖副本"，仅仅在时间中"坚持"了两百年，到晚清，就成了强弩之末，再也无力冲破时间的堵截。咸丰、同治、光绪年代，"嘉靖副本"已被管理人员监守自盗，据说文廷式一个人就盗走百余册。光绪二十年（1894年）六月翁同龢入翰林院清查时仅剩八百余册。到光绪二十六年（1900年）八国联军侵入北京时只剩下六百余册。这硕果仅存的六百余册，又在义和团和清军攻打使馆的战斗中，被付之一炬。国子监祭酒陆润庠从翰林院废墟上捡回六十四册，运回家中，成为《永乐大典》所剩数量最多的一批。

那些被盗走的《永乐大典》，从此开始了在世界上漂流的旅程。《庚辛记事》记载，庚子之年（1900年），北京崇文门、琉璃厂一带的古董店里，"收买此类书物，不知凡几"。革文书坊出售《永乐大典》八巨册，售价仅一吊钱而已。

今天，全世界只剩下《永乐大典》约四百册（八百余卷，均为"嘉靖副本"），分藏在八个国家和地区的三十个机构中（其中国家图书馆一百六十一册，台北故宫博物院六十二册），总量不及全书的百分之四。

三

在雍正皇帝移居养心殿以前，乾清宫一直是明清帝王的寝宫。明

---

① 《纂修四库全书档案》一二七《谕内阁黄寿龄将书携归情尚可原著从宽罚俸三年》，乾隆四十年二月初七日。

朝十四位皇帝，以及清朝的顺治、康熙皇帝，都曾在这里居住、批阅奏章、接见大臣、举行宫廷盛宴。在乾清宫正殿，收藏着两部重要的书籍——《古今图书集成》。这两部《古今图书集成》，一部为殿本开化纸，带红木匣，共五万零一十一册，五百二十函；另一部为石印本，五百三十八函。

《古今图书集成》的主编是陈梦雷。陈梦雷也是一个神奇的人，他神奇的地方之一，是他曾两度被流放到东北。康熙十二年（1673年）春，平西王吴三桂、平南王尚可喜、靖南王耿精忠先后起兵谋反，是为"三藩之乱"。那一年，陈梦雷回福建省亲，被耿精忠强迫加入幕府，他的朋友、同年进士李光地以"父疾"为由得以脱身。陈梦雷于是与李光地密谋，他自己在福州当"卧底"，向朝廷提供耿精忠营垒的情报，由李光地进献给朝廷，同时由陈梦雷主笔，撰写请兵奏稿。但朋友就是用来出卖的，李光地对此深信不疑。李光地不仅贪天功于己有，单独向朝廷上了奏稿，而且当陈梦雷被诬告"附逆"时，李光地竟然装傻，一言不发。愤怒之下，陈梦雷给李光地写了《绝交书》，带着全家，走向他的流放地——东北尚阳堡。①

在荒寒的尚阳堡，他的父、母、妻先后去世，陈梦雷成了一个无家、无国的人。即使如此，在冰天雪地之间，他的世界仍然不是一片荒寒，依然有一灯如豆，在荒原上孤独地闪亮。那盏灯，就是他的读书灯。就在这流放之地，他依然手不释卷，写下《周易浅述》《盛京通志》《承德县志》《海城县志》《盖平县志》等著作。

康熙三十七年（1698年）九月，陈梦雷迎来命运的转机。康熙皇帝巡视奉天，陈梦雷献《神功圣德诗》，康熙皇帝被他的才华所吸引，

---

① 今辽宁省开原市东四十里，一作上阳堡。

将他召回京师。第二年，命陈梦雷入内苑，侍奉康熙第三子、诚亲王胤祉读书。胤祉自幼酷爱学术，精于文学、书法、骑射，任命陈梦雷为胤祉老师，可见康熙对陈梦雷的认可。多年流放，一朝恩宠，让陈梦雷心里萌生了一个宏大的梦想，就是编纂一部超越当下类书的超级类书。

他的梦想得到了康熙皇帝的鼓励，不仅赐给他住宅，而且亲赴陈梦雷书斋，为他亲笔写下一联："松高枝叶茂，鹤老羽毛新。"陈梦雷因此晚年自号"松鹤老人"。自康熙四十年（1701年）十月起，陈梦雷根据"协一堂"藏书和家藏图书共一万五千余卷，开始分类编辑。"目营手检，无间晨夕"，康熙四十五年（1706年），这部书终于修成，共一万卷，定名《文献汇编》。

这套书还没来得及刊印，康熙大帝就撒手人寰。我们都知道，继承皇位的，是"皇老四"胤禛，年号雍正。雍正登基后，对自家兄弟开始进行"政治清洗"，他的三哥胤祉尽管一心编书、无心皇位，仍然被发配到遵化马兰峪为康熙守陵，后来又被夺爵，幽禁于景山永安亭，直到他病逝于斯。身为胤祉的老师，陈梦雷也被裹携入这场皇位之争中，他的命运，几乎是明朝《永乐大典》主修者解缙的翻版。雍正元年（1723年）一月，陈梦雷被流放到更遥远的地方——黑龙江卜魁①，这一年，他已是七十二岁的老人。

陈梦雷走后，《文献汇编》的命运并没有终止，因为它不是陈梦雷一个人的事业，它的上面，承载着康熙，甚至整个王朝的希望。对明清两代统治者而言，一旦铸甲销戈，天下太平，编修一部空前大书的梦想就立刻浮现，因为与建筑比起来，文字更能成为王朝事业的纪

---

① 今黑龙江省齐齐哈尔市。

念碑，既象征着王朝的鼎盛与辉煌，又能被后人永久瞻仰铭记。尤其对于清朝而言，搜集、编纂中华古籍，更能彰显它的文化正统地位，如康熙皇帝所说，"自古得天下之正莫如我朝"。雍正对此，自然心知肚明。

假如说雍正一朝有什么政绩可言，没有因人废掉《文献汇编》或许就是其一。雍正下令由经筵讲官、户部尚书蒋廷锡重新编校已经定稿的《文献汇编》，于雍正四年（1726年）改名《钦定古今图书集成》终于刊印，只不过刊印时，删掉了至为关键的三个字，就是原编者的名字：陈梦雷。

《古今图书集成》刻印地点，在武英殿。武英殿在紫禁城的前朝，与文华殿东西对称，左文而右武。只不过武英殿一直没有担负与武有关的功能，相反成为清代重要的皇家印书处。武英殿刻书在乾隆年间达到极致，其中以《十三经注疏》《二十一史》最为著名，清中叶到近代（中华书局《二十四史》点校本普及以前），武英殿刻印的正史成为学人治学的主要依据。武英殿印刷的书籍，简称"殿版书"。

《古今图书集成》目录四十卷，分历缘、方舆、明伦、博物、理学、经济六编；约一亿六千万字，一万多幅插图，共一万零四十卷，装成五千零二十册，是现存清宫修的最大的类书。该书采撷广博，区分详晰，上至天文、下至地理，中有人类、禽兽、昆虫，乃至文学、乐律等等，克服了以前编排上不科学的地方，如张廷玉所说："自有书契以来，以一书贯串古今，包罗万有，未有如我朝《古今图书集成》者。"有些被征引的古籍，原书在今天早已佚失，因为编入《古今图书集成》，我们才能看见它们的真实面貌。

《古今图书集成》是此前类书《太平御览》的三十二倍，《册府元龟》的十六倍，在中国图书史上可谓浩瀚之作。更值得一提的是，它是全部用铜活字印成的，印制精美，装潢考究，堪称中国古代印刷史上的巅峰之作。

而他的编者陈梦雷，此时正在帝国北方的衰草枯杨间苟延残喘，在此后的史料中，很难寻到他的踪影。他或许并不知晓《古今图书集成》已经印成，带着浓郁的书香墨香，被安放在乾清宫的书格里。假若他知道，一定会面对苍天，涕泗横流。直到二十世纪八十年代，清史学者张玉兴先生才考证清楚：陈梦雷已于乾隆六年（1741 年）死于流放地，终年九十二岁。①

一九三四年，中华书局将《古今图书集成》出版，陈梦雷的名字被郑重印在封面上，此时，距陈梦雷去世，已过去了将近两百年。

四

到了乾隆时代，编纂大书的冲动并未消泯，建造"通天塔图书馆"的工程更加如火如荼。乾隆三十七年（1772 年），安徽学政朱筠上奏，要求各省搜集前朝刻本、抄本，认为过去朝代的书籍，有的濒危，有的绝版，有的变异，有的讹误，因此，搜集古本，进行整理、辨误、编辑、抄写（甚至重新刊刻），时不我待，用他的话说："沿流溯本，可得古人大体，而窥天地之纯。"乾隆觉得这事重要，批准了这个合理化建议，这一年，成立了四库全书馆。

根据张升先生考证，四库全书馆主要有两个办公地点，一处在翰林院，相当于今天安门广场东侧的位置，主要负责勘阅编辑，另一处

---

① 张玉兴：《关于陈梦雷第二次被流放的问题》，原载《清史研究通讯》1984 年第 2 期。

在紫禁城武英殿，主要负责缮写校正。①

乾隆想象中的这部超级大书，志在囊括中国有史以来所有的文化成果，因此首先要展开的是全国规模的搜集旧书运动。之所以要搜书，是因为当时没有图书馆，留存于世间的古代书籍，除了宫廷收藏之外，亦有许多存于民间，尤其是私人藏书家手里。把它们统统搜集上来，才能进行"整理、辨误、编辑、抄写"，编成一部宏伟的《四库全书》。差不多每天都有来自全国各地的图书被运到四库全书馆。四库全书馆不仅负责编书，而且负责烧书，对于具有反清倾向的图书一律烧毁。乾隆三十九年（1774年）开始，在武英殿前立起了一个巨大的字纸炉，大量书籍被扔进其中烧毁，在世间永久消失了。章太炎先生在《哀焚书》中统计，武英殿前烧毁的书籍"将近三千余种，六七万卷以上，种数几与四库现收书相埒"②。吴晗先生感叹："清人纂修《四库全书》而古书亡矣！"③ 武英殿里，《四库全书》正被静静地编成；武英殿外，相当于《四库全书》规模的书籍正在消失。这完全是两种相反的运动，一方面用一座通天之塔把传统文化高高地托举起来，一方面又为它掘了一个墓穴，把它深深地埋藏，就像一个人，在抢救另一个人的生命，同时又想把他害死。这看上去十分荒诞，匪夷所思，但这样荒诞的事就在乾隆的时代里发生着，并行不悖。

《四库全书》注定是中国古代规模最大的丛书，它的规模远远超过了《永乐大典》和《古今图书集成》。"四库"，是指它的内容分经、

---

① 参见张升：《四库全书馆研究》，北京师范大学出版社 2012 年版，第 45页。

② 章太炎：《哀焚书》，见《章太炎全集》第三卷，上海人民出版社 2012年版，第 322-324 页。

③ 转引自李建臣：《换一个角度看〈四库全书〉》，原载《文摘报》2016年 1 月 21 日。

史、子、集四大类;"全书",就是说它是一套很全的书,内容几乎涵盖了古代中国所有的学术领域,全书按天、地、人、物、事次序展开,举凡天文地理、人伦规范、文史哲学、自然艺术、经济政治、教育科举、农桑渔牧、医药良方、百家考工等无所不包,规模宏大、分类细密、纵横交错、图文并茂,成为查找古代资料文献的十分重要的百科全书。

对于当时的士人来说,这无疑是一项纪念碑式的国家工程,因为这一浩大的工程,既空前,又很可能绝后。所有参与其中的人,无疑是在一座历史的丰碑上刻写下自己的名字。这座纪念碑,对于以"为往圣继绝学,为万世开太平"为己任的士人们,构成了难以抵御的诱惑。

因此,"皖派"学术大师戴震迈向"四库馆"的步伐义无反顾。乾隆十九年(1754年),戴震避仇入京,独居在歙县会馆,生活无着。潦倒之际,与纪晓岚相识,纪晓岚欣赏戴震的文采风华,就把这个"盲流"接到自己家中居住,一起谈书论道。戴震把自己所著《考工记图》给纪晓岚看,纪晓岚钦佩无比,帮助他付梓刊印,还为他写了序。后来四库全书馆成立,纪晓岚向总裁于敏中推荐戴震入馆。

在戴震身后,越来越多的士人奔向"四库馆"。当时的大学者,除戴震外,还有邵晋涵、周永年、余集、杨昌霖。徐珂写《清稗类钞》,将他们五人称为"五征君"。戴震不再孤独,"四库馆"里,成百上千的编书、抄书者仿佛潮水,迅速湮没了他枯寂的身影。

每一个朝代都自己的文化梦想,其实每一个人也是一样。尤其在明清之际,文网越织越密,士人的空间,已不似唐宋那样游刃有余。遥远的东北边疆,流放的也不只是陈梦雷一人,如康熙时期的诗人丁介所写:"南国佳人多塞北,中原名士半辽阳。"可见文人流放,也是成规模的，让人想起沙皇时代流放西伯利亚的俄罗斯知识分子。不同国家里的封建帝王，治理思路竟然完全一样。清代《指严笔记》说："清初康、雍、乾三朝多文字狱，往往一字句之细，钩距锻炼，辄骈戮数十百人。锒铛入狱，血肉横飞，其惨酷为历史以来所未闻。"① 在这种气氛下，编纂《永乐大典》《古今图书集成》这些类书，使天下士人可以在皇权的庇护下"安全地"做学问，也给了他们一个将个人的学术生命与华夏整体文脉相联通的机会，也让他们在帝国的事业里，寻找到了个人的快乐。

编纂《四库全书》，犹如当年编纂《永乐大典》《古今图书集成》一样，对于爱书的士人而言，不啻一次精神的狂欢。四库全书馆里，他们屏住声息，目光贪婪地在书页间流连，安静地编辑、勘阅、分校、抄写、装潢，那份安静，掩盖不住他们内心的狂喜。

这快乐，很大程度上是因为这让他们有机会直面古代的珍本秘籍，对读书人而言，这样的机遇可以构成致命诱惑，如总纂官纪晓岚诗中所写，"汗青头白休相笑，曾读人间未见书"。后来写下《清史列传》的沈叔埏，当年进入四库全书馆，一个"不可告人的"目的就是接近那些古代秘籍。在担任武英殿分校期间，他抄了很多书，其中不少是《永乐大典》中的书籍，如《老圃集》《都官集》《东堂集》等②，他看见了文人们从未看见过的书，一笔一画都来得那样真切，仿佛在记忆里复现了曾经消失的刺目繁华。

戴震也抄过不少书，但许多是为别人抄。他自己坦白："予访求

---

① 《指严笔记三则》，见《清代野史》第三辑，巴蜀书社 1987 年版，第 105 页。

② 张升：《沈叔埏与〈四库全书〉提要稿》，原载《图书馆研究与工作》2007 年第 2 期。

二十余年不可得……及癸巳夏，奉召入京师，与修《四库全书》……吾友屈君鲁亦好是学，愿得《九章》刊之，从予录一本。"① 这本出自戴震的"手抄本"，是《九章算术》。

还有人抄书，是为探讨学问。比如翁方纲每天抄录数条材料与丁杰商榷，是因为他正与丁杰补正朱彝尊的《经义考》。周永年也每天抄书，因为他正与桂馥编纂《四部考》。

于是，伴随着《四库全书》编纂的进行，出现了一个"新生事物"，就是《四库全书》的"副录本"。这些"副录本"源于"手抄本"，然后又被再抄，甚至刊印出版。四库全书馆的生产线上，明面上生产着《四库全书》的正文，暗地里却生产着《四库全书》的"副录本"。《四库全书》编到哪里，"副录本"就跟随到哪里，像双胞胎一样如影随形，不离不弃。当乾隆四十六年（1781年）十二月，第一部《四库全书》历经十年而编纂、缮写完成，被郑重地安放在紫禁城文渊阁里，大量"副录本"也在皇城外的琉璃厂活跃招摇，待价而沽。

乾隆四十二年（1777年）秋天，一个名叫丁杰的文人从琉璃厂五柳居借抄了《尚书全解·多方》，是明代《永乐大典》中收录的版本；《四库全书》中全盘照录了《永乐大典》，当然也收录了《永乐大典》中的《尚书全解》，而这《四库全书》中的《尚书全解》，丁杰又在第二年（1778年）八月里在琉璃厂见到，再一次抄录下来。这让他有机会对《永乐大典》中的《尚书全解》与《四库全书》中的《尚书全解》进行比对分析，发现并且修正了很多错误。

于是，《四库全书》，包括《四库全书》中收录的、只有在宫廷内

① ［清］戴震：《戴震文集》，中华书局1980年版，130页。

部才能看到的《永乐大典》，借助这些"副录本"，在宫外广泛传播，被民间文人渴望的目光所看见，又介入了他们的书写，成为新的著述，鸡生蛋，蛋生鸡，往复循环。乾隆、嘉庆年间盛行的以辑佚、辨伪、注释为中心的历史文献学研究以及与之相关的文字、音韵、训诂之学，也因此被推上一个辉煌的高峰，这就是著名的"乾嘉学派"。

固然，有人批评这种琐碎的、烦琐的、没有目的和没有判断的考据学，业已成为一些人标榜智力和卖弄学问的手段，它使知识与思想剥离开来，使知识失去了思想的滋养而变得贫乏，也使思想失去了知识的支持而变得苍白，但是，以戴震为代表的乾嘉学人却告诉我们另一个事实，用葛兆光先生话说，就是"借用知识表达思想的有意识尝试从来就没有中断过"[1]。他们用自己的学术建树，表达了他们重建常识与规则的理性。因此，胡适先生这样评价戴震："人都知道戴东原是清代经学大师、音韵的大师，清代考核之学的第一大师。但很少有人知道他是朱子以后第一个大思想家、大哲学家。……论思想的透辟，气魄的伟大，二百年来，戴东原真成独霸了！"[2]

乾隆四十二年（1777 年），戴震在纂修官任上去世，享年只有五十五岁。十多年后，乾隆读到戴震所校《水经注》，心中突然一动，想了解一下这个戴震。身边的官员告诉他，戴震已去世多年。乾隆掩上书卷，半天没有说话。

很多年后，纪晓岚翻读戴震遗著，心中想念故友，挥笔写道："宦海浮沉头欲白，更无人似此公痴。"

---

① 葛兆光：《中国思想史——七世纪至十九世纪中国的知识、思想与信仰》第二卷，复旦大学出版社 2014 年版，第 366 页。
② 胡适：《戴东原的哲学》，见《胡适全集》第六卷，安徽教育出版社 2003 年版，第 481 页。

五

乾隆四十一年（1776年），第一部《四库全书》缮写完成。这一年，一座绿色宫殿，在紫禁城由黄色琉璃和朱红门墙组成的吉祥色彩中拔地而起，像一只有着碧绿羽毛的凤凰，栖落在遍地盛开的黄花中。它以冷色为主的油漆彩画显得尤其特立独行，显示出藏书楼静穆深邃的精神品质。它，就是文渊阁。

文渊阁是乾隆皇帝下江南时看到宁波范氏家族的天一阁受到启发而建成的。它面阔六间，这在紫禁城内也是绝无仅有的，因为紫禁城内的宫殿，开间全为单数。这是取"天一生水，地六成之"之意，表明它以水压火、保护藏书的意图，而这样的开间数里，也暗含着它与"天一阁"的联系。

文渊阁从外面看是两层，里面实为三层。下层中央明间设宝座，是经筵赐茶的地方，《四库全书》主要藏在上下层的中间三间及中层的全层，其余地方放置《四库全书考证》和《古今图书集成》。如今文渊阁《四库全书》已去了台湾，空留那些金丝楠木书柜，在空空楼阁里发着幽暗的光。这些制作精致的书柜，依旧照原样摆放着，如今已成古物。

当年，中国古代三部皇家巨作——《永乐大典》（收录在《四库全书》内）、《古今图书集成》和《四库全书》，全部在文渊阁里贮齐。文渊阁也因此成为清宫最大的藏书处。这座貌似低调的楼阁，承载了一个帝国的光荣与梦想。那些在大火和灾变中消失的纸页，又随新王朝的建立而再生。一个王朝，不仅是在现实的废墟上建立起来的，也要通过纸页和文字来建立。这是因为文字始终是中华文明的核心，文字的载体——纸，虽有脆弱的一面，在火灾、虫蛀乃至战争面前常常不堪一击，但纸从本质上来说又是强悍的，因为纸源于木（树），木的特质，则在于它的生长性。也就是说，纸张与文字可以消泯，但消泯的一切都将附着在纸页上再生，我们的文明，也因此而生生不息。于是，在宋代"四大部书"、明代《永乐大典》之后，清朝又开始了全新的修纂事业，犹如兑现一个古老的诺言。而《古今图书集成》《四库全书》这类超大型书籍的最终完成，则无疑是为王朝的强盛而准备的盛大典礼。

乾隆编《四库全书》，历史上毁誉参半。为了编《四库全书》，就要搜集天下古籍，再按照统一体例校勘编订，对于"禁书"，则要统一销毁，自乾隆三十九年（1774 年）开始，在武英殿前立起一座字纸炉，不分昼夜地销毁从民间搜来的"禁书"，总量达六七万卷之巨。因此章太炎说，乾隆修了一部《四库全书》，也烧了一部《四库全书》。没烧的古籍，也进行了删削、挖改，使得被编入《四库全书》的古书不复原貌。鲁迅对此痛切地写道，"乾隆朝的纂修《四库全书》，是许多人颂为一代之盛业的，但他们却不但捣乱了古书的格式，还修改了古人的文章"，甚至认为："清人纂修《四库全书》而古书亡。"①

但总的来说，《四库全书》是一项伟大的文化工程，它体现了中华文明的纪念碑品质——博大沉雄，穿透古今。乾隆相信，"知识就是力量"，因此他无比看重这套书的编修，《四库全书》总纂修纪晓岚说他：

巨目鸿纲，皆由钦定，每乙夜亲观，厘定鲁鱼，典学之勤，

---

① 鲁迅：《病后杂谈之余》，见《鲁迅全集》第六卷，人民文学出版社 1981 年版，第 185 页。

实为自古帝王所未有。①

作为中华传统文化最丰富最完备的集成之作，中国文、史、哲、理、工、农、医，几乎所有的学科都能够从中找到它的源头和血脉，几乎所有关于中国的新兴学科都能从这里找到它生存发展的泥土和营养。

乾隆四十七年（1782年），第一套《四库全书》修成，全套三万六千册，被郑重放入文渊阁。美国哈佛大学费正清研究中心主任欧立德（Mark C. Elliott）说："这可能是人类历史上最宏大的手写本丛书。"②

这一刻，无疑是中华文明史上的重要一刻。乾隆在文渊阁设宴，犒赏参与《四库全书》编纂的全体人员。时隔两百多年，我们几乎可以听见他爽朗的笑声。

乾隆皇帝对古代书籍被焚的先例心有余悸，于是又下令为《四库全书》加抄了六个"备份"，心里才算踏实。到乾隆五十五年（1790年），前后七部《四库全书》全部抄完，分别藏在七座藏书阁内，其中四座，分别在北京紫禁城内的文渊阁、承德避暑山庄的文津阁、圆明园内的文源阁、盛京（沈阳）故宫的文溯阁，这"北四阁"，全部在皇家禁地。另有"南三阁"，分别是镇江金山寺的文宗阁、扬州天宁寺的文汇阁、杭州西湖孤山南麓的文澜阁，因为它们都在江苏、浙江，因此也被称为"江浙三阁"。

乾隆或许已经意识到这种宫廷藏书的缺憾，就是它虽然保存了古

---

① ［清］纪昀等：《四库全书总目提要》，台湾商务印书馆1983年版。

② ［美］欧立德：《乾隆帝》，社会科学文献出版社2014年版，第154页。

籍，却同时将知识固化，把它们像货物一样封存于仓库里，与整个社会相隔离。于是，乾隆将《古今图书集成》作为最高奖赏赠给了宁波范氏天一阁等四家藏书楼，"南三阁"也基本对民间士人开放，允许当地士子"就近观摩誊录"，成为公益性图书馆。于是有无数士子，如朝拜一般走进"南三阁"，用手指小心翼翼地捻动书页。这些文人士子中，就有金世宗第二十四代后裔完颜麟庆。嘉庆十四年（1809年），他造访文汇阁的时候，满眼的"名花嘉树，掩映修廊"，让他有了一种梦幻般的恍惚感。很多年后，他在《鸿雪因缘图记》里"回忆当年充检阅时"，仍"不胜今昔之感"①。

由于《四库全书》规模过于宏大，翻检不便，乾隆四十三年（1778年），乾隆皇帝又命令挑选《四库全书》的精华，编定《四库全书荟要》，收书四百六十三种，共两万零八百二十八卷，一万一千一百七十八册，一共抄写两部，一部贮藏在御花园的摛藻堂，另一部贮存在圆明园东墙外长春园内的味腴书屋。

六

当然，如同《永乐大典》一样，《四库全书》的未来旅程同样不会一帆风顺。尤其乾隆皇帝去世以后，虽有嘉庆皇帝苦心维持，但道光、咸丰以后，帝国的气运急转直下，日渐衰微，有太多的灾厄等待着《四库全书》。

咸丰三年（1853年）早春二月，镇江城破，太平军蜂拥而入，一把火把金山烧了。雕梁画栋的镇江、堆金砌玉的镇江，立刻就成了一

---

① ［清］完颜麟庆：《文汇读书》，见《鸿雪因缘图记》第二集，浙江人民美术出版社 2012 年版，第 638 页。

片起伏的火海。文宗阁里那些美轮美奂的藏书和书盒，也被裹挟在火中，化作一缕缕的青烟。之后太平军挥师北向，剑指扬州，文汇阁在炮火与厮杀中化为乌有。咸丰十年（1860 年）李秀成攻入杭州、破江南大营时，文澜阁还安然无恙。第二年，李秀成再破杭州，这一次，文澜阁劫数难逃。《扬州画舫录》里记载的藏书"千箱万帙"的江浙三阁，至此"全军覆没"。

"北四阁"中，圆明园文源阁《四库全书》在咸丰十年（1860年）英法联军侵入圆明园时被毁。联军的士兵们不懂汉字，当然也不懂这些汉字所承载的价值。在他们眼里，它们百无一用。书架被推倒，书册散落一地，乾隆皇帝曾经小心翻动的纸页，被纷至沓来的皮靴反复踩踏着，留下一道道凌乱的鞋印。也有人发现了它的"价值"，把纸页撕扯下来，在寒冷的秋夜里点燃烤火……

其余三套《四库全书》中，沈阳故宫把《文溯阁四库全书》占为己有，由伪满洲国政府封存，日本投降后，沈阳《文溯阁四库全书》回到中国政府手中，后来又藏入甘肃省博物馆；避暑山庄《文津阁四库全书》，一九一五年藏入京师图书馆，教育部佥事鲁迅参加了接收，历尽颠沛之后，一直保存到今天，成为国家图书馆的镇馆之宝；而原藏紫禁城的《文渊阁四库全书》则经历了抗战古物南迁的八千里路云和月，于一九四八年运去台湾，现藏于台北故宫博物院。

除此，还有一套《四库全书》存在人间。

就在杭州文澜阁被李秀成的部队毁坏的第二年，在杭州城西的西溪避祸的丁申、丁丙兄弟，偶逛旧书店，赫然发现了用于包书的纸张竟是钤有皇家玺印的《四库全书》。他们出身书香门第，是八千卷楼（与皕宋楼、铁琴铜剑楼和海源阁合称"清末四大藏书楼"）的主人，一眼就看出那些包书纸，正是落难的《四库全书》。他们大惊失色，于是在书店里大肆翻找，发现店铺里成堆的包装用纸上，竟然一律盖有乾隆皇帝的玉玺。

在那一瞬间，他们意识到，文澜阁的藏书并没有彻底消失。他们决心一页一页地把它们找回来，于是雇人每天沿街收购散失的书页。半年后，他们共得到阁书八千六百八十九册，占全部文澜阁藏本的四分之一。

对于失踪的四分之三文澜阁藏本，他们决定进行抄补。这是没有皇帝发动，而全凭民间文人自觉进行的一次抄书行动。最多，他们取得了浙江巡抚谭钟麟的支持。他们当然知道那个黑洞有多么巨大——那无疑是在他们的天上戳了一个大窟窿，他们要像女娲一样，炼石补天。他们没有丝毫的犹豫，因为他们知道，此时不补，那个黑洞会变得更大，蔓延成伸手不见五指的长夜。丁氏兄弟于是"节食缩衣，朝蓄夕求"，从宁波天一阁、卢氏抱经楼、汪氏振绮堂、孙氏寿松堂等江南十数藏书名家处借书，招募一百多人抄写，组织抄书两万六千余册。《四库全书》在编撰过程中，编撰官员曾将一些对清政府不利的文字删除，或将部分书籍排除在丛书之外，还有部分典籍漏收，丁氏兄弟借此机会将其收录补齐。经过七年的努力，终于使文澜阁之"琳琅巨籍，几复旧观"①。

光绪八年（1882 年），文澜阁重修完成，丁氏兄弟将补抄后的《四库全书》全部归还文澜阁。

这部《四库全书》（即《文澜阁四库全书》），现藏浙江省博物馆。

---

① 陈训慈：《丁氏兴复文澜阁记》，转引自郭伯恭：《四库全书纂修考》，岳麓书社 2010 年版，第 179 页。

七

文渊阁是紫禁城内最大的一个藏书处，除此，紫禁城内存放书籍的地点多如繁星，紫禁城，实际上就是一座书城。其中有一些私密的藏书空间，比如在昭仁殿，就有一个很小的密室，是乾隆皇帝珍爱的善本书室。它有一个好听的名字：天禄琳琅。

乾隆九年（1744年），乾隆皇帝为这间小室题写了"天禄琳琅"匾。"天禄"是指汉代的皇家档案室"天禄阁"，"琳琅"是指宫廷藏书琳琅满目。乾隆说："皇祖（康熙皇帝）在御时，常寝兴于此，予不敢居，因以贮'天禄琳琅'诸善本"，从此创立了内府善本专门书库，"内藏宋、辽、金、元、明版旧书，难得罕睹"[1]。

所谓"善本"，是说内容善，即校勘严格，错字漏字很少的版本，渐渐，年代久远、传世稀少的"珍本"，在概念上也与"善本"合流。简单地说，善本，就是好的版本。

《中国古籍善本书目》把善本的时间界限划在明末（1644年）之前，但"最好的版本"，无疑是宋版书，因为雕版印刷虽然发轫于隋唐，但到宋代才迎来它的黄金时代。宋版书"纸坚刻软""字画如写"，凝结了宋人的审美，体现了宋人的生活状态和美学追求，让宋代的文采风流，在纸页间弥漫流动，尤其北宋刻本，留存到今天的，全世界不到一百本。在当下，拥有宋版书，成为许多藏书家所追求的目标之一。

在我看来，"善"既是对书的描述，也是对书的定性，因为大千

---

① 《国朝宫史续编》，转引自章乃炜等编：《清宫述闻》下册，故宫出版社2009年版，第502页。

世界，万事万物，最美最好的事物，就是书。书之美，不只寄寓于雠校、刻印、装潢的意义上，更存在于书的本质意义中——书的存在本身就是美的（尤其是好书），因为人类的记忆、情感、知识、思想、信仰，贮存于我们的肉身之内，而肉身只是短暂的存在，有了书，它们才找到了长久的贮存器，让人类的记忆、情感、知识、思想与信仰历久弥新，也让不同的思想情感可以交流激荡。因此，书是人的生命的延伸，是我们人类超越自我极限的最佳方式。因此，才有一代代知识精英投身到书的事业中，纵然粉身碎骨，依然至死无悔。

世间有"一页宋版，一两黄金"的说法，当年李自成一把大火，不知烧掉了多少两黄金，那些美轮美奂的纸页，变成了一股股的青烟，就在这个世界上消失了，再也不可能把它们找回来。所以说，黄金可求，而古书难觅。曾为纪晓岚"阅微草堂"题写匾额的清代学术大师桂馥说，这些善本古籍，"藏之一地，不能藏于天下；藏之一时，不能藏于万世"。又说："天下之物，未有私之而可以长据，公之而不能长存者。"他眼里的"公之"，就是归朝廷所有，紫禁城，就是天下古书的最佳存放地，那里最安全，也最能使古书得以"长存"，万载永传。其实，紫禁城的"安全"也是相对的，这世界上就没有一个地方是金石永固、牢不可破的，这座皇家宫殿与世界上任何一个地方一样，也经历着世事的变幻与无常，那一场场把古籍烧净的大火就证明了这一点。更何况，这世界上万事万物，都有生有灭，古书也不例外。纸寿千年绢八百，无论我们怎样不舍，那些书也终有一天会化为尘土，重新融入大地。

但无论怎样，我们看到的事实是，当清朝建立，伴随着大规模的图书编纂，又开始了新一轮的搜求古籍运动。所幸，在民间，依旧散存着许多珍贵书籍版本，于是，很多善本秘籍，又渐渐汇聚在紫禁城中。据于敏中、王际华、彭元瑞等人编成的《天禄琳琅书目》（即《书目前编》）记载，"天禄琳琅"藏有宋版七十一部、金版一部、影宋抄本二十部、元版八十五部，明版两百五十二部，总共著录善本书四百二十九部。

嘉庆二年（1797年）十月二十一日晚上，太监用火不慎，引燃了乾清宫，火势凶猛，很快吞没了乾清宫和交泰殿，与乾清宫毗连的昭仁殿"天禄琳琅"藏书也全部葬身火海。

化为灰烬的古籍中，有许多旷世珍本。比如宋版《两汉书》，就是凤毛麟角的传世名本，董其昌说，宋版书"历来最为人所珍重者有三"，一部是《杜诗》，一部是《六臣注文选》，还有一部就是宋版《两汉书》，这三部书，"鼎足海内者也"。明代王世贞曾用一座花园来换一部宋版《两汉书》，钱谦益也曾花一千二百两金购得此书。但这部珍贵的宋版书，在嘉庆二年（1797年）的那场大火中，永远消失了。

已做太上皇的弘历眼睁睁看着大火夺走了他心爱的名贵古籍，但他不认怂，他不相信幻灭，他像一个不认输的小孩，决定重建乾清宫，同时恢复往日的特藏。短短一年，乾清宫巨大的轮廓又重新屹立在天宇下。"天禄琳琅"的匾额，又重新悬挂在昭仁殿内。古籍善本，又重新汇聚在昭仁殿中。它们的来路，有征集、采购，也有抄没。七个月后，大学士彭元瑞重新编好《钦定天禄琳琅书目后编》，收藏从宋至明的善本共六百五十部，比以往的任何时候都更加宏富。①

《钦定天禄琳琅书目后编》中的古籍，溥仪挑选了最珍贵的宋元

① 这六百多部善本中，有三百多部仍藏在故宫博物院，其余三百余部，被溥仪赏赐给弟弟溥杰，并由溥杰带出紫禁城，经过战争流离，一部分被各大博物馆和图书馆收藏，还有一些湮没无闻。

刻本带到东北伪满洲国，使得国民党逃台时，这部分最好的版本未能带走，今天台北故宫博物院收藏的"天禄琳琅"书目，大多是明代刻本。被溥仪带走的宋元刻本，则在战争中历经流散，现分藏于中国、日本、美国、荷兰、瑞典等国的博物馆、图书馆中，甚至同一部书，都分散在不同国家，比如明刻本《学海》，分藏在十一个国家，加在一起还不完整。一九五九年，故宫博物院院长吴仲超将故宫重新收藏的两百余部"天禄琳琅"古籍一并拨给北京图书馆（现中国国家图书馆）收藏。值得庆幸的是，《钦定天禄琳琅书目后编》所藏书籍，如今能够查到下落的，达到百分之九十。

八

除了"天禄琳琅"这样的"特藏室"，紫禁城里还有一些宫中机构的藏书处，比如在内阁大库，藏有大量明清档案；在国史馆、方略馆、会典馆等，藏有大量宫廷旧档、文件、书籍、舆图等；在太医院，藏有大量医书和医档；在慈宁宫花园，藏有大量佛经，包括《大乘妙法莲花经》《楞罗经》《无量寿佛经》等；在钦安殿、玄穹宝殿，藏有大量道经。

乾隆皇帝居住的养心殿里，正殿悬"中正仁和"匾①，后墙的书格上，储有《宛委别藏》等书籍。嘉庆朝官员阮元在巡抚浙江时，苦心搜访《四库全书》未收之书，先后求得一百七十五种，编成《宛委别藏》，其中包括在中土早已失传的珍本秘籍，如《皇宋通鉴纪事本末》《难经集注》等。《宛委别藏》中，源于宋刻者三十余种，源于元

① 王子林先生考证，养心殿"中正仁和"匾原为康熙所书，雍正八年（1730年）取下，雍正重写"中正仁和"匾，并钤"雍正御笔之宝"印。

刻者十余种，具有极高的版本价值。嘉庆十分看重这部丛编，用夏禹登宛委山得金简玉字之书的典故，将其命名为《宛委别藏》。

养心殿，其实就是一个由书房组成的迷宫。三希堂以北是长春书屋，"长春居士"，是雍正皇帝给乾隆的赐号，再北，是乾隆的小书房无倦斋。如宋代诗人苏舜钦所言："明窗净几，笔砚纸墨皆极精良，亦自是人生一乐。"

在东暖阁西南角上，原来有一小间格，上悬一横额，写着"明窗"二字。这里是乾隆皇帝冬季读书处，冰冷的冬季里，皇帝会窝在这里，沐浴着玻璃窗透进来的阳光，等待春天。每当元旦（即今春节）来临，皇帝都会在这里"明窗开笔"。他面前的案上，屠苏酒的芬芳自金瓯永固杯中漫溢而出，皇帝会亲自点燃玉烛，从熏笔炉上取下毛笔，笔管上镌有"万年青管"或者"万年枝"几字，然后饱蘸朱墨，在朱红描金云龙绢上写下吉语数字，祈祷新的一年政和事理，这是清代皇室迎接春天到来的庄重仪式。

春花烂漫时节，乾隆皇帝喜欢在园林中读书，所以紫禁城四大花园，几乎都有他的读书处——御花园有绛雪轩，福建宫有敬胜斋、碧琳馆，乾隆花园有云光楼、倦勤斋……

或许，在某一天，年迈的乾隆闲览《四库全书总目提要》，目光落在《白云樵唱》集上，这正是明代参与编纂《永乐大典》的"闽中十才子"之一王恭在《大典》编成后功成身退，归隐林泉，在福建七岩山上砍柴度日时写的诗集。三百年前的落山风，直吹起乾隆的缕缕白发，他浑浊的目光也随之明亮了几许。于是，明媚的春光里，他读出这样几句诗：

草径茅扉带软沙，

隔林鸡犬几人家。

青山尽日垂帘坐，

落尽棕榈一树花。

第三辑　风物

等待月亮

常常独自坐在一泓河湾的边缘，等待水乡的月亮。

等待水乡的月亮时，要努力忘记我的等待，这样才能压抑住内心的急迫。于是一面嗅着四月乡间草泽的迷人气息，一面于心底轻唱一曲民歌。若还不来，就再唱上一曲。汩汩水声里的蝌蚪音符，弥溢着节气的残余温馨，应和着，在这江南杂花生树的暮春。星星倒是早早就来做伴了，浮在河面上，莲花灯般地明明灭灭。想起孩提时那支童谣：千个将军一个兵，千个月亮一个星。那时常听老人们在月下说古，听厌了，就赤着小脚踏草跑去，念着那句谣儿，去捉蟋蟀、蚱蜢。童谣里没什么实际意义，不过是短趣而已。月亮是唯一的，所以才神圣。这时，已有一片淡橙的芳香于天空濡染开来，我高兴地眨了一下眼，就在眼皮启阖的回合里，那一轮大月亮，已经从彼岸远处黑魆魆的树林后面，露出了洁丽的额头。那片树林成了布景，成了黧黑的剪影，起伏的树梢看得真真切切。这时彼岸渔家的屋灯一盏一盏相继暗灭，几只麻鸭啊啊地叫了几声，大地就沉寂了。于是那枚月亮，大胆地飞升起来，如同初出闺阁的女儿，迷恋地跑到空旷无人的天地间，舒展动人的姿态。

我动情地，朝月升的方向走去。野渡无人，两岸大片大片的油菜花在月光中现出迷人的柔和。那份暖燠贴着我的肌肤，是无限的舒适。

想想如此佳景只我一人痴痴赏玩，心中又是一种诧异。现代人的心态真是可怕，竟觉得闲闲地喜欢月亮是一种奢侈的行为。却又记起在泰山天街，在北戴河鸽子窝，人们朝拜般地拥向那里，虔诚地等待日出的景况了。于是为月亮鸣起不平来。在人生的旅程中，固然需要日出那种壮丽的感召，可雅致的月出亦是一种至情至性的陶冶呀。观赏日出的佳处当是山之巅、海之角，而月出却无处不美，无论它从河边，从苇丛，从旷野，甚至从古旧老屋的后面，缓缓地升起，都是一样洁丽。它是每日降临于我们身边的幸福，是母亲一般默默的关爱，在我们忙忙碌碌经经营营之后，它是我们心灵的净化器。

依旧地，我朝月升的地方走着。滑过河面的夜风发出细碎的声响，扰乱了月光的阵脚。我停下来，安静地感受着一河粼粼的月光。又俯下身，从芒草中拾起一块石头，朝河当心那枚月亮奋力一掷，咕咚一声，那枚大月亮碎成许多小月亮，水银一般晃动着，又化成片片玉色蝴蝶，翔出水面，朝两岸飞去，栖落在家家户户的窗口，栖落在人们的梦中。

一九九一年四月七日

走进深巷

　　我在杭州的街巷里走，平凡不平淡的杭州街巷。

　　我这个人喜爱漫步，尤其在陌生的城市，仿佛看惯了那独具格调的屋舍，听惯了那醇浓的方言，我便也潜移默化地融为这城中的一分子似的。所以不论走到哪里，哪里于我都会有一种一见如故的亲切，用北京话，那叫"自来熟"。

　　那时我刚从吴山下来。吴山在杭州城南，西湖之西，是一座并不高峻的丘陵，然而林木蓊郁茂密，在晚秋尤见颜色深浅层次分明，偶尔还会意外地遇到一所庐寓，也别有几分意境，是恋人和诗人的好去处。我沿阶而下，天并不晴朗，料糙的石阶上零星地溅着点点湿泥。走不多久，就见到民居了。房舍依山而建，排列在石阶两侧，高低错落得极有节奏，使我恍若置身山城重庆。便极有兴致地走下去。

　　到了四牌楼，脚下渐成平地了，市声亦异常清晰起来，一位妇女扎着围裙从一木板楼的二楼窗口挑出一竿新洗的衣裳，一位老人戴上老花镜坐在檐下阅读一张晚报，平凡的生活，熟悉的场景，一下子缩短了我同杭州人的距离，使我这个漂泊的人产生了一种归家的感动。

　　街已很老。有多老？至少比这条街上最老的老人还老得多。不要说这街了，就连街两边的房子，有些也是顶老的古董。

　　临街的屋么，多为木屋，当中有些是店铺。朝街的铺板承受了太多风雨的冲刷，已苍老得现出出土古画般的赭色了。挤挤挨挨的瓦楞木屋，含蓄了山的苍黛，海的灰蒙。从店铺间踱着慵懒的步子而过，不管你买不买东西，店铺的主人们都会同样热情地招呼你。常是些上了年岁的，踱进小吃铺去，呷壶米酒，或吞几个热乎乎的宁波汤团，再打着嗝儿出来。这样的吃铺，是炉灶在外桌凳在里，店主如当街的小贩们一样，面对过街的行人表演她们的技艺，便有白白的蒸汽从漆黑的锅里腾起来，弥漫了半条街。

我在城隍牌楼巷就寻了一家这样的吃铺，走进去，叫了一碗热馄饨，附加一小碗蛋皮鲜汤。因为贪吃，不知这店日后还要与我结笔墨因缘，所以连字号亦不记得。坐在方桌旁等候时，外面下起了细细的雨，便有些许红红绿绿的雨伞从门口匆匆飘过。馄饨上来了，热气腾腾，肉香四溢，皮薄得几近透明，可望见里面的嫩馅。一口咬上，卤汁溢出，其味鲜美，连烫嘴也顾不得了。蓦然抬眼，见老板娘正和蔼地望着我笑。

吃罢，我没顾忌那蒙蒙细雨，走进深巷，天色已暗了。走出巷口，是中山南路，有电车从面前慢吞吞地驶过，又消失在雨幕深处。店铺尚无打烊之意，杭州的夜生活才刚刚开始。

那晚本想去柳浪闻莺坐坐，兴致若起还可摆渡到小瀛洲去，在那儿登岸听几出古戏，却只在街巷窜来窜去，灯火中的一条条老街，亦是一种种风情。

那晚我在杭州的街巷里转了半夜，平凡不平淡的杭州街巷。

一九九一年十二月一日

226

九溪梦寻

走过九溪十八涧的时候，我感觉自己用的不是双足，而是心。

告别龙井村就没再回头，因为那幽幽的茶香还在我的喉咙里缭绕，我想到自己已把龙井村烙在心上了，带走了，于是只想唱一支歌。抬头望望青翠的群山，群山也正沉默地注视着我。

渐渐，我发现那条村路已变成一条野径，四周有草、有花，只是不见人踪。只有风始终陪伴着我，那风如缕般抽出，使山野弥漫了一层湿润的凉意。听清寂的山音，我感到一种心灵的超脱、轻松和自由。我的足音不绝如缕，如一串音符，每走一步，便振动心的一个簧片，奏起一支悠扬的短歌。我的内心沉浸在这短歌中，却又怕它敲碎了这一份宁静——这一份，此刻由我独享的，宁静。

溪从丛林中钻出来，第一次挡住了我。溪薄如纱，贴着她柔滑的肌肤的，是许多卵石的项链。过溪的时候，本想掬一口溪水，却又担心脚下滑滑的石头会使我跌跤。这时有野鸽掠过我的肩头，振翅飞去，如满眼飘飞的期待。

我的目光一直注视着周围的山树。山很高，从我此刻的视角看不到偏西的太阳，只可看见夕阳已将大山的轮廓镀得金光闪亮，与逆光的山树在色调上形成了鲜明的反差，宛如一幅生动的套色木刻。不知怎的，我想到了生命的神秘与崇高，而我的旅行，不就像神秘的生命之旅吗？前途美而未知，吸引着我不顾疲劳，虔诚地，如约而往。

　　这样，我一直沿着这条路踏歌而去，一如生命的义无反顾。小溪一次次前来迎接我，每过一条溪，我便默默地将里程记在心里。那些溪都极美，依偎着青枝绿叶。安然恬静如世纪初那些闺阁里的淑女。溪流九曲回肠般流向我思念的河床。我丝毫未感到孤独。望寂寞的岸芷汀兰，我得意于自己的潇洒。

　　不知行了多久，我听见一阵短暂的哒哒声，我心怦然一动，便狐疑地屏息细听，果然，那是机帆船的马达声，隐隐地，穿过暮霭，绕过山梁，从听觉的极远处荡来。我惊喜地挥舞起衣衫奔跑起来。当我把蜿蜒的记忆抛在身后，一条大江豁然展现在我的眼前。

　　啊，那是怎样宽阔的一条江啊！江水翻腾着，被夕阳燃烧着，江鸥翩飞的远处，正敲响一串沉洪的钟声。

　　如果说九溪是追索中一首回肠荡气的提琴独奏，那么此刻的钱塘江，便是生命中那苦苦寻求的交响乐章！

一九九〇年十一月二日

228

听　雨

不会忘记坐在西湖的船上听雨时的那种感觉。细而长的木舟在湖心荡着。西湖迷蒙得像披着洁白面纱的少女。晶亮的雨丝落入湖面，那声音只在有无之间，像宁静的夜晚听山里的流泉，却比流泉更空远，像我枕石而眠时落花的扑簌，却比落花更缠绵。那是一种丰富而有层次的微响，是隔着幽幽的梦传来的爱人含蓄的低语。

那微响、那低语，从深沉的湖上荡开，从空寂的湖上荡开。围拢着我，触摸着我，使我的心也那么恬淡沉静。那雨声是蓝色的，一种淡蓝，像头上初雨未晴的天。

风把一些雨沫吹在我脸上，好凉，好爽。远远望去，那断桥、那白堤、那孤山，全成了淡得不能再淡的写意水墨，比风和日丽时更具几分神韵。雨滴敲打在木舟的篷顶，成为湖面上那空远而缠绵的抒情曲的伴奏，其声响是一种空洞的幽响，使我想起灵隐寺和尚的木鱼。

西湖的雨声又是一种奇妙的造化了，可见西湖之无时无处不美。你如去品，悉心地，这雨声比你坐在酒店的咖啡座里聆听柔曼的钢琴曲更有情调。

雨声中你会忘记一切烦愁忧惧，整个心灵都会清洁轻松起来。那时我便是如此。那时我只遗憾身边没有一本诗集，供我在那特定的时空里，细细地品读。

那时我只想读诗，在西湖的舟中，在雨里。

一九九〇年十二月二日

未名湖

我应潋滟的湖波之约，在夜里，来了。

她在此等待了多少时辰，日月轮回，竟始终沉静温雅。我来时，她竟也凝神屏息。北方的夏夜风凉沁人，月光如水，深蓝高远的天空上游荡着一朵朵丰满的铅黑的云影。于是她的眸子愈发蒙眬，黑亮黑亮的，水中那枚月亮原竟是她的瞳孔，害羞地张望世界，与天上的寒蟾相对视。

岸边生有许多绿草，环绕她编就夏季的裙裾。我坐在离她不远的一条长椅上，白昼生活的喧闹和张皇在我头脑里慢慢飘散净尽，从她那不辨今古的淡蓝与宁谧之中，寻就一丝淡泊。我独坐良久，直到我感觉我连同这湖在一片漆黑中一同不存在了——二者连同四周团团黑的树影乃至天宇闪烁的星阵融为一体，我才慢慢立起身，坐到岸边的峋岩上，伸条腿在水里。起初，只觉得如恋人的绸裙那般凉滑，迟疑地，一丝暖意终浮上来，滑润的空气围绕在她身边一如香脂，我便又感到自身的存在，闻得她轻柔的鼻息。她确确实实还甜柔在那里，如我久别的情人，带着深蓝的夜的微笑。

于是我的心亦安详了，抬起头望那轮月正如一只金甲虫沿高远的帷幄爬得更加高远，俯视这汗水，她眼神更深邃。在这般情调下，何必去想白日里争吵不休的生之可悲，死之可叹，其实生命本身不就如

231

这汪湖水一般，只要你冷静潇洒地审视她，她便原本坦荡美丽，任你去从容消受她好了。未名湖被世界所拥有和深爱，纵然再这样浮波千年也不会寂寞。深的湖，使眼泪多么微不足道。

少女的歌声自夜深处漂漾于湖面，丝丝散尽，化为轻扬，歌声和风摇荡着湖波睡意的甜蜜。我也睡意渐浓，恍惚中听到天鹅的几下拨水声，猛然惊醒过来，湖面夜色缭绕，原是月亮在水面上游。

于是，我轻轻念了声：美丽的未名湖，晚安！

一九八八年八月一日

荷花淀一夜

　　夜里有风，初夏的夜风带着水的沁凉，凉凉地滑进心窝。可我还是把门开着，门开着，躺在床上就可以看见月亮，看见反射着细碎月光的水面，和水面上很诗意的荷叶。

　　歌筵已散。伙伴们偎在一起，望着亭亭的夏荷，轻吟一曲《弯弯的月亮》的那份感动，已经消散在潮湿的风里。天地之间于是很静，静得可以听见思维沉淀的声音。

　　离自然越近，心灵的感受越是醇和。这是一位作家的话。此刻，那一片荷叶，正被月光勾勒出一轮亮亮的银边儿，静静地伸展着她们青春的姿容，静静地体味她们青春的感觉。盛放的日子还远，在夜的温柔的包容下，生命正在酝酿着一种芳醇的变化，一种未能预知的骚动。这份安静而甜蜜的酝酿，这份在生命里贮藏已久的盼望，在如此美好的夜里，是多么的不易察觉。

　　风把那些硕大的荷叶的一角掀得老高，如同少女飘扬的裙裾。还有雨，雨也来了。还有刚刚开始的沧桑。

　　虔诚地等待着生命中的辉煌，这淀里的荷花，一如我虔诚地等待，一个水色的黎明。

一九九二年六月九日

233

荆轲塔下

在易水河边睡了一夜，却怎么也睡不沉。我知道有股什么力量隐隐地在召唤我，于是早早爬起来，急着去印证一个早已留存于我心间的征象。

先是经过几道田垄，爬过一道漫坡，空气中散发着潮湿的香气，太阳还没有出来，远处的村落和田野此刻安详得如同睡熟的孩子。山路边还时常闪现出一些野生的蘑菇。半小时后，一座高塔，便赫然出现在眼前了。

这是为祭悼一位先人而造的塔。塔的周围散布着三块石碑，其中一块已颓倒在荒草之中。石碑上镌刻的字迹大都被岁月磨蚀，已无从辨认建塔的年代了。然而，我的手抚摸着青色的碑石，抚摸着那些模糊了的凹字，心中却升起一种难以表达的冲动。

我不知此种情感来自何处。是想隔着漫漫的岁月和古人交流吗？还是在思考着，直到今天，人们还不忘却那位古代英雄的缘由？

塔共十三层，立于这个绿茵覆盖的矮丘上。塔壁斑驳，这或许得归罪于修缮的不尽人意。但是我想，残损本身也是一种美。假饰天真是最残酷的自我糟践，很难想象一位历经沧桑的老人还会像初生的婴儿一样无忧地微笑。荆轲便是从一个悲剧的时代走过的，然而正因为有了悲剧，才有了悲壮，才有了崇高。清风拂过的当儿，塔角的风铃正传达出和旧日一样悦耳的脆响。

易水河在远处静默地流着，在蓝天的映衬下，像一条素白的绸带。当年荆轲就是涉过这条河，西去刺秦王的。我走到岸边，极目眺望远处黛青的山影，第一次感到和历史相距这么近，甚至可以听到祖辈的呼吸和心跳。我感到那种生生不息的力量，正于瞬间传遍我的每根神经。正是这种力量的精粹，挟带着中国，从远古走到现代。

荆轲塔即便倒塌了变成废墟，齑粉中也会凝有岁月坚硬的断柱和残片。

一九九〇年九月十一日

长城过客

你一个人沿着长城的颓垣在走。

晚秋的山坡上，嫩黄和墨绿的植被编织出硕大无边的毡毯，一直铺展到天边。每隔三五步便有一棵枫树在山坡上炸开，远远望去，密密麻麻一片耀红，色彩浓郁如梵·高激情飞扬的油画。你一只脚踏着城墙的垛口，肘依在膝上，头支在肘上，视线到了双脚难于到达的极远处，思绪也尾随到了那里。视野尽处，山如淡色水墨，长城细如青蛇，蜿蜒而上，蜿蜒而下。

站在高高的烽火台上，回首来路，你不禁惊出一身凉汗。山极陡。长城也极陡，最陡处有六七十度。百米开外的城墙，即跌于深谷之中。而你立于峰顶，恰似悬于半空。昨夜居住的那个铁轨边上的石屋石院，早已隐于群山之后。攀登不是件轻松的事，你想象着先人当年是如何一钎一钎地在坚硬的山石上打出地基，如何一砖一砖地完成这大气魄的工程，心里别有一种感动。风很硬，在耳畔呼呼作响，声如扯锯。你便有了一份苍古的感觉。

长城确是苍古。这里地处居庸关以西百余里，城体为明代所筑，一色儿的青砖砌成。年久失修，已呈残颓之势。有的城垛裂出胳膊粗的缝隙，荒草便见缝插针，萧萧而立，蓬勃健美。有的地方，半壁城墙已成废墟，你只好贴着另一侧，屏息而过。低头，透过那些碎石残瓦，可见当年的基石，还有裸露的黄土地；抬头，天高云淡。

只有长城才配拥有这样的天空。那是一种滤去了任何杂质的纯蓝。仰面躺在长城的脊背上，一任视线高高飞翔，你懂得了什么叫作寥远。时间与空间在你的脑海里，就像这天空，这城墙一样，无止境地延伸着。你就想永远躺在这里，千年万年，可你只能躺上一阵子，这就够了，因为你已体验到了永恒。

四野无人，亦无人声。硕大无边的空间里，不见任何别的人影。你可以坦然地放纵自己，可以无所顾忌地思想，可以吼。按说已是旅游季节了，八达岭和慕田峪正游人如织，可没人到这里来。躺在天地之间的你感到庆幸，但也为他们遗憾。

你听到一种声息在响，似乎是草籽在裂壳坠落，似乎是昆虫在噬咬，良久，你发觉是你的心在跳。靠近长城，你无法保持平静。它高高耸立在山梁上，使你觉得它像一位年迈的将军，他的背弯了，白发飘飘，目光浑浊，但他的刚毅自信却如同他辉煌的过往一样，深嵌在骨子里，渗透在每一个细胞中。那才是亘古不变的。

你立起身，没有去拍背上的浮土，继续沿古长城的颓垣走。

西斜的太阳在山梁上拉长了长城的阴影的时候，你遇上了两个人，两个金发碧眼的小伙子，戴着太阳镜，穿着镶了铜片的牛仔裤。一个从以色列来，一个从加拿大来。他们居然也到了这里，和你不谋而合。你很好奇，便用英语和他们交谈。从残破的城墙中，他们看到了美，一种残损的美，就像米洛岛的阿芙萝黛蒂。然而有些东西他们是看不见的，只有中国人咂摸得出长城的滋味，体会得到长城背后的大悲喜，你想。

一九九二年十月二十一日

乡村体验

秋天的第一阵风把我刮到山里，说不清为什么，也许是生命里的一次约定。

小站很小，小得无法在记忆里为它安顿一个位置，如同它无法在地图上占据一个位置一样。简陋的站牌上用粗黑的姚体写着一个什么地名，什么"庄"或者什么"店"的，反正都一样，我去过许多后来想不起名字的小地方，太普通了，也就不必去想什么特色。

火车一阵风一样地旋过去了，丢下几个人，在站台上，呆呆地相互望望，就挑篮担担，各走各的路了。

向卖茶叶蛋的老太太问了路，就向着没有人的地方行去了。

是想出长城了，想循着长城，到塞外去看看，看看秦始皇以前的中国。

那是我本来的念头，这种念头支撑着我，从乡野的艰苦旅行中呷摸出快乐。那至少是十年以前了，那时的心气儿，今天怕是难有了。

塞外的草原像无边的海水，我的梦裹不住它。

都市生活就像冲了好多遍的茶水一样越来越没滋味了。有文化的人总是喜欢到荒蛮的地方去，比如青藏高原，或者西北大漠，那里一定藏着什么，我说不清楚。可是我一样地，为着一个小小的奇想，就义无反顾地远行。农耕民族的历史之外，游牧民族的烈马与苍鹰让我感动。我无力抵达那很远的地方，只想略微感受一下长城是怎样将两种社会生态环境切割开的。

通火车的地方还算不上荒蛮，我觉着不过瘾，就坐着马车向更远僻的地方去了。

山里的风十分粗粝，像砂纸，把秋日阳光打磨得如青铜般明亮。我被吹得满嘴沙土，心情却一直明快鲜丽如晾衣绳上农妇们新洗的衣裳。我就在秋日的山风里一路走下去，落脚点由县里、乡里的招待所向农家转移。端来磕掉了釉的脸盆涮一把毛巾，水的浑浊足以映出我疲惫的容颜。

城里的姑娘们执迷于各式各样的超短裙的时候，山里已是秋凉沁人了。昨天疲累已极的我在夕阳衔山的时候就昏昏睡去，在一家农户的西厢房和衣而卧，身上压着沉重的棉被，夜半醒来，依然浑身瑟缩。跑到野地里浇一泡尿，树丛间的月亮更透露出无限寒意。第二天清晨洗脸刷牙时，井水的冰寒深深地扎入我的骨髓。

我怀抱着回归自然回归历史的非分之想，曾经希望乡村静好如东晋的桃源。我是在大城市的柏油马路上生长起来的禾苗，注定缺少有营养的肥料。乡村，是我的梦栖息的地方。我曾无数次地痴迷于陶潜与王维的世界，冥想沈从文的卷册里，丽水无踪，青山有痕；帕斯捷尔纳克的别列捷尔金诺村宁谧如十九世纪的俄罗斯风景画，玛格丽特·杜拉斯的少年记忆里，中南半岛的水田如繁星般闪烁。可是经济发展的乡镇里，毫无特色毫无生气的红砖房取代了陈年老屋，喧嚷的集贸市场挤占了宁幽的乡路。人们只有到荒僻的远方去寻找与历史接壤的边界了。

我以为我忍受不了荒村的苦寂。住上个三五日许是可以，住上三五年就吃不消了。别的不说，昨夜盖过的油污污的、散发着恶味的破旧棉被，想想就要呕吐。在陕北的崇山峻岭间，看到一个村头立着"路遥故里"四个字的石碑，一股凄凉况味便逼上心头，眼里就要滚出泪来，心里猜想着，一介寒儒，从贫穷的大山里走出来，浸透着人生多少苍凉啊。后来我才知道，穷乡僻壤里同世界上其他地界一样，生命之乐与生命之苦同时存在，路遥的书里写了，贾平凹的书里写了，莫言的书里写了。它看上去没有什么深奥的道理，可实实在在获得这种感受，并不是件轻易的事情。多年以后，我驱车在秦地的夜色里飞驰，经过一个荒远的小村时，一个明亮的戏台从我的车窗边飞速掠过，台上红装素裹，台下人头攒动，是秦腔！无边的清夜里，村人的幸福，于瞬间刺透我的全身。

农家主人和他的媳妇蹲在远处说笑，洗漱之后便收拾好行囊，告别了他们，独自循着窄窄的土路行走，时而有手扶拖拉机从我身边卷尘而过。不远处有涓涓细流，绕过颗颗巨大的卵石蜿蜒而行，水声清冽，一如鸟鸣。

终于看见青灰色的长城了。从嘉峪关延伸而来。被奇峭的山峰擎举到天空，被岁月锈蚀着，剥落着，如一堆破碎的古代铠甲。长城下面就是村人的篱墙，有的人家就用长城的砖做自家院墙，头顶上，东方老墙里，岁月已经死去，时间已结成蛛网；而长城下的鸡犬人家，却呈现出生命里最普通最鲜活的原色。

穷困说明不了什么，我已经喜欢上这种沾染了人类体温的乡野情趣了，远远超过大一统的现代化农场。当山风再一次撩起我的发梢的时候，我一下子参透了为什么有学问的人都要到远离喧嚣的土地上去了。你想，风是从空气稠密的地方流向稀疏的地方，人也一样，要从拥挤的地方流向疏朗的地方，我所说的拥挤不是空间的拥挤，而是心灵的拥挤。一位作家说过："就像在夜空下追逐身边的萤火虫是一种美，在霓虹灯的光影里思念消失的萤火虫更是一种美。"萤火虫带着许多纯净鲜亮的感受逝去了。我以为垒起东方老墙的石头该是不朽的，可是它们还是把许多激越坚忍、深邃久远的东西埋在自己的瓦砾堆里。都市里日益扩大的水门汀地面使人类变得"无根"了，人性里的美感，成了失去水分的木乃伊。原来，文明与荒蛮、进步与落后的划分，并不简单得像我们原先想象的那样；追寻乡村，也并不显示着复古或者倒退，我相信人类是沿着一个环形的轨迹螺旋上升的，后工业化的当代文明里，人类到达了离自己的鲜活的心灵最远的一个点，以后，就要回归得越来越近了。

秦始皇盖了一座大墙，想笼住自己的一片土地，一片乡村。这位傻哥们，哪里知道守卫乡村，单靠长城是没用的，它即便挡得住强悍的匈奴人，也挡不住时间恒久的进攻。

那个秋天，在体验了乡村之后，在乡村的尽头，我站立在只剩了半边的烽火台上，纵目长城北。尽管那里离内蒙古草原还远，可它，就是理论上的塞外了。那里没有乡村，那里有游牧民族的铁骑与猎鹰，那里有着与我们自己的祖先同样可敬的精神历史，它使乡村的历史轮廓分明了，秦始皇的长城，第一次赋予乡村一种值得保护的价值。草原终究不曾把乡村湮没；是大片圈占又大片闲置的开发区，一天胜似一天地侵犯着这份远古遗留下来的遗产。

黄昏前锃亮的光线在广阔的原野上移动着，回首时，乡村片刻间在我的潮湿的眼里，模糊了。

一九九六年十一月十二日

山水雄文

清人张潮尝云：文章乃案头之山水，山水乃大地之文章。如果把张家界当作一篇文章的话，这篇文章写得太奇。布局谋篇，起承转合，太不遵循常理，却又太美，美得令人意外，令人一朝相见，便永世难忘。

不知是谁挥动一支放浪不羁的健笔，信马由缰，有意无意之间，随手书写下这旷世不朽的佳篇。你看那些刺破青天的峭壁，在岁月中剥蚀的石崖，便是它在天地间透明的宣纸上奔走的笔触，悠远而苍凉，坚挺而轩昂。浓墨丰盈处，草木环抱，郁郁葱葱；笔力枯瘦处，奇峰险拔，风骨独具。

要确定一下它的风格，那就非"雄奇"二字莫属了。有人说这里与云南的石林相似，"白马岩中出，黄牛壁上耕"，但石林太巧致了；有人说这里与广西的桂林仿佛，"云山一一看皆美，竹树萧萧画不成"，但桂林太婉秀了。张家界毕竟不同。它是一个博大无边而又浪荡不羁的魂灵，它折射出山川万物不拘束缚的自由天性。

一分钟以前，我还在想象着它的模样——这种想象令我在漫长的旅途中战栗难眠——仅仅是一分钟以后，我迈出车门，骤然惊觉自己已经站在深渊里了。周围层层叠叠的青山，瘦削，却高拔，如笔架上插着一管管狼毫毛笔，或者鞘中古旧斑驳的宝剑，或者泪痕斑斑的蜡烛……总之，即便倾尽记忆中所有动听的辞藻，仍会觉得无济于事。张家界已把天下文章作到了极致，任何超越哪怕是并驾齐驱的企图都将是徒劳的。我感到一种失语的茫然。纵然从心底搜寻出几许古意，像清代李念兹"偶然临险地，不信在人间"这样的句子，还未出口，就已觉俗鄙不堪。

第一瞥就被它所降伏，如同遭到棒喝，在经历了困厄的旅程之后猛然警醒。不像有的山水，开始就尽露平庸之笔，且回环曲折，久久不入正文。张家界从一开始就攫取了人们的灵魂。当然，在山门所见，尽管对于我们来说已是一种惊世骇俗的美，对于它自己，却仅仅是不经意间露出的一角侧影而已。走进山涧，那条清冽的金鞭溪牵引着我们前行，那便是它在文章中铺设的一条悬念，让我们在倦怠的时刻也不会忘记探求前方未知而且殊异的世界——

"神鹰护鞭"，那展开成一壁山崖的双翅只是让人初初领略张家界的手笔。

"千里相会"，那仙气缭绕的石顶也只是这繁复的华章中一个小小段落。

攀上"六合塔"眺望六合八荒，我渐入佳境。

到了"前花园"与"后花园"，才忽觉进入了文章的华彩段落，双手抓紧悬崖上的扶手，尽可能地探出身子从侧面鸟瞰由远及近层层叠叠的巨大石峰，在云霭中时出时没，脚下猎猎生风，伸手即可触天，那份兴奋，那份战栗，那份一生也难得获得一次的大视野，令人由衷赞叹造化之神奇。

当然，张家界还是讲究节奏的。为一睹无限风光而伫立险峰，惊出一身虚汗之后，有花香，有溪水，有山峦之顶的令人难以置信的阡陌和寻常人家在等待着行者。人们不妨寻一户鸡犬人家稍坐，喝口凉茶，暂时安置一下惊魂，重新收拾一下信心，再鼓起勇气前行。

然后，是两峰之顶横夹一石柱的"天下第一桥"，勇者需从上走过，腿不能打战。不然，是无法闯过后面的"三关"的。那里是张家界的高潮与精华之处，没有比半途而废更令人遗憾的了。

患恐高症者莫往下看，你要为没人达到这样的高度而感到自豪。侧身从绝壁高处栈道般的石径一步一步蹭过去，便会体味君临"点将台"的快意了。

在张家界，永远不会预料一步迈出去以后，会看到怎样的景物，也永远不可能估量出，在匆促的步履间，我错过了这篇文章中多少奇美的句读。

好在，不必刻意去寻，可圈可点的笔触俯拾皆是。渴望以自然的雄浑振作日益萎靡的灵魂的人们，在这里可以看到他希望看到的所有景观，只要他的眼睛不倦，只要他的心灵够宽。

张家界着实是一篇雄奇的文章。它的好处还在于，我们还可以从许多种角度解读它。不信，你不妨从另一条路径深入进去，那又会是一种意趣，一种笔墨，一种写法。

一九九六年六月三日

西安小吃

到西安第一夜，和友人从城墙南门转过来时，下弦月刚刚顺着东面的角楼攀上来，夜色撩人，不欲归。友人说，去夜市吃小吃吧，这个愿望在我心里贮藏已久，就欣然应允了。

沿长安路往南，柳树成行的路边，红红的灯笼已燃亮了。那等于是每家摊铺的招牌，在暗夜里串连成一条明亮的红线，牵来了天底下的游子。就寻了一处长长的条桌坐下，听老板娘甜脆的嗓音报出一连串动听的名字：牛肉泡馍、酸汤水饺、金线油塔、岐山臊子面、麻食、灌汤包……当然还有云南的过桥米线、四川的麻辣烫、东北的熏肉大饼……直听得馋涎欲滴，只好急急地打断她，胡乱要上几样，先解燃眉之急。友人跑到烤炉上抓了一大把烤羊肉，再要上两瓶啤酒——陕西人喜好的"黄宝鸡"，遂与我相拥而坐，一面闲聊，一面等待下文。不知怎的，想起了北京的烤羊肉，想起梁实秋在《雅舍谈吃》中对北京人吃烤肉的传神描述："三五个一伙围着一个桌子，抬起一条腿踩在条凳上，边烤边饮边吃边说笑，这是标准的吃烤肉的架势。不像烤肉宛那样的大支子，十几条大汉在熊熊烈火周围，一面烤肉一面烤人。"烤肉好就好在它的平民性和随意性，特别是那夜，与友人久别重逢，满满的几碟烤肉，可以供我们在这安适的夜里消磨几个小时，烤肉香脆，话更投机，一种久违的温馨感受便悄然回归。吃罢，老板娘数钎子清账，这似乎有些原始的计价方式，亦令我觉得趣味盎然，不禁莞尔失笑。

我不禁有些为北京遗憾了。旧时京城有那么多美妙的小吃，如今许多已经失传了。东华门夜市的小吃，几乎已是外地风味的天下。西安是好，不但有城墙，还有这么多鲜美的名吃。

那夜值得留恋的还有牛肉泡馍。我是久慕其名了，先前曾在北京西单和海淀的陕西馆子尝过，感觉平平，在西安吃了，方知其真味，着实美妙，现在想来，依然口水直流。尽管那并不是名馆，而只是街头摊铺。听友人介绍，西安专营泡馍的馆子有十多家，个个字号响亮：天锡楼、一间楼、同盛祥、义祥楼、老孙家、鼎兴春……便相约他日得闲，一定光顾，一睹庐山真面目。

难怪牛羊肉泡的味美，光是煮肉熬汤前后就要十个小时，怎能不肉烂汤浓？再看佐料：熬汤时加小茴香、干姜、八角、桂皮等，食客自己掰馍后，掌刀师傅将煮好的肉片放在馍上，还要加入粉丝、木耳等配料，待顾客享用，更需佐以糖蒜、辣子酱、香菜、芝麻香油等，不是美味才怪。

兴犹未尽，我们就一家摊铺一家摊铺地转战下去，清晨亲眼见到雄朴的古城墙时生发出的那一点怀古幽思早被抛诸脑后。西安处处都会让人感觉到历史的影子，一景一物都掩藏着一长串斑驳的故事，可是，在灯笼闪烁的小吃巷里，什么商周，什么秦汉，什么盛唐，都不必挂念，摊铺那闪亮的炉火里散发出的芳香，既然滋润着秦地的人们从远古走向今天，也一定会将每一位远地游子的心房，添满。

友人告诉我，陕西人贾三在北京真武庙开的小吃馆绝对正宗，回京后要去，我知足地笑了，我会唤来三五朋友共享，一定。

一九九六年八月六日

高原纵目

车过洛川，倦意渐渐顺着我的脊背攀爬上来，遂在摇晃的车座上入梦。车子转过一个角度，阳光于顷刻间溅满我一脸，我才骤然醒转。这一睁眼，给我心灵的惊动不小——随着地势，车子早已升入半空，险些碰碎天上的云朵；不见了，峰回路转翠绿山峦，不见了，秦俑般挺拔却斑驳的西北白杨，毕竟已是两千四百米了，只有黄土，厚厚的黄土，足以将历史记忆里的种种细节，深深掩埋。

数百里阔的黄土就在脚下一层一层地向远方翻卷着，一如壶口的黄河水一瞬间的定格。万千黄土塬各异的姿态，仿佛完全是成就于多少岁月以前某一次的偶然。沟壑纵横，见不到人影，只有时光这不知疲惫的土行孙，在黄土里悠然穿行。

太阳西移，拉长了道道沟槽的影子，使得高低之间的光影参差，更具一种木刻效果。我猜想高原于渐深的皱纹之外，一定记得在上百个世纪以前，自己的风华年代，那时的额头并不像今天这样光秃，而是毛发飘逸，墨绿如染，它一定还记得在秦、在汉、在唐，自己荷戟擎剑的姿态，记得城头铁鼓声，匣里金刀血，记得伴随秦皇汉武共同成就的一番伟业。

羌笛鼓角之声是我风中的想象。眼前的，只是如陕北汉子一般粗壮朴厚的土塬。高低错落的土塬伸展到天边，在明晃晃的日影下，剪影成锯齿状的地平线。蓝格英英的天空也有一条边是锯齿状的，像是一页撕下的巨幅天书，古老而年轻。

高原很静，除了我们，没有人，没有人声。它已经忍受了上千年的孤独，像是一个被遗弃的古代英雄，在无边的时空里，幽幽地怀想往事。只有在太阳落山的一刹，我才看见极远端的公路上，有一辆卡车，渺小如甲虫，无声地驶过。

一九九六年七月二十六日

独立荒垣

在黑夜里一口气奔驰了几百里，车灯在无边的夜幕中显得软弱无力，但我仍能辨认出车窗外的黄土沟壑，因为高原上的月色明亮而清澈。恍惚间，有一座小镇飞速扑来，司机说，榆林到了。

这一晚飘起若有若无的细雨。从馆驿的窗口望去，可以看到同其他任何城镇一样的街衢、一样的房舍，店铺已关门，人们已睡熟，只有电影院录像厅门口的霓虹灯，还有街角的红绿灯，在暗夜中零星地闪亮，成为这塞外小镇静谧安详的夜晚里，依然清醒的神经。

感受到榆林特有的味道，是在第二天清晨，洗漱过后，穿过早市上吆喝声不断的现代街衢，去了老巷。老巷依山而建，巷窄而坡陡，两旁均为青砖垒就的高墙，高足七米，砖缝粗大，整扇墙似乎随时可以扑倒。然深巷回环曲折，且时有飞檐凌空而起，放目望去，屋檐层层叠摞，颇富立体的三维效果。墙为老墙，屋亦为老屋，早就砖瓦斑驳，仿佛哪个一声断喝，那些老宅立时会一个个滑下坡去。

有拄杖的老太太坐在门槛上晒太阳，有妇人将洗衣水泼到当街，透露出寻常人家日常生活的温馨气息，这份平和而安静的日子将我这远方游子深深打动。有一座宅门虽已破旧，却从它不凡的构架中揣度得出它昔日的排场。上面有刻字，驻足细看，辨出乃"广益当"三字，原竟是一家当铺。想走进去询问一番当铺的历史，说不定会写出一篇古色古香的小说。但院中只有几名小儿无忧地玩耍，犹豫片刻，只好作罢。

将老巷走到底，就到了城墙根。战争工事与寻常巷陌相依而建，在气氛上却截然迥异。城墙建在山梁上，为全城制高点，高大魁伟，气势惊人。内侧已片石皆无，裸露出里面的黄土垛。踩着脚窝艰难攀上，前不见古人，后不见来者，只有榆林风貌尽收眼底。视野的远端是漫漫黄沙，那是毛乌素沙漠，一圈绿化带勉强维持着榆林的安全。倘若失去那丛丛的绿树，恐怕不出三天，沙漠就会将整个城市湮没。榆林人不仅要与天灾抗衡，亦要同人祸较量。因榆林地处汉族、西夏和匈奴聚居地的交界处，历来战火不断。始皇大帝的长城就经过榆林，然后是永无休止的摧毁，和永无休止的修复。在粗粝的风中吟起王昌龄那首《从军行》："大将军出战，白日暗榆关。三面黄金甲，单于破胆还。"

榆林人活得苦，这里缺水、缺资源。在我这个过客心里，是不可久居之地。可他们不但生存下来，而且生活得颇为自得。人们就在这居住了上百年的老屋里居住着，在这生活了上百辈的边塞生活着。我不知他们可否了解外面的世界，但我知道在他们心里，沙漠边缘这座古朴的小城，一定是他们生命中最美的家园。

下山的时候，偶然拐进一座山寺。山门上写的是"戴兴寺"。原是一座密宗寺院。不知建于何年何月。飞檐错落，别有一番情趣。午后静好的阳光中，有一僧人穿过回廊无声地走过，他是生于大宋，还是生于明清？寺院中缭绕的香烟冲淡着俗世的硝烟，而他，也一定在无边的澄静中，度过了上万个清凉岁月。

一九九六年七月二十七日　午后

红石峡

我们差不多是带着一串惊喜的叫喊声扑向红石峡的。

离开镇北台北行，景致便愈发苍凉荒寂了。骤然间，有秀峰丽水闯入眼帘，让人对自己的神经产生怀疑。这却是真实的，这样的奇秀山水，就生长在塞外沙漠的围困中，如一枝艳丽的花朵，在无人知晓的遥远地方，孤独地绽放。

水曰榆溪，在沙漠的阳光下闪耀，锃亮如剑，将两崖从当中劈开，遂成此峡。后来有许多官吏墨客来过这里，他们宴饮讽咏唱和，极兴之时，便在东西石崖上题刻，大者丈方，小者寸许，皆为令人叹服之书法极品。榆溪却不管这些，它自顾自地流动，将红石堤岸从下面掏空，人在岸边便如悬空；它向视野的尽处流去，流进远方翠绿的丛树为它安排好的风景画里，流进八大山人笔端盎然的禅意里。

入红石峡，听说有天门、地门各一，均为岩洞，天门可达崖顶，有翠然阁在上等候，可把酒临风，鸟瞰峡谷。我想我们走的应是地门，一路石窟遍布，蜂巢般层层叠叠，且窟窟相连。大一点的窟口，有飞檐高卷，有石阶回环，蔚为壮观。窟内神像均依石凿就，四周无壁画，却不觉得少些什么，细看，原是石壁上的天然纹路，如流云，如丽水，如大漠的舒缓线条，交叠着，错落着，神妙之至。石窟空空，若我们不来，这里再无他人。汉代的道人已去，唐朝的香客早散，只剩下空寂的石洞，寂寞地应对这无涯的时空。

时而在洞内小心翼翼匍匐而行，时而战战兢兢转过悬空石阶如过栈道，我们从东崖上下来，过了一座石桥，在西岸的沙上悠然漫步。东崖已退成一幕大背景，俊逸如仙，成群的鸥鸟从背景前低飞而过，更添了几分鲜活气息。这里，适于炼丹，适于修身，适于论道，适于习武，不知它在几千年的岁月里成就了多少人杰。

与摩崖石刻的高雅雄健比起来，榆溪愈发显得亲切可爱。细沙自岸边一直延伸到河底，被河水温柔的手掌抚摸成轻浪的形状。涉足进去，水是凉的，让人忘记都市酷暑的炎热。有水草游来，缠绕游人的腿肚，挽留之意毕现，令人不忍离去。

我们就在水中嬉戏直到向晚，待溪水映红，蓦然扭头，却见长河落日圆的壮丽景象。上得岸来，精疲力尽地坐在细沙上，只等月来。面对空芜的峡谷，以及交替的日月，我想到岁月的幽远与无涯。偶然低头，看见细沙上一行小巧的三趾脚迹工整排列，延伸到崖底的林丛中去，不禁爆出会心的一笑。

一九九六年七月二十八日　晨

桨拨千年月

我们是在夜里，摸到了红碱淖。

房屋里没水没电。就燃了一支蜡烛，围在一起讲鬼故事，讲到破庙里的士子，以及貌美的女鬼，后来眼涩了，一人说，去看看红碱淖吧，在夜里一定别有一番情味，大家说好，便吱扭一声带上木门，一起去了。

缘着一片沙地摸索，不是纯粹的荒漠，有依稀的草丛，也有灌木，凉滑的夜风就从枝丫间漏过来，浸透了我们的衣衫。没过多久，就隐约感受到一片模糊的幽光，在夜深处明明灭灭，断定那就是要找的大淖了，就朝那个方向走去，一副义无反顾的样子。

果然是它，红碱淖，漫无际涯的毛乌索沙漠中横陈的十万亩阔的湖泊，像清夜里的一场幽梦，像几千年前一场疑真疑幻的爱情。令人怀疑，令人玩味，令人赞叹。

渔火暗灭了，周遭静无声息。红碱淖的夜显得深邃而神秘。抬头，月亮是早就浮在半空里了，于是想到王维"月出惊山鸟"一句中的那个"惊"字，心里别地一跳。不过这里无山，恐怕亦无鸟，受"惊"的，是不安分的水波，还有不安分的我们。

在岸边寻到几只渔人的木舟，遂解开缆绳，三五双手臂一齐用力，泊岸的木舟倏地滑入水中，在水面上摇晃。我们几乎在同一时间跳上船去，一桨下去，船帮边漂浮的那枚月亮立刻被击碎成成千上万个小月亮，接着就像零落的梦境一样四下飘散了。夜色中的湖水细滑如黑缎。

四面皆是汪洋了。夜色沁脾，水声清脱，有人想跳下淖去，一亲膏泽。忙去劝阻，美时常与危险相伴，淖子横无际涯，在水中迷失，恐怕天亮前难以泊岸，遂打消了念头。于是再没有人说话，于是夜愈发深了。

月亮在水面上濡染出一片潮湿的水雾，借着月光，我把目光尽可能地投向远方，远方像历史一样深不可测。只有月亮简单而纯净，纯净的月亮，是玉碎宫倾之后，古老年代仅存的见证，它穿过那么多的唐诗宋词，来到今夜的淖上。

早没有人去想那鬼故事了。淖上的月光是明媚的，令人在夜里神秘莫测的湖淖上也丝毫无恐怖之感，它就这样照耀了一朝又一代，让人不禁透过漆黑无边的岁月隧道想象远古的美丽，而那所有的阴霾，所有的硝烟，都被这澄明的月色稀释掉了。月光就是这样，带给人无尽的美好感受。月光将大淖溶释为透明，将我溶释为透明。我仿佛融入那片乳白的光流里去。拨桨而行，有一股芳香自湖面漾起，宛若生命中一种境界，令我不忍离去。

一九九六年七月三十一日

秦 俑

你并不是第一个发现它们的人。

从前，村里有人打井，井打得深，却不见水。一日，打井人惶急地爬上来，脸色土灰，急问之，说是地下有鬼人，悬立于井壁，鼓嘴瞪眼，形态骇煞个人。

没多久，井塌了。

那时候，你的爷爷，或者你爷爷的爷爷，正站立在他们的那一段时光里，目光迷茫。

听村里人讲，过去给人下葬的时候，也见过鬼人，还说，鬼人并不可怕，赤甲绿袍，好看得很，只是到了阳间，眨眼工夫，浑身就变个铁青，不知为甚。

后来去山里问了道人，道人云，此乃不祥之物，兴妖作怪。遂归而掘之，吊在太阳下暴晒；亦有人以石击之，将其砸个粉碎。

不过，说这话的人并没见过鬼人，讲给他听的也没见过，都是传说。

很多年过去了，人们在这块地上种地，在这块地上生活。

也许是无意识地，也许是命运的安排，这个时候，是你，闯进了历史的镜头，那一天，你就像你的祖辈们那样，三五壮汉，协力打井。井开始打得并不顺利，但你丝毫没有觉出有什么异样，你不知道在这一天之前和这一天之后，世界会有多么的不同，当平淡无奇的第一锹挖下去。你根本不可能想到一个久远却又鲜活的时代会比泉水还要猛烈地喷涌而来，你来到了这里，陕西临潼宴寨乡西杨村的一个不起眼的角落，全世界人就跟着你，来到这里。

鬼使神差般，该做的一切你都做了，像是历史安排你做的，抑或是子孙后代要求你做的，做得那样完美，那样无可挑剔。

时间是公元一千九百七十三年阳春三月。

最初只是一些碎片，掺杂于掘出的泥土之间，你蹲下身，拾起一片，用袄袖擦擦，而后拼在一起。看清了，是任何一个关中人都熟悉的面孔，单眼皮，高颧骨，宽脸膛，神态朴实而安详。你觉得蛮好，就笑了，黧黑的脸膛衬托出牙齿的洁白。你有觉悟，便去找政府了。政府吃了一惊，随你来了，一下子就被深深吸引。政府一年多不走，比庄稼人还要辛劳地苦干，他们掘出铠甲，掘出手足，掘出战袍，掘出车马，掘出雄赳赳气昂昂的方阵，掘出气吞万里如虎的千军万马，掘出一个滚滚而来的，令人震撼与惊愕的时代！

那便是咱秦国的军阵了。车辚辚，马萧萧，万鼓齐鸣，旌幡飘扬，大地震动，声威雄壮。"三军甲马不知数，但见动地银山来。"（陆游《出塞曲》）多少年之后，一位喜爱文学的北方游子握着一号坑的栏杆俯身鸟瞰，他竟在一瞬间失语了。在那一瞬里，他听见了边城角声，望到了高台烽火，感受到了千里万里千年万年的时空之外的秋月霜风。

在那一瞬里，同身边许许多多人一样，他听到了鲜血在血管里涌动的潮汐。

而你呢？这时节你在哪里？又回去打你的井了吗？

这里愈来愈热闹的时候，你却走了，如同任何一个关中农民那样，木讷地，远离了拥挤的人潮。人们因你的发现而惊悸与激动，同时也早已将你忘记。

自这里被政府圈起来之后，你就再也没到过这。

又过了好多年。

有一天，村里来了一个高壮的汉子，一路问了许多人，专门来找你。

他说他姓焦，叫焦建成，北京中央电视台的，想采访你。

你摇摇头：采访个甚。

他问你后来去过兵马俑没有，你又摇头，说门票贵。

他不作声了，拉着你去兵马俑。二十元的门票，他掏的钱。

你看见那些宽脸膛的石头汉子向你发出神秘的微笑。威武的兵阵令你肃然起敬。

你看到了两千年前的自己。不知何时，眼泪开始在你的皱纹间穿行。

你抹了把脸，走了，头也没回。

一九九六年八月九日　深夜

厚　土

　　也许我永远也不会为土地动容，倘若我不曾有过那一趟高原之行。

　　我居住的那座城市里有着许多裸地，在霓裳羽衣的摩登楼群的夹缝中，逼仄着，活像衣不蔽体的乡巴佬。当西伯利亚过境的强风扯起叛乱的旌旗，它也跟着燃起狼烟，以弥漫的尘沙，去污秽人们澄澈的心境。城里人最恨那成片的土屑了，他们最想听到的是轧路机的轰隆声，最想看到整洁的水门汀路面，似橄榄球员，把个不安分的土路实实在在地压在下面。

　　车子出了城市，出了平原，出了山地，到了高原。一口气五千里出去了，定睛时，一切都已不同。

　　莽莽苍苍，视野之内全是土，高高低低、错错落落的土，令人发呆发愣的土，橙黄的、掺和了太阳颜色的土，在明晃晃的光线下，闪耀着铜质的色泽。横无际涯的空镜头里不见一个人影，只有空旷的风从上面扫荡而过，在黄土塬的每一个垛口吹成唢呐的悲鸣，那带着血丝的苍凉之音被洁丽的阳光打磨过，高亢而滑润。这便是土地，这便是土地的声音了。无边的土地令我心底发热，我于是在这一份苍寂里踽踽独行，一任被夕阳抻长的身影在崎岖的土塬间游龙般变幻着姿态，我知道我永远走不出这片广漠的土地，即使我能够从一个朝代走入另一个朝代。

我便打心底由衷地爆出一嗓儿信天游，歌声粗犷，在沟坎间如同轻浪一般荡远。这时，沟壑纵横的高原在我眼里幻化成一张皱纹堆叠的老脸，苍老浑浊的目光透露出对生命的渴望。那是一种倔强不屈的表情，这种表情是以厚土为模坯，以厉风为刻刀雕琢而成的。

　　真正见到这样的面庞是几天以后的事情，那时，正是夕阳西下，燕雀归巢的辰光，我看见一介农夫，正站在自家的田地里，身如拉弓般聚积起力量，猛地从胸腹中声嘶力竭地吼出一声秦腔，那是一种发自土地的声音，还带着黄土的腥甜味道，听来令人眼热，令人断肠。每一个音符里，都荡漾着对土地的深厚情怀。

　　是夜，我就投宿在他的窑洞里。长线辣子，以及大碗的擀面，是他款待宾客的筵席。碗是脸盆大小的蓝花瓷碗，已陈旧斑驳如前世的文物，碗边还粘着些许黄泥，踌躇中抬头看他，他正把头深埋在碗里，吃得正酣。环绕在碗边的手指甲缝里，藏着厚厚的泥土。我会心一笑，第一次觉得黄土并不是肮脏的物什。真的，黄土是洁净的。那阳光下闪着亮晕的黄土，如麦粒一般圆润美丽，且拂之即去，绝不粘身。土中刨食的农人对于黄土的感受，是养尊处优的都市人无论如何不可能有的。黄土是农业文明的图腾，神圣而不可侵犯，怪不得当年皇帝出行，都要净水泼街，黄土垫道了。

　　其实他生命的乐园仅仅是篱墙外的一小片耕地而已。这地方大得可以跑马占地，这里曾是西夏人、匈奴人和汉族人争夺了数百年的风水宝地，眼下却处处是荒瘠的野地了。在高原上行了十几日，看到的多是些连不成片的田园。这里的地，像水一样金贵。

　　北边的毛乌素沙漠早就对黄土和绿原虎视眈眈了。它日夜兼程地囫捵了陕北好几个县，如同棋盘上的黑子，企图吃掉那一个个早已孤立的白子。在榆林以北，我看到人们在沙漠边上以漫长的防护林带做着最后的抵抗。粗壮的树干被一个个拦腰砍断，枝丫便如撑开的手掌般向四周伸展，相挽成风沙难以逾越的屏障。工程之巨，令人浩叹。其实，这也算不得什么，当年秦人以血肉之躯抵挡胡人的豪夺，他们便已明白，为了捍卫土地，他们该付出些什么。

太阳下去了，高原的风开始肆虐起来，抽打着窗棂上破碎的窗纸。我走出窑洞，走到冷凝的夜里，在千万座黄土塬的默视中，俯身趴在黄土地上，这时土地的心跳便是我的心跳，这时土地的体温便是我的体温。

一九九六年九月十一日

老 宅

一

村口的路崎岖不平，路边的地上，到处铺展着成片的玉米棒子，阴森惨白，象征着冬日的枯索。我猜出那是家畜的饲料，并从当过乡长的凸凹那里得到了证实。我们的车子停在村外的公路上。有几个穿着棉袄、抱着孩子的妇人看着我们步行进村，从她们的目光中，我看得出她们的疑惑。

我敢肯定她们一眼就能看出我们不是本地人，更不可能是"上面"下来的干部。她们后来通过打听，才知道我们是"记者"。其实我们的真实身份并不是"记者"，充其量不过是几个读书人，在日常生活中依旧保持着对乡村的美好情感。乡村是劳动的场所，乡村的每一处细节都与土地和劳动有关。我们的好奇引起了她们的好奇。

从十渡镇一路下来，陈乔牛和熊育群两位兄弟提出想看看北方的火炕。去年我们在河北同行，本来可以满足他们的愿望，但那次的主要时间用于寻找文化遗迹，最后还是放弃了。我理解他们的心情。他们自幼在江南长大，北方乡间的一切对于他们都显得悠远和神秘；我想起自己初过长江的时候，南方的水田和农舍给我带来的温暖感觉。

我想起赵园的话："乡村，无论南北，情境不同却又相像。那是一个你我都熟悉且并未忘却的极古老而辽远的梦。"[1]

十月下旬，北方农村已显露出冬日的景象。褪色的田野寂然无声，仿佛在收割之后，它一下子失去了繁茂的词汇。我们见到一个戴单帽的男子，唇上的黑髭参差不齐。我们找到了谈话的对象。凸凹递上一支烟，我们攀谈一阵。后来说，想寻一处农家看看。村庄的安静使远处妇人的声音凸显出来。她们说，要跟我们要钱。男子没有理会她们，吸着烟，带我们朝村落深处走去。

二

我看到一座四合院落。正房、厢房、猪圈、茅厕，甚至影壁墙，一样不少。虽已破败，院墙也成了半人多高的颓圮，但昔日的骨架尚在。没有繁复的砖雕与花窗，它们采取的简洁朴素（甚至简陋）的形式表明了主人的平民身份，它们的格局证明了它们建造年代的久远。它们是传统的伦理秩序和审美方式的产物。现在的农舍，不大遵循这样的格局了。屋顶的黑瓦早已不那么齐整，窗棂也露出古旧的木色，让人看到时间的痕迹。小院安详得令人感动，院角堆放的农具在初冬的阳光下熠熠发光。

院门没锁，主人不在家，男子去寻，我们在院里等。这个工夫，我们为老宅拍了几张照片，院墙外聚了几个惊奇的村人，看我们有趣。我想起卞之琳《断章》中看风景的人也成了风景的句子，暗中一笑。一袋烟的工夫，主人来了，是位弯着腰的矮个老头。男子说，老爷子

---

[1] 赵国：《三进湘西》，见《独语》，辽宁教育出版社1996年版，第154页。

八十多岁了。老人穿件破旧的蓝色中山装，蓝色是几十年前最常见的那种，现在在城市里已没人再穿。老人面容慈祥，瞅我们笑的时候，眼睛弯成一条缝。他听清了我们的来意，便引我们进屋，这时我才发现，屋门竟也没锁。

堂屋的光线很暗，火炕占了一半的面积，炕脚有锅灶，屋内只有一件家具，是一张古旧木桌，从它的雕饰推想，它从前是考究的，令人对老人的身世生出几许想象，老人坐在炕上，撩开炕席，为我们介绍火炕。熊育群来了精神，用他古怪的湖南话，问了许多古怪的问题。我已记不清他们究竟说了些什么，只记得老人盘腿坐着，用手指东指西地一一作答。我也是此时才注意到京郊的火炕与东北的有所不同。小时候，父亲调到东北山区的部队里，我得以在北方乡村住过很长时间。在那里，燃火的火源与火炕不在一个房间里：外屋起火，还有炉灶；里屋住人，有火炕；中间有火墙相通。躺在冬夜的炕上，温暖仿佛来自地心，浑身的皮肉，好像被一寸一寸熨过。老人屋里，砖铺的地面上有一个不易察觉的火眼，用以引火，掀起地砖，发现里面有一个很大的火膛，里面放炭。火膛通向火炕，炕上有循环的火道，灰烟又从墙上的火道排出屋外，以避免煤气中毒。我可以想象，在炭火燃烧的一刹那，火焰会于瞬间充满青砖下崎岖的迷宫，仿佛血液在血管里涌动，令人四肢舒畅。倘屋外有雪，倘屋内有酒，火炕则更能拴住人心。于是想起，北方农民似比南方农民更安于土地，不大想日常生活以外的事情，从民居形式这个视角，不知是否能够看出点奥妙。

三

老人说，这房子盖了一百多年了。那么，这老屋起宅基的时候，应该还是晚清，够久远了，至少有四五代人在里面生活过。没有在岁月中颓倒，也算不容易。我从村中走过的时候，我注意到村中的房屋多是红砖砌就直筒房，简单潦草，即使有着美化的部分，也至多是在墙上镶些俗劣的花瓷砖，一看便知是近二十年建造的，让我们看到世道的转换。这样的老宅，已所剩无几。然而，与土地相比，这宅院还只是个孩子，甚至村路上一株老树，寿命都比它长。土地上的劳动还重复着千百年前的姿态，土地里的种粒和果实，依旧保持着远古的面孔。

如果说那些新生事物为我们生存的这个时代标明了时间的刻度，那么村落里的古旧部分，则抹去了时间的界限，让我们停留在过去的年代里。坐在老屋的炕上，竟丝毫不觉陌生，仿佛一个在此生活了许久的人，回忆着在这背景下曾经闪动的身影，回忆那些新生儿的啼哭、老太婆的絮语，回忆那些源源不断的幸福和忧伤。

他们说话的时候，我一个人踱出老屋，站到院子里，打量灰黑的瓦楞在蓝天下勾勒出的轮廓。在冷凝的空气里，我感觉到老屋的热度。说来奇怪，眼前的老宅虽然破旧，却富有美感，而那些新建的砖瓦房却相反。中国的乡村民居在实用方面（比如火炕的设计）显示了小民的生存智慧，同时在美学上保持着与传统根脉的联系，淳朴、平稳、温馨、妥帖、节奏巧妙、秩序井然。中国人的风水学观照了自然与人生的统一，深奥的周易也将几何学、物理学蕴于古老的哲学中。当然，民居的建造未必会有很深的知识背景，但一代代沿袭下来的对美的感受，和潜移默化的风俗文化浸润，使平民居住的房屋，无论怎样简陋，都在岁月中保持着稳定性和连贯性。这些老宅，在空间上保持了与时间的和谐。那些明亮的新居正是因为忽略了这一点，才失去了故园的亲切感。

告辞的时候，我注意到凸凹将一张百元的票子塞到火炕的褥子底下。这一细微的动作被老人的目光所捕获，他迅疾地跳起来，追向我们，硬塞回到凸凹手里。我们走了很远，还看见他依然站在院墙外望我们，直到他的身影被暮色所模糊。

我们离开村庄。在返回都市之前，我看到大地上排列整齐的田垄，一行行从我眼前掠过，永无休止，像是时间深处未被篡改、却充满暗示的古老经卷。

写于二〇〇一年十一月十七、十八、二十四日

逝者如斯

两千年前我就应当来到这里，如果我早知道它的存在。我的江河，在这样冷凝的夜中，在透明的孤独之上，究竟等了我多少个朝代？流水的皱纹和白发般飘逸的水草里记录着时间的秘密。河流的美丽是对我的惩罚。

我回忆不出最初是怎样走到河边的。或许，这便是上天给一个独行者的礼遇。河流的声音不需要诠释，如同情人的喘息不需要翻译。对于一个对恩典心领神会的人，这一切就已足够。

河流是世界上最早的道路。当高原、山峦、冰川和丛林试图将世界纳入自己的法则，人们却选择江河作为彼此沟通的渠道。这一现象颇为有趣。说起来江河之险丝毫不逊于高山峭壁，深冷的江河水里隐藏着数不清的陷阱，但是人们还是将自己的生命交付给江河。毕竟，江河是人类的襁褓，正是纯粹地理意义上的河流与人们的精神情感融合在一起，造就了人们饱绽饥肉的躯体和充满血性的心魂。江河的暗夜是美的，那时没有月亮让江河发出神秘的反光，只有水鸟扇动的翅翮，搅动着人们的梦境。

人类最早、最朴素的情感来自江河。人类对生命的最初体悟也是来自江河。是江河将零散的生命联结起来，将世界连贯成一个整体。今天我们无论考察哪一门历史，都会与江河相遇。人们在河边筑起了码头、船坞、铁铺和商号，然后，过起了自己的日子。江河水一里一里地流去了，日子也一天一天地过去。我们翻开最早的诗集，会发现一个动人的情节：人类差不多所有的爱情，都发生在水边。"关关雎鸠，在河之洲""凡彼柏舟，在彼中河""汉有游女，不可求思""所谓伊人，在水一方"……岩石是冰冷的，古木也是一样，只是千年奔腾不息的江河，是这个世界最敏感的神经。一位现代书生发出过这样的感喟："这河流为什么如此扣动人类的心弦？或许河水向人们提醒的最惊心的东西乃是孔子所说的'逝者'。那从容而恒常的流逝乃是时间的赋形，时间无情地离去恰像这河水；而时间正是人生的本质，人生实际上是一种时间现象，你可以战胜一切却不可能战胜时间。因而河流昭示着人们最关心也最恐惧的真理，流水的声音宣示着人们生命的密码……日常的生活中你可以逃遁于有意无意的麻木，而面对河流你却无法回避那痛苦的觉悟。面对河流你会想起你已经失去和必将失去的一切，想起在这永恒的消逝中生命的短暂与渺小，会有一种无法安慰的绝望攫住你的心，你感到一种无限凄凉的脆弱与感伤——也正是这个时候爱情就产生了。在这种冰冷的空虚中你想抓住点什么，你想靠住点什么，你的心渴望着慰藉。于是男人就想起了'窈窕淑女'，女人就想起了'髧彼两髦'的少年。这一切都是那样自然而然。爱情是人类无望人生中唯一的救赎，也是人在无边的沉沦中本能的呼号。除了爱情人们还能依凭什么呢？长生与飞升的痴想明知是一种幻影，而人世间再伟大的功业也终会烟消云散，'纵有千年铁门槛，终须一个土馒头'，'王侯将相在何方，荒冢一堆草没了'。这时候爱情这种同样短暂的东西却获得了一种神秘的永恒力量，人们就凭借这力量与残酷的世界抗衡。情人们在河边大声地喧哗，情人的喧哗就盖住了河流的咒语。"① 真正的江河是属于

---

① 李书磊：《河边的爱情》，见《声音的重量》，作家出版社1998年版。

内心敏感的人，换句话说，是属于诗人的。诗人牵动了大地上这根裸露的神经，他们于是代表全人类，拥有了河流。江河是孤独的，即使奔腾千里，也难以和另一条江河会面。它们更深邃的孤独则在于，这世上很难有人号准它们的脉搏，读懂它们的奥义。它们冲出峡谷，将阳光撞碎成无数斑斓的蝴蝶，它们的姿态早在青铜时代以前就是这样。诗人可以做到这一点，哪怕是《诗经》里那些从未留下名字的草民。平静岁月里的庸常百姓一般只在江河边某一个固定的位置上走完自己的人生，他们一生与河流打交道，他们的视力可以透过水面而看清水底的石头，他们可以敏锐地分辨每一个波纹的含义，河流培养了他们生活的智慧，然而江河在他们眼里，仍然仅仅是江河，他们还感受不到那些具象之外的东西。诗人就不一样了。诗人的江河是一部潦草的天书，等待勇者和智者的审视与破译。诗人与江河有着一种天生的亲缘关系。诗人一生都沿着江河行走，河流的走向就是他们人生的地图，他们诗中的平仄，来自流水的节奏，河水在他们的想象中蜿蜒成宇宙间最美的构图。

除了销魂蚀骨的爱情，江河还跟死亡联结在一起。爱与死，是人类两大悲壮主题，也最能撩动诗人内心的感怀。他们在不同的朝代里，屈子乘着扁舟，涉水行吟，在参透了人间一切悲欢之后，江河便是他的祭坛。杜甫也是死在船上。这位病中在夔州发出"无边落木萧萧下，不尽长江滚滚来"的慷慨悲歌的苦命人，就在湘江的江面上，黯然逝去。死后多日，尸体才被发现。杜甫最终埋藏在哪里已经成了历史的秘密，学术界正为耒阳、平江、偃师、巩县四种考证结论争论不休，民间的推测更是不计其数。然而，这些都不重要，重要的是他最后的岁月，属于江河。

正当黑夜企图逼我就范的时候，我毅然投靠了江河。黑夜把我当成人质。粗暴地蒙住我的双眼。这使得我的嗅觉和听觉异常灵敏。当然，最为灵敏的还是我的内心。我的五官可以受到欺骗，但我的心不能。当我行到河流的边缘，是我的心首先会说：这就是河了。至于黑暗，我已开始慢慢习惯，甚至，有几分依赖它了。黑暗使我意识到个人的存在。白昼里世界便是一切，而暗夜里自我才是一切。想起一位作家的话："当生活变得完全黑暗，而且你已经能够冷静地接受这黑暗以后，那感受是很有意思的。"至少，并不是所有人都可以独对黑暗的，我感到幸运。

由于选择了一种决绝的死，虞姬也可以被唤作一个诗人。我解释不清自己为什么会想到她。她是江边一个挥之不去的影子，一个千年不散的芳魂。她对一位英雄的爱情构成了江河史上最动人魂魄的一章。虞兮虞兮奈若何。当一切声器开始寂灭的时候，她将那柄铸着铭文的青铜剑在自己的脖颈上划过一道优雅的弧线。她手里的剑像一片树叶一样缓慢地落在地上的时候，她的头颅刚好枕在她所爱的人的洒满鲜血的胸膛上。那天的太阳很毒，在历史皮肤上聚焦成一个美丽的灼伤。叹逝，叹逝。如花美眷，逝水流年。江河里携着生命的一切美好的记忆滔滔东去，这位弱女子却执拗地不肯牺牲自己的生命准则来保全自己的性命。她是以另外的方式成全了自己的爱情和生命。连力拔山兮气盖世的英雄都无立锥之地了，正直的人们还有什么理由与这个道德沦丧、小人猖狂的世界为伍？在这个时候，死亡比生存更重要，也更美丽。她把自己交付给滔滔逝川，交付给了没有止境的时间，赋予江河一种倔强的气质。她知道什么永久，什么速朽。虞姬是真正了不起的女人，所以她和屈原、杜甫一样，是真正的诗人。项羽写了诗，但他不是诗人，他自刎的时候，身边有江河也有美人，他是幸运儿。

江河是不死的。像不死的精灵，不紧不慢地讲述着生命的寓言。

我已记不清自己究竟在多少个夜晚走近江河，聆听江水的合唱。青黑色的河流常常在这个时候呈现出出奇的寂静，它们或许知道，我来了，一个怅望它们很久的人，来了。或许，我早该来了。江河是大地的掌纹，我知道我一生也走不出这无边的手掌，但是无论我在这世界的哪一角落，无论我处于怎样的幸福或者哀恸之中，只要我哼起一支有关江河的歌谣，我就会于瞬息之间，找到江河的地址。

一九九九年十月十七、十八日

你和我

你和我

你是一株七叶树，一株远远地，站立在溪边的树，旅人经过的时候，你正散发着，梦中的幽香。

我是一粒星辰，自高处瞩望你，却不能靠近你。在这美丽的时辰，不能像带着醉意的风，和蟋蟀鸣唧的灌木丛，安心地守候你，正是我的悲哀，我的心事。

只有派遣我的微光，透过夏天悠长的夜晚，降临在你的叶环上，小心得如同一个怯懦的情人，故作无意地，走过你的身旁。

却永远也不能，进入你的梦中，就像你永远逃不出，我的眼睛。

安静地睡吧，我愿意悄悄地，编一个爱的花环。当你从晨曦中醒来，我会把花环抛下，而自己，孤独地，隐去。

爱　意

一条通向山里的铁路在等着我，我要暂时离开你。

我要看看外面的天地是否像你我的世界一样美丽。

看看在更广阔的远景里，是否也不需要设计，不需要点缀，不需要装潢，却值得我的感情的爱意的投靠与维系，把我的泪水和欢笑，把我的等待和注目，把我的早晨和黄昏，留在那里。

当所有的山洪退了，当全部的冰雪化了，当月儿为我讲完了她的童话，当微风舞动着野菊花向我致意——我自会归来，为你带回一支优美的歌，为你摇响美丽的风铃。

无语的相望

你站立在地平线上，眺望已久了。

也许，你是找不到季节的雨，也许，轻松而飘逸的云彩背面，正掩藏着沉重而痛楚的言语。

你的歌声，一经飞出你清亮的喉咙，便成为一团温柔的云雾，在广袤的时空里，消散极净，就像你放出的鸽子，都不曾飞回来，或者说，它们飞回来时，一切已经与你无关。

我却深知，对明净柔和的远方，你能看到比我更多的东西。

在你的视野里，一定会有一棵美丽至极的橡树，等待着远方的风来栖息、歇翼。

你站立在地平线上，孤独已久了。

你孤独眺望的时候，不被你察觉地，我在你身后，默默读你。

最后的诗意

你跨过那条河，很快就不见了，连同你的羊群，你的牧鞭。我只好倾听，小鸟的歌里，小草的舞里，你留下的心情。

我一个人坐在河岸上，河岸的泥土很松软。小河很细，却画出你我之间，永恒的界限。

那儿的傍晚再没人来，只有秋虫在树荫中酝酿爱情，只有梳理思绪的风，和几颗飘浮的淡星。

山还是昨日的山。

树还是昨日的树。

草原还是昨日的草原。

我心绪很平静，只是黑夜将把所有故事抹掉的一刹那，我忍不住，又眺望一眼，那最后的地平线。

花　地

这是我们坐过的石阶，旁边的藤叶已经老了，只有记忆永远年轻。

那时我们坐在阳光里，很长时间没说一句话，清风使你淡淡的发香漾入我的鼻息，而我，只顾凝望远处近处的波斯菊。

日影似乎不再移动，爱情好像融入永恒。在红嘴鸟无声掠过的瞬间里，我们好像已相伴一生。

如今我才发现，我不过是你生命中的一个过客啊。一梦醒来，岁月已成沙漠。

当年坚信的永恒，却成为那沙漠的极远处，一小片难以置信的花地……

远　行

我会断然离去的，你不必再安排含泪告别的筵席，不必再把彩虹般遥远的祝福，注入我空澄的杯里。

既然玫瑰已销尽了香魂，既然河的对岸，再没有芳草萋萋，我痴情的鸟儿啊，为何还紧咬着一缕残云，在枯枝上喘息？

让我到冬天里去吧，当嫩绿的希望，在黄草下死灭了，香甜的夏梦，也随果核埋进土里，秋风，不要再指给我斑驳的谎言了，不要再把死去的花儿，挂满我青春的窗前。

就让我孤独地远行，趁天边还映着激滟的波澜。我的生命只随旅途而延伸，魔沼和野兽，会使我的心和猎枪愈发年轻。

我要像野马般奔出去寻北风，我要散开每一根精心编扎的发辫。风儿可以把我的身躯缠绕，也可以把头上的天空撕咬。我要把彻骨的寒意，系在青春的发梢。

我会断然离去的，为了那么多不堪回首的故事。我这颗心即便在远方的尘嚣里，也会得到永恒的宁静。我离去的时候，无须送行。

我知道会有一天，我也会成为风中的粉末，夹在清纯的雪褥中，掩盖天边的泥土，以及冻结的泪泉。

既　然

既然消逝得最迅急的总是最美的时光，那么，什么也不必挽留，只要我在那一刻，静静地伫立，静静地望，那永远饱含汁液的月亮，和你额下清澈的双瞳，静静地感受雾霭降临四野，静静地倾听田野上风车的嘎嘎声响。像思绪一样轻轻飘荡……

既然消逝得最迅急的总是最美的时光，那么就让我把它化作诗行，再轻轻夹进白色信封，使它穿过无数白昼与黑夜，像一袭可以跨越季节的熏风，在我生命的下一驿站等我，等我依依不舍地离开旧地迟缓而至，等我以颤抖的手将其拆开。那时的月还是今日的月，澄明而年轻，而我也许会猝然发现，那曾被错过的秘密……

葡萄园

有一座葡萄园，永远也不能忘记。不能忘记的，是葡萄一般滚圆的日子，和葡萄架下清凉的雨。

花木依旧遮覆着那座酒坊吧，也遮覆着许多别人不知的故事。我最难描摹的欢喜，和无以释怀的悲愁，都在里面定居。

风还带着前世的馨香，有一颗葡萄，曾经正巧投影在你的眉心，和你的美人痣重叠，也和我今生的思念，重叠。

记忆熟透了，纷纷从枝头落下。当我弯腰一一将它们拾起，迸飞的汁浆，早把我那颗仓皇的心，轻、度、烫、伤。

如今我正穿过一片葡萄园，眼也惶然，心也惶然，尽管这不是故乡，尽管这里是异域。

重　逢

仿佛一声轻唤，就能把枝柯上的所有露珠震落。

世界屏息等待着，你我重逢的时刻。

雾幕未启，你已把空寂的小路踏响。

你的眼波，碎成雨点。

你的体香，碎成馨风。

你的呼吸，碎成朦胧的诗意。

已先于时间，纷纷荡至，我青鸟不过访的寂寞。

而我也早已整理好心情，整理出一片沉静的湖泊，等待斑斓的羽毛，于红尘中，悠悠飘落。

　　明知这是梦境，却祈愿一梦不醒，

　　祈愿风雨来了不走，梨花开了不落。

一九八六年

流水七章

古　寺

草叶在风中酝酿黄昏。浪游的云，早已把擦得锃亮的天空，如一只银色盘子，搁进六月。空气像泡了杯茶。安安静静。寂寞隐秘的花林中，一只最风月的蝶子扇着翅儿潇潇洒洒而去。

观音的睡姿很美。烛光稀落，令人想起夜色中攀上窗玻璃的雨珠儿。装一方澄碧的潭水于心间，思维沉淀在潭底。跪拜中豁然转目睥睨，草地上空那团云朵，古月僧人般，游到重檐的后面去了。

一九八九年十月十二日

岁　月

阿玮有朋友从上海来，女的，要我陪着一同攀登长城。

那天，我们站在烽火台的垛口，放眼眺望塞外，风儿鼓满了我们的衣衫。

那女孩突发奇想："如果我们都能活到八十岁，我们再一块来登长城，怎么样？"

阿玮和我都乐了。那时候牙也没了，眼也花了，不是叫人搀着，就得叫人用轮椅推着，再也潇洒浪漫不起来了，更不会像今日这样沿着台阶而上，一口气跑出去几里……

然而那时，长城，却依然如故，六十年时光对它，只是一分钟。想到这儿，我心中突然升起一种莫名的感动。

一九九〇年六月十五日

湖

黄昏的时候，我们三位同学坐在昆明湖的船上。我们没去动那桨，任小船自由地浮荡。晚风贴着水面滑来，拂乱了佛香阁的倒影。颐和园已经没有什么游人，很幽静，十七孔桥只是淡淡的一抹虹。

另外的两位中，一位是南方人，一位到过南方。于是，望着湛蓝的湖水，他们公然藐视我没去过西湖，大谈西湖的美丽。在那一刻，我心中确实升起了一种极强的渴望。那时，西湖对于我，只是一种可望不可即的理想。

多少年以后，我们三个朋友早已天各一方，我也终于站在西湖的边上。西湖的确令人销魂，水也是那么的湛蓝。我好像得到了企盼已久的东西，心里盈盈地感到种满足。可不知怎的，我却又想起那个黄昏，淡虹般的十七孔桥和佛香阁细碎的倒影，以及今生不知何日才见的友人，却又想飞回那早已失落的时刻里去。

一九九〇年十一月二十五日

梦

做梦与人的思维活动有着密切的联系，做梦与睡眠的环境想必也有很大关系。

我在黄梅雨季的夜里很难入睡，窗外稀稀拉拉的雨声，怎么听怎么像一个被抛弃的女人的低声哭诉，单调而无休止。在床上不耐烦地翻个身，听听，还是那种感觉。听累了，终有入梦的时刻，却总有一段悲情郁闷在梦中，我心因湿漉漉而显得沉重，像雨夜黏湿的空气。

春天里芳香的夜晚则不同。在院子里晒了一天的被子上带着香喷喷的阳光味道。我可以轻轻地做上一场与花有关的梦，梦里世界大抵明丽而纯净，圆满而没有遗憾。梦醒之后，我嗅着窗外袭来的鲜花的淡香，心里依旧充满欢愉。不会有什么失落感。

没有雨也没有花的日子里，我也几乎没有梦。有时夜半醒来，凝望那轮幽月，心想：那该就是我的梦吧。美丽、遥远的。

一九九一年三月二十一日

归　人

那年一二月，我提着行李，在午夜的小站上等候火车。月台上没有什么人，十分的冷清空旷，落山风便直灌下来，吹透了我的衣衫。腕上的表针似乎对此无动于衷，自顾自懒懒地移动。我是临时决定在这里换车的。赶上时刻表上的这趟过路车，才能最快捷地赶回家中。久违的父母此刻是不会想到他的儿子正在归家的途中的。于是有两行热泪滚下，温暖我冻僵的面颊。

我感觉已经站了许久，甚至怀疑我所等待的那声划破夜空的火车笛鸣，那从铁轨尽处滚滚而来的轰隆声，都是本世纪之后的遥远事情，大地沉寂得如同荒芜的月球，没有别人，没有声音，只有小站的灯光，孤独地亮着，我急切的心，怦怦地跳着。

一九九一年五月十五日

白玉兰

居住在旧宅，日日都可闻到旧宅所特有的气味。那是阴湿的霉味和旧式家具的珍贵木料香气相混杂的一种气息。空气像潭死水，只有墙角嘀嗒的时间在动。

白玉兰开花时节则不然了。春天里我整日将窗户开着，让那一缕缕的清香痛痛快快地侵入室内来，将屋内的任何一丝浑浊都洗涤干净，直至一尘不染。

如果香味也有颜色的话，我想这种清香应该是淡蓝的吧。

我会兴致很高地偎在窗前，细细欣赏被窗框剪下的一小片春天。那朵朵素洁的玉兰花啊，竟然开放得那么细致，那么圆润，那么饱满，花朵肥大而不减幽韵，便想起文徵明那句"笑比江梅不恨肥"，不禁屏息于生命的美丽了。

有了玉兰的陪伴，我会以一颗悠闲的心，作一首诗，画一幅画，或者泡上一撮茉莉花茶，等候三两朋友来倾心交谈……

流　水

　　我从没见过那么青翠的水。我从一个村庄走向另一个村庄，绿水也从一个村庄流向另一个村庄。我想这条小河一定是个游吟诗人，河边的五彩石，还有紫色的薰衣草、夹在水流中漂来的细碎花瓣，都是它随手留下的繁缛修辞。阳光从树梢滑下来，搔着我的脖颈，我直想笑。忽听见似乎有人唤我，回头观瞧，原是一群朝鲜族少女头上顶着水罐，一路嬉笑着从我身边走过，长裙被风拂动着，罐里的青翠同阳光碰撞出叮叮的脆响和细碎的水花，偶尔像蝴蝶一样从罐口跃出来……

　　我发现那些女孩子有着被朔风吹成的红辣的面庞，如初放的野玫瑰。整条乡路都被这份红辣感染着，女孩经过的一刹，我的心居然狂荡地跳起来。后来我落脚在幽丽僻寂的村里，寻了一处猎人弃置的简易茅庐，坐在里面，心才重归安宁。那时我望着远处，那条小河上闪动的阳光，正穿过树林的空隙，朝我的眼睛射来一束束金箭，仍然不放松和我的嬉戏。我会心地笑了。我静听着风从树林的一角钻进来，迷失了，迟疑着，又从另一角钻出去，感到非常有趣。

　　次日村落炊烟起时，我开始溯着那条小河，寻访终年积雪的高山，期待着破解一片纯白，是怎样流成一河斑斓的……

　　在那个美丽的春日，我还不会写诗。

　　然而那时，已经有好多美丽的诗篇，淙淙地，流过我的心头。

一九九一年七月二十二日